R.H. VALLE, FROYLÁN TURCIOS, E. PÉREZ CADALSO Y OTROS

JUAN RAMÓN MOLINA: ALMA GEMELA DE RUBÉN DARÍO

ERANDIQUE
COLECCIÓN

JUAN RAMÓN MOLINA: ALMA GEMELA DE RUBÉN DARÍO

R.H. VALLE, FROYLÁN TURCIOS, E. PÉREZ CADALSO Y OTROS

©Colección Erandique
Supervisión Editorial: Óscar Flores López
Diseño de portada: Andrea Rodríguez—Mariana Turcios
Administración: Tesla Rodas
Director Ejecutivo: José Azcona Bocock
Primera Edición
Tegucigalpa, Honduras—Enero de 2025

PÉSCAME UN VERSO, POETA SIN FORTUNA

A Juan Ramón Molina me lo presentó Froylán Turcios en sus Memorias allá por el mes de abril de 1989. Pero en aquel entonces, me interesé poco o nada por el autor de Pesca de Sirenas, La Calavera del Loco, Una Muerta y Salutación a los poetas brasileros.

Veintidós años más tarde volví a leer las Memorias de Turcios, y esta vez quedé atrapado por la misteriosa personalidad de Molina y la calidad de sus versos. Entonces busqué en mi librero una modesta edición de Tierras, Mares y Cielos y caí bajo el embrujo de su poesía. Y me enamoré de él.

Ocurrió que Tierras, Mares y Cielos me despertó el deseo de saber más de ese alocado poeta nacido el 17 de abril de 1875 en Comayagüela, según se cree, porque hasta la fecha el lugar exacto donde vino al mundo sigue siendo un misterio. Hay quienes aseguran que fue en Amapala, otros en Valle, e, incluso, en Aguanqueterique, La Paz.

Fue en el museo de la antigua Casa Presidencial, cerca de ese río al que Molina le compuso un bellísimo poema, y a cuya orilla se sentaba a suspirar abatido por la agonía que provocaba en su alma una ciudad triste y pequeña como Tegucigalpa, donde encontré un libro cuya portada tenía la imagen del poeta.

Se trata de Juan Ramón Molina: su obra y vida. En él descubrí dos cosas: anécdotas que me acercaron a su personalidad, y un movimiento integrado por trece locos que, poseídos por la poesía de aquel hombre de mostachos altaneros —como lo definió Luis Andrés Zúñiga— dedicaban su tiempo a la tarea de dar a conocer el legado de quien fue llamado por el Premio Nobel de Literatura, Miguel Ángel Asturias, "alma gemela de Rubén Darío".

Aquellos trece locos, entre los que había una mujer, la periodista Magda Argentina Erazo Galo, se reunían cada sábado en la sede de la Asociación de Prensa de Honduras ubicada en el barrio El Guanacaste de la capital.

Era un grupo disímil integrado por intelectuales a tiempo completo, en el que había comunistas, conservadores, ateos, periodistas, artistas... A todos ellos los unía su amor demencial por

Juan Ramón Molina. De allí que fueran bautizados como LOS TRECE LOCOS DEL GUANACASTE.

Si yo quería crecer en mi conocimiento moliniano, tenía que contactar a esos locos que habían editado el libro que encontré aquella tarde de verano en el museo. Busqué en la lista y encontré que varios habían fallecido. Sin embargo, había un nombre que ya conocía: el del periodista, historiador y escritor Mario Hernán Ramírez.

Lo llamé por teléfono y nos pusimos de acuerdo para vernos. Al día siguiente me recibió en su casa, con su poderosa voz —una de las mejores en la historia de la radiodifusión hondureña—, su porte elegante y orgulloso, y un conocimiento de todo aquello que tuviera que ver con Juan Ramón Molina que me impresionó.

En su casa vi una fotografía inédita del poeta (la más común es una donde sale con uniforme militar). La que tenía colgada en su cuarto era en blanco y negro, y Molina aparece altivo, con sus ojos claros y sus bigotes espectaculares. La foto la había enviado desde Washington, ciudad donde vivía doña Gloria Cáceres Molina, nieta del poeta.

Por iniciativa de esos trece locos hay un bello monumento del poeta Molina en el parque La Libertad de Comayagüela.

Esta obra está compuesta de varios libros: Lo que dijo don Fausto de Arturo Oquelí; Habitante de la osa de Eliseo Pérez Cadalso; y varios artículos escritos por destacados intelectuales, entre ellos, la argentina Sara Rolla, Rafael Heliodoro Valle y Froylán Turcios.

Decía el maestro de Galilea que no solo de pan vive el hombre. Y tenía razón. En este sentido, aquí tienen un banquete que alimentará almas sedientas de una buena lectura.

Tenemos una deuda con Juan Ramón Molina y es tiempo que paguemos. ¿Cómo? Pues hay varias maneras: leyendo su mágica creación, conocer quién fue, qué nos dejó, qué lo hizo feliz, qué lo atormentó. O poner claveles rojos y rosas en su tumba, visitar su monumento y hablarles de él a nuestros hijos. ¡Y exigir que en las escuelas donde van nuestros pequeños les cuenten la historia de este genio!

Soy un aprendiz de Molina. Este prólogo era para intelectuales de la talla de Julio Escoto, Eduardo Bahr, Pompeyo del Valle, José Adán Castelar, Óscar Acosta o tal vez Miguel R. Ortega. No soy experto en literatura y no estoy en capacidad de hacer un análisis académico. Eso sí: su poesía me eleva, hace vibrar mi ser y llena de emociones mi corazón. Me atrapa hasta altas horas de la madrugada, disfruto con las anécdotas de sus locuras, sufro el destino fatal que tuvo su vida y me estremezco cuando leo La Calavera del Loco (mi favorito), La Tegucigalpa de los domingos, El Chele, La niña de la patata, Águilas y Cóndores y Autobiografía.

Al escribir este prólogo me vienen los recuerdos de las largas pláticas que sostuve con don Mario Hernán Ramírez, un hombre generoso que desayunaba, almorzaba y cenaba con Molina. Mi querido amigo ya no está físicamente con nosotros, pero espiritualmente siento su presencia.

Él fue mi mentor moliniano. ¡Y estaba loco! Pero era una locura divina… ¡Y la culpable de eso fue la poesía de Juan Ramón Molina!

Óscar Flores López
COLECCIÓN ERANDIQUE

UNAS PALABRAS DE DON ELISEO

Juan Ramón Molina es a la cultura nacional, y en especial a la literatura patria, lo que José Cecilio del Valle es a la ciencia en general, y lo que Ramón Rosa es a la filosofía revolucionaria del Siglo XIX.

Esas tres grandes figuras son, a un tiempo mismo, factores de identidad vernacular y de genuina integración regional, todo ello, desde luego, sin desconocer la apostólica cruzada de otros grandes constructores de nuestra cara nacionalidad.

Juan Ramón Molina fue un brillante y macizo portalira que se inscribió en los registros del Movimiento Modernista Hispanoamericano, cuyo máximo adalid fue el genial Rubén Darío, poeta nicaragüense a quien le cabe la gloria de haberle inoculado nuevos ritmos y nuevas formas a la expresión poética de su tiempo y de haber clavado el lábaro triunfante de una aventura reformatriz en los predios legendarios del idioma, devolviéndole así a la Madre Patria la visita que trescientos años antes nos hicieran los conquistadores de ultramar, aquellos que esgrimían en la diestra el acero vencedor en cien combates y en la izquierda la cruz de la nueva fe, que les dio a nuestros abuelos el sol de la luz eterna.

Tal como muchos sabemos, Juan Ramón Molina vio su luz original en la apacible Comayagüela, una urbe que actualmente es parte orgánica e indisoluble del Municipio de Tegucigalpa, Distrito Central, el 17 de abril de 1875; vivió un tiempo en Guatemala, donde hizo su secundaria y algo de universidad, y murió en El Salvador, el 2 de noviembre de 1908, después de haber recorrido una trayectoria vital de apenas treinta y tres años, muy parecida, por cierto, a la de otros preclaros modernistas de su tiempo, entre ellos el colombiano José Asunción Silva, el uruguayo Julio Herrera y Reissig, el ecuatoriano Medardo Ángel Silva, el cubano Julián del Casal, los hondureños José Antonio Domínguez y Manuel Molina Vigil, el mexicano Gutiérrez Nájera y algún otro joven astro de aquella irrepetible constelación de efebos, quienes, al sólo haber superado la alambrada fatal de los treinta años, recibieron el llamado de los dioses

5

para compartir con ellos la ambrosía de la gloria y para adornar sus sienes con los laureles de la perpetua inmortalidad.

En su efímera y dramática existencia, el gran poeta hondureño apenas tuvo ocasión de visitar el Brasil en 1906, con motivo de haberse celebrado en Río de Janeiro, "La Ciudad Maravillosa", una reunión dedicada a promover el ideal de la solidaridad continental, sistema éste de pensamiento que registraba entre sus precursores, allá en el siglo pasado, a su compatriota hondureño José Cecilio del Valle, sabio, prócer y estadista, quien fuera amigo y contemporáneo de otros ilustres americanos, como Andrés Bello y Simón Bolívar, para sólo mencionar a dos faros de primera magnitud.

Incontinenti de su breve permanencia en aquella gran metrópoli, Molina salió hacia Europa, en compañía de sus ilustres paisanos: el jurista y diplomático Don Fausto Dávila y el poeta y escritor Don Froylán Turcios, quienes, al igual que él, integraban la Delegación de Honduras ante ese histórico cónclave de la capital carioca. Y fue en París, nada menos, donde halló propicio alero para escribir su célebre proemio a la novela "Annabel Lee", de Froylán Turcios, documento literario que por sí solo da testimonio de su riqueza verbal y de su fuerza creadora en el campo de la prosa.

Y, luego de haber cerrado ese periplo de gloriosas aventuras trasatlánticas, retorna al terruño patrio, en donde a los pocos meses sobreviene una catástrofe política que le obliga a emigrar hacia la hermana tierra de El Salvador, donde, pese a la hospitalidad sin reservas que le prodigara el pueblo de Cuscatlán, le acomete el mal de moda en aquel tiempo, el spleen de los artistas y poetas finiseculares, léase estrés o depresión para los hombres de ahora, y allí, víctima de la pobreza, del alcohol y la nostalgia, lanza su postrer suspiro, en la fecha que ya queda consignada.

En 1918, el Gobierno del Presidente Francisco Bertrand, atendiendo un pedido general de la intelectualidad catracha, acuerda repatriar los restos del insigne portalira; y en ese histórico evento, que marca un hito dorado en los anales de la centroamericanidad, se dan cita delegados de ateneos, academias y otros centros literarios de toda la región ístmica.

Fue en tal oportunidad cuando comenzó a tomar auge la idea de un monumento a Molina, idea que desde 1913, vale decir, desde cinco años atrás, había lanzado al viento su hermano incondicional, el poeta y novelista Froylán Turcios; un monumento que fuese digno de su trayectoria impar.

Entre las voces que retomaron la iniciativa de Turcios, son dignas de recordarse las del escritor nicaragüense Juan Ramón Avilés y la del escritor y médico hondureño, más tarde Presidente de nuestro país, Vicente Mejía Colindres.

Otro tanto hizo después (1926) el médico y orador Ricardo D. Alduvín, a la sazón Ministro Plenipotenciario de Honduras ante el Gobierno de México, al haber editado por su cuenta un opúsculo modesto conteniendo los versos de Molina bajo el sugestivo título de: TIERRAS, MARES Y CIELOS, el mismo con que aparece una primera edición, en 1913.

Y, tras esas semillas luminosas que a lo largo del camino fueron sembrando algunos buenos hondureños en décadas ulteriores, arribamos, finalmente, a 1970, año en que se constituye el "Comité Pro-Monumento a Juan Ramón Molina", como órgano específico de la Asociación de Prensa Hondureña (APH) y con el único y formal propósito de llevar a feliz término la tarea de hacerle al ilustre cantor de "El Río Grande", de "Una Muerta", "Pesca de Sirenas", "Salutación a los Poetas Brasileros" y de otros poemas merecedores de un sitio honroso en cualquier antología, el monumento con que soñaran, para perpetuar su gloria, los compatriotas ya dichos, más otros que igualmente proclamaron a tal fin su apoyo a esa cruzada de justiciera inspiración.

Pero el hecho es que, entre los sueños y las realidades siempre se han interpuesto las palabras, y el caso de referencia no constituye excepción. En efecto, no fue sino hasta el año antepasado (1992) cuando los afanes del Comité se concretaron en algo sólido y trascendente, como lo fue la confección de una estatua en bronce, esculpida por Mario Zamora Alcántara, artista hondureño de ancho prestigio internacional.

Esa estatua de Molina, que ya está en nuestro poder, es de posición sedente y reviste belleza imponderable. El Comité la hizo realidad, merced a la ayuda inestimable del ex-Presidente de la República, Rafael Leonardo Callejas, más el aporte de instituciones privadas y de personas particulares, y ahora sólo se espera la remodelación del

7

Parque "La Libertad" para poder celebrar, con la debida solemnidad, la ceremonia de su develación, seguros como estamos de que será motivo de justo orgullo, tanto para la urbe metropolitana como también para toda la hondureñidad en general.

El predio sobre el cual descansa el pedestal de la estatua es la esquina nororiental del Parque ya mencionado, en Comayagüela, frente a la Escuela Nacional de Bellas Artes, y fue donado por la Honorable Corporación Municipal del Distrito Central, en 1989.

Pero bueno y oportuno es aclarar que el vocablo monumento, en este caso, no se contrae exclusivamente a la erección de una bella estatua, que es la encarnación en bronce de su individualidad humana —y por lo mismo perecedera—, sino que también abarca todo un programa de acción glorificadora a escala nacional, que cubre desde el bautismo de algunas plazas con el nombre de Molina hasta la edición de su bibliografía, comprendiendo en tal tarea no solamente su copiosa producción, tanto en verso como en prosa, sino también lo que se ha escrito hasta ahora en torno de su vida y de su obra por literatos de Centroamérica, así como de todo el Continente, más algunos de ultramar.

O sea que, paralelamente a la colocación de su imagen plástica, realizaremos otros actos conmemorativos para culminar con la creación de un centro denominado "Fundación Cultural Juan Ramón Molina", institución destinada, ya no sólo a rendirle culto al más alto exponente de las letras hondureñas, sino también a toda la galería de compatriotas excelsos que hayan servido con amor y abnegación las altas causas de la Educación, de la Ciencia y la Cultura, tales como José Cecilio del Valle, Dionisio de Herrera, Francisco Morazán, Juan Lindo, José Trinidad... Reyes, Ramón Rosa, Marco Aurelio Soto, Antonio R. Vallejo, Policarpo Bonilla, Alberto Membreño, Rómulo E. Durón, Manuel Bonilla, Sotero Barahona, Manuel Adalid y Gamero, Froylán Turcios, Luis Andrés Zúñiga, Rafael Coello Ramos, Augusto C. Coello, Pablo Zelaya Sierra y muchos otros, así del pasado siglo como de la actual centuria.

Y, uniendo el dicho al hecho, he aquí una muestra de la colección que, bajo el título genérico de: Obra y Vida de Juan Ramón Molina, lanza ahora el Comité ante la consideración pública, como parte del homenaje que venimos preparando en memoria de aquel compatriota insigne a quien Miguel Ángel Asturias, Premio Nobel de Literatura 1967, saludara alguna vez con el título de "Poeta Gemelo de Rubén", o sea el mismo Rubén de Azul, de Prosas Profanas, y de Cantos de Vida y Esperanza.

No está fuera de lugar hacer énfasis en que, a la par de la presente publicación, donde aparece la obra de gallardo apolíneo, no solamente con su producción en verso sino también con una serie de ensayos y opiniones en torno a su trayectoria, el Comité está preparando otras obras sobre el tema, con miras a divulgar las más recientes adquisiciones en materia de letras molinianas, como resultado de las pesquisas que algunos de nuestros consocios han efectuado en los archivos de Nicaragua, El Salvador y Guatemala, principalmente, pesquisas que, en manera alguna, pretenden agotar el proceso investigativo de su pródiga viña literaria.

No está de más explicar que nuestra empresa divulgatoria no conlleva afán de lucro y todo lo que se va haciendo no es otra cosa que una campaña romántica de un grupo de soñadores comprometidos con las causas de la Patria y la Cultura, quienes, en buena hora y con justo título, se han bautizado a sí mismos como Los Trece Locos del Guanacaste por haber sido y seguir siendo la Casa del Periodista, en el barrio capitalino de este legendario nombre, el sitio donde religiosamente se han venido reuniendo, desde ya lejanos años, los miembros del Comité, que son justamente trece y cuyos nombres aparecen en una de las solapas de este libro.

Justo es explicar aquí que la presente edición ha sido dirigida por el consocio Lic. Marcial Cerrato Sandoval, quien ha sabido poner, en el desempeño de su cometido, el dinamismo, la creatividad y el espíritu de entrega que le son característicos en todos los desempeños en los que él se ha involucrado.

En consecuencia, esperamos que, tanto el actual volumen como los que le sucederán, reciban el beneplácito de los amables lectores, quienes, al comprar sus respectivos ejemplares, le estarán brindando su valioso apoyo a nuestros caros esfuerzos, al tiempo que depositan una flor de reconocimiento sobre la tumba del Príncipe de la Poesía Hondureña.

Tegucigalpa, abril de 1994

Eliseo Pérez Cadalso

LO QUE DIJO DON FAUSTO

BIBLIOGRAFÍA DEL POETA JUAN RAMÓN MOLINA

Sería difícil seguir toda la producción de Molina aparecida en periódicos de Centro América, a fin de formar un verdadero plano de su hemerobibliografía. Para ello se haría indispensable consultar todo lo que dejó en "El Bien Público," de Quetzaltenango, "Diario de Honduras" y "Diario del Salvador." Esa tarea tiene que hacerse para poder rescatar algunos de sus escritos más representativos. Entre ellos podemos anotar los que escribió sobre Jeremías Cisneros y ""La serpiente marina," en el segundo de dichos diarios. Y para completar las informaciones que ahora me atrevo a presentar, de primera intención, será preciso identificar el artículo "Juan Ramón Molina" que Flavio Guillén escribió en Guatemala.

He aquí, sin embargo, los materiales de mayor importancia que a través de una exploración dilatada pude realizar con apremio, y ojalá que la invitación que mi amigo don Ismael Zelaya me hizo para compilar estos documentos, que son muy útiles en la historia literaria de Centro América, quede así correspondida.

Rafael Heliodoro Valle

México, D.F., 3 de mayo de 1936.

13

PRODUCCIÓN DE MOLINA

A LA EXPOSICION CENTROAMERICANA (soneto).—En "Guatemala en 1897," por Joaquín Méndez, Guatemala, 1897, p.33.

AL VOLVER A HONDURAS. "Germinal," 1917, I, 17: p. 293—4. "Revista de la Escuela Normal de Señoritas," 1936, año II, 6, p. 13.

ALABANZA. —"Juventud Hondureña," 13 de diciembre 1913 (En homenaje al Padre Reyes).

CARTA ABIERTA.—"Revista del Archivo y de la Biblioteca Nacional," Tegucigalpa, 1907, III, 23—24; 764—66. "El Renacimiento" (Semanal Unionista), 1° noviembre 1914, N°. año I.
(Dirigida el 9 de noviembre de 1907, desde San Salvador, al director del "Diario de Centro—América, de Guatemala, Dr. Ricardo Contreras, sobre Julio Flórez).

CARTAS DE AMOR.—"Mujer," 15 de noviembre 1934, p.11.

DE "EL LIBRO DEL ALMA."—"Hispano—América," 15 de marzo 1923, I, 10:152.

DE UN DISCURSO DE JUAN RAMON MOLINA.—"Los Sucesos," 31 de octubre 1920, III,31.

DEL EPISTOLARIO DEL POETA.—"Juventud Hondureña," 1° noviembre 1913. (Fragmentos de cartas de 1906 y 1907).

DESARROLLO DE LA PRENSA CENTROAMERICANA.—"Centro—América, "Guatemala, 1912, IV,373—77. (Retrato de Molina).

"DIARIO DE HONDURAS."—Tegucigalpa.

(Molina fue su director desde el 17 de julio de 1899, No. 539, hasta el 8 de abril de 1900, No.767. Se imprimió en "La Prensa Popular," de la cual fue propietario el general José María Valladares).

DISCURSO DE JUAN RAMON MOLINA.—(En homenaje a Adolfo Zúniga). "Revista del Archivo y de la Biblioteca Nacional". 1907, III, 15—16;485—95.

DISCURSO PRONUNCIADO POR DON JUAN RAMON MOLINA, en nombre del Poder Ejecutivo, en el Salón Municipal de Tegucigalpa, el 28 de septiembre. "El Estado," 1° de octubre de 1904.

DISCURSO PRONUNCIADO POR JUAN RAMON MOLINA en el Cementerio General de Guatemala, ante el monumento de Justo Rufino Barrios el 2 de abril de 1896.—Guatemala, Tipografía Nacional.

DON DINIZ (Seudónimo de Molina).
"EL BIEN PUBLICO."—Este periódico lo dirigió en Quezaltenango, Guatemala.

EL CASTIGO DE LOS CRIMINALES.—"El Estado," N° 114. (Es un artículo reproducido del "Boletín del Ejército Legitimista de Occidente," Santa Rosa de Copán, 24 de enero 1903).

EL CORNETA.—Lecturas Militares," del Prof. Pedro Rivas. Retrato de Molina),1918, Tipografía Nacional, pp.47—51.

"EL CRONISTA."—Periódico que dirigió en Tegucigalpa, del 28 de agosto de 1898 al 15 de julio de 1899 (160 números).

EL TRABAJO INTELECTUAL.—"Ateneo de Honduras." Diciembre 1923, año IV, N° 64, p.2090."Nosotros," p. 244.

ENRIQUE PEREZ ESCRICH.—"El Diario," 18 de noviembre, 1897; año I, N° 30.

"ESPÍRITU."—Antología de ciencias y letras. Directores: Juan Ramón Molina y Augusto C. Coello.1906.

HONDURAS LITERARIA.—Guatemala,1897. "El Porvenir de Centro América," San Salvador, 1897.II, 56:900—1. (Es un comentario de Molina sobre el primer tomo de "Honduras Literaria," por Rómulo E. Durón).

ÍNTIMAS.—"Lux," 21 de junio 1925, año I, N° 53; p. 11.

JOSE ANTONIO DOMINGUEZ.—"Hispano—América," 15 de enero 1923,1,6:91.

JUICIO SOBRE J. ANTONIO DOMÍNGUEZ.—"Revista del Archivo y Biblioteca Nacionales," 1932.X,12:412.

JULIÁN DEL CASAL (Versos, 1896).—"Juan Ramón Molina," 1° noviembre 1920, I, 1:15.

LA FOSA OLVIDADA.—"Juventud Hondureña," 8 de noviembre 1913.

LA INTOLERANCIA CLERICAL.—"Diario de Honduras," 6 y 7 de abril, 1900, Nos. 764—765.

LA NINA DE LA PATATA.—"Esfinge," N° 57: 1103—04

LA RENUNCIA DEL ESCRIBIENTE. (Capítulo olvidado de una novela perdida).—"Vida," La Ceiba,1918, I,13:10—2

LA TIRANIA DE SIERRA.—"Diario de Honduras," Tegucigalpa, 16 de mayo 1903.
(Este artículo apareció con las iniciales D.D., que corresponden a las del seudónimo "Don Diniz" que Molina usó).

LA TRISTEZA DEL LIBRO.—"Vida," La Ceiba, 1918, I, 12:21—2.

LORENZO MONTUFAR.— "El Diario," 16 de junio 1898, año I, N° 208.

LOS DOMINGOS DE TEGUCIGALPA.—"Hispano—América," 1° enero 1923, I, 5:75

LOS POETAS COMO EDUCADORES DE LA RAZA. —"Hispano—América," 10 octubre 1923, I.23:354.

Tierras, Mares y Cielos. (Poesía)

LLOVIENDO.—"Esfinge," 1917, N° 54: 1.017—18.

MARMOL PENTELICO. (Versos).—"Juventud Hondureña," 1° de noviembre 1913.

MR. BLACK.—"Vida," La Ceiba, 1918, I, 11:10—12

NATURA.—"Vida," La Ceiba,1918, I,10,23—5.

NÚMEROS. — "Revista Nueva," 1° enero 1902, año I, N° 11: p. 5. "Espíritu," Tegucigalpa. 1906, I:40—44

PALABRAS de Juan Ramón Molina ante la tumba de Manuel Molina Vigil.—"El Diario," 2 noviembre 1897. Año I, N° 16.

POR LOS ESTUDIANTES.—"Los Sucesos," 1920, I,2.

PREFACIO DE JUAN RAMON MOLINA a la novela hondureña Annabel Lee por Froylán Turcios. Tipografía Nacional, diciembre 1906,39pp. 12vo.

PRIMERA CITA.—"Juan Ramón Molina," 1° noviembre 1920, I, 1:10

RECORDANDO LA HISTORIA DE CENTRO AMERICA.— "Los sucesos," 15de septiembre 1921, IV, 76—77.

"RITOS".—Revista de Literatura. Directores: Juan Ramón Molina y Julián López Pineda. Año I, Núm. 1, San Salvador, Tipografía "La Unión," 20 de marzo 1908.

SALUDOS A HONDURAS. (Himno cantado por las alumnas de la Escuela Modelo, el 15 de septiembre de 1905).—"El Estado," 28 septiembre 1905, N° 183.

"TIERRAS, MARES Y CIELOS."—Tipografía Nacional, 1913. 440 pp. 8vo.

(Sumario: Poesía: El Águila, Una muerta, En el Salón de Retratos, Río Grande, Águilas y Cóndores, Segundo aniversario, Obertura Sentimental, Salutación a los Poetas Brasileros, Tréboles de Navidad, Anhelo Nocturno, Autobiografía, Después que muera, La hora final, Los ojos de los niños, Leviathán, Adiós a Honduras, La muerte de Caín, A un Pino, Transmigración, En la alta noche, Tus manos, Al Padre Reyes, A un herrero, Plus ultra, Para un apóstol, Letrilla eglógica, De El Libro del Alma, Los Cuatro Bueyes, A Ismael, El fakir, Nada es todo, Pesca de Sirenas, Madre Melancolía, A la memoria de Teresa, En los esteros, Al sol, El gladiador, El río, El Rey Lear, Salomé, Vino tinto, El jardín, Nerón, La fragua, Ante el espejo, Sursum, Plenilunio, La muerte del león, La caída de Luzbel, Selva americana, Ofelia, Hamlet, Yago, Desdémona, Otelo, La araña, La ola, A una virgen, Bahía de Río de Janeiro, Madre Naturaleza, El ave simurgo, Para un anciano, Mariposa nocturna, Pernambuco, Cuando partió un amigo, De un tríptico, La flor de Clori, El sapo, Apoteosis final, Ojos negros, Lúgubre fantasía, Postal, Anhelo, Metempsicosis, Los leones en acecho.

Prosa: Prefacio de la novela Annabel Lee de Froylán Turcios, Excelsior, Copo de espuma, Nuestra Emancipación, luciérnagas, Incógnita, Profética, Cántico del amor y del dolor, Lloviendo, Mística, Viendo el río Acelhuate, En el Golfo de Fonseca, El Himno de Oriente, Dialogando con el agua, Sol de octubre, La tristeza del libro, Sonata de año nuevo, La jira de Julio Flórez, A orillas del Lempa, El dolor de pensar, Desarrollo de la prensa centroamericana, Connubio de víboras, Genus homos, El grillo de la muerte, El beso, El progreso de la ciencia, El Niño Ciego, Fantoches y marionetas, Mencos, Carlos Serpas, La recompensa de Tolstoy, Jeremías

Cisneros, La intrusa, El Polo Norte, Por qué se mató Domínguez, En honor del Dr. Adolfo Zúniga, La Niña de la Patata, Juan Coronel, Muerte de Dionisio, El estilo, Un año más,

Palabras ante la tumba de Manuel Molina Vigil, Un entierro, La Siguanaba, Humo, Natura, El grillo, Ramón Verea, Los Congresos hispano—americanos, Palique, El Nuevo Mundo, Honduras Literaria, Cartas, Mr. Black, Las Olas, Apropósito de una elección académica, La Rosa. Palique, Morazán y Barrios, El tiempo viejo, Andree, Nietzche, la Renuncia del Escribiente, El chele, El Sultán rojo. (Esta edición fue hecha por Froylán Turcios).

"TIERRAS, MARES Y CIELOS" (Poemas).—"Colección Bolsillo," N°. 1°, Cía. Editora Mundial, México, D.F., 1929. 19x10 cms., 138 pp.

(Sobre esta segunda edición hay un comentario del Dr. Esteban Guardiola en la "Revista del Archivo y Biblioteca Nacionales," 1929, VIII, 4:191—2. La edición fue realizada por el Dr. Ricardo D. Alduvín, Ministro de Honduras en México).

TRES PROSAS DE MOLINA. Día de difuntos. La poesía de hoy. Los mediocres.—"Juventud Hondureña," 1° noviembre 1913.

UN ATENTADO INAUDITO.—"Diario de Honduras," 6 y 7 de abril de 1900, Nos. 764—765.

UNA MUERTA. Poema elegiaco.—Tipografía Nacional, Tegucigalpa,1906. ("La Quincena" San Salvador,1906, VII,34—7; "Revista del Archivo y Biblioteca Nacionales de Honduras, "Tegucigalpa, 1928, VII, 1: 20—25).

UNA PAGINA INÉDITA DE JUAN RAMON MOLINA. —"Nosotros,", pp.241—242—243.

SOBRE MOLINA

ACUERDO del Comité Juan Ramón Molina para llevar a término los trabajos de erección de un busto de mármol.—"Ateneo de Honduras," año IV, N° 44: p. 1619. (Firman el acuerdo por su orden: Froylán Turcios, Luis Andrés Zúniga, Salvador Escalón, Arturo Martínez Galindo, Arturo H. Montes, Edgardo Becerra, Juan E. Galindo).

ALBIR, Francisco José.—Responso.— "Juventud Hondureña," 1° noviembre 1913.

ALVARADO, Miguel T. Algunos datos para la biografía del excelso poeta Juan Ramón Molina.—"Repertorio Hondureño," 15 octubre 1936, p.5.

AMADOR, Armando C.— Un soneto de Juan Ramón Molina. —"Los sucesos," 1920, II,14.

APOLOGÍA DE JUAN RAMON MOLINA.—Opiniones y comentarios recopilados por el Dr. Jesús Castro. Tipografía Pérez Estrada, San Pedro Sula, 1936, 246 pp. 8vo.

APOTEOSIS DE JUAN RAMON MOLINA.—La juventud organiza subcomités.—"Germinal," 1917.I,20:360—61;21:379— 82;22:398—99;23:421;25:463—65; II,2:505—6;4:544—5;6:584— 5y 7:600—1.

APOTEOSIS DE JUAN RAMÓN MOLINA.—La prensa nacional pide la traslación de los restos. —"Germinal,"1917, I, 18:312—14.

ARÉVALO MARTÍNEZ Rafael.—Honduras.—"Centro América," Guatemala, 1916, VIII, 543. —Ver "El Laurel de Molina".

AVILÉS, Juan Ramón. —De tierras, mares y cielos. Por Juan Ramón Molina.—"Letras," Managua.1914, II,8:15—17.

—Palabras de Juan Ramón Avilés, delegado del Ateneo Nicaragüense en la apoteosis de Molina. "Vida," La Ceiba, 1918, I, 5: 25—6.

BARRIOS, Roberto. —Escritores centroamericanos. Juan Ramón Molina.— "Centro—América," Guatemala, 1916, VIII,271—277. — La literatura en Centro América.—"Centro América", Guatemala, 1915, VII, 44.

BERMÚDEZ, Néstor.—Juan Ramón Molina. Perfiles fugaces del libro "Facetas."—"Revista Tegucigalpa," 24 mayo 1936, N° 489.

BIBLIOTECA "JUAN RAMÓN MOLINA." (Órgano de la sociedad del mismo nombre). Inaugurada en Comayagüela el 12 de octubre 1927.—" Lux," 23 octubre, 1927, 2a época, N° 12, p.9.

BOBADILLA, Perfecto H.—Lecciones de prosodia. —San Pedro Sula, 1934, p.83—4 y 115—17. (Reproduce "Salutación a los poetas brasileros," "Salutación a los padres de la patria" y "El estilo".

BRITO, Alonso A. —Molina.—En "Musa sentimental, "Tegucigalpa, 1919. Tipografía y Fotograbados Nac., p.91.

—Juan Ramón Molina.—"La Prensa," 4 noviembre 1908. N° 484.

BUSTILLO Reina.—Incienso de apoteosis. Elegía de Guillermo Bustillo Reina en la glorificación del Maestro.—"Vida". La Ceiba,1918, I,5:26.

BUSTO DE MÁRMOL de Juan Ramón Molina y una pensión para su madre.—"El Nuevo Tiempo, "Tegucigalpa, marzo 1913.

CANALES, Adán.—Juan Ramón Molina. — "La Prensa," 5 de noviembre1908, N° 485. — Ver "El Laurel de Molina."

CEJADOR Y FRAUCA, Julio. —Juan Ramón Molina. — En "Historia de la Lengua y Literatura Castellana," por Julio Cejador y Frauca, Madrid, 1920, XIII, p. 181.

CHANEY, J. William.—Juan Ramón Molina. —Colorado College Publication, N° 35, 1922.
(Corina Rodríguez tradujo para "Repertorio Americano," San José de Costa Rica, V:305—6, 1923).

CHOCANO, José Santos.—El soneto roto. (A Juan Ramón Molina).—"Germinal," 1917, I, 17:302.

CISNEROS, Jeremías. —Ver "El Laurel de Molina".

COELLO, Adán.—Juan Ramón Molina (Soneto). — "Juventud Hondureña," 1° noviembre 1913. (Este soneto se publicó con el nombre de "Perfil cesáreo," en "Germinal," 1917, I, 17:303.

COELLO, Augusto C.—Ver "El Laurel de Molina".

COMITÉ pro Juan Ramón Molina.—"Hispano—América," 1° enero 1923, I ,5:72.

CONTRERAS, Ricardo—Ver "El Laurel de Molina".

CONVERSACIONES LITERARIAS. —Juan Ramón Molina. — "El Heraldo" Tegucigalpa, mayo 1909.

CRUZ SOLOGAISTOA, José.—Cartas hondureñas. La madre de Molina llora.—"Diario del Salvador, "San Salvador, abril 1913.
— Estudio escrito para prologar un nuevo libro de versos del poeta. — "Ateneo de Honduras," 1915, II, 17:517—522, 549—53.
—Molina. — "Juventud Hondureña," 1° de noviembre 1913.
Tierras, Mares y Cielos. (Poesía)

DARÍO, Rubén.—Letras centroamericanas. Honduras. — "Mundial," Paris. "Centro—América, "Guatemala,1920, XII, 440.

— Ver "Molina alabado por sus contemporáneos".

DE VITIS, Michael A. —Florilegio del parnaso americano; selectas composiciones poéticas coleccionadas por...Barcelona Mauci, 1927, pp. 320—27.
(Reproduce "El águila" de Molina).
DE LA ROSA, Leopoldo. — Apoteosis a Juan Ramón Molina. —"Nosotros," 5 marzo, 1918: p.236—37.

DISCURSO de don J. Benjamín Osorio, Vicario Capitular, sobre la tumba de Juan Ramón Molina, en el homenaje del 20 de mayo de 1934.—"El Cronista," mayo 21 de 1934.

DISCURSO pronunciado por el socio Florentino del Cid, a nombre del Grupo "Alas," sobre la tumba de Juan Ramón Molina, en el homenaje del 20 de mayo de 1934.— "El Ciudadano," mayo 21,1934.

DISCURSO y responso del Canónigo de Gracia don Rafael Moreno Guillén sobre la tumba de Juan Ramón Molina, en el homenaje del 20 de mayo de 1934.—"El Cronista," mayo 21 de 1934.
DURON, Rómulo E. —Juan Ramón Molina. —En "Honduras literaria," Tegucigalpa, II, 677—701.
(Después de breve noticia biográfica, reproduce los siguientes poemas: "El Águila," "Al sol," "La muerte del león," "La caída de Luzbel," "Vino tinto," "La ola," "La selva," "El jardín," "Nerón," "La fragua," "Ante el espejo," "A una virgen," "Después que muera," "La hora final).

EL LAUREL DE MOLINA.—"Germinal," 1917, I, 17:294—300.
(Opiniones de Salatiel Rosales, Jerónimo J. Reina, Augusto C. Coello, Rubén Darío, Froylán Turcios, Rafael Heliodoro Valle, Paulino Valladares, José Rodríguez Cerna, Luis Andrés Zúniga, Rafael López, Jeremías Cisneros, Adán Canales, Rafael Arévalo Martínez, Roberto Barrios, Ricardo Contreras, Samuel Ruiz Cabañas y José Cruz Sologaistoa).

"EL RENACIMIENTO." Semanario unionista. 1° noviembre 1914. Año I, N° 31. (Esta edición fue consagrada a Molina. Su contenido: "Autobiografía," "Dia de difuntos," "La calavera del loco," "A un periodista," "Fragmentos," "A Dreyfus," "A Cronje," "A Kruger," "Postrera súplica," "Intimas," "Nostalgia," "En la sabana," "La fosa olvidada," "Adiós a Honduras," "Carta abierta al Dr. Ricardo Contreras, Director del Diario de Centro—América" y versos y prosas de Augusto C. Coello, Adán Coello, Nicasio Gallardo, Adán Canales, Manuel Escoto, etc.)

EL POETA JUAN RAMON MOLINA. (Su retrato). — "La Quincena." —San Salvador, 1916, VII, entre páginas 136 y 137.

GARCIA, Fernando. —Ante la Tumba de Juan Ramón Molina (soneto). — "Ateneo de Honduras", 25de enero de 1926, II época, N° 55: 2114.

GOMEZ, Pastor. —A Juan Ramón Molina. — "El Diario," 20 de diciembre 1897, año I, N° 32.

GUILLEN ZELAYA, Alfonso. —Florecimiento bibliográfico en Centro América. —"Centro América, "Guatemala, 1933.V,404.

HOMENAJE A JUAN RAMON MOLINA. — Grupo Juvenil Pro—Cultura "A las." Ver "El Ciudadano." Nos. abril 24, mayo 12, mayo 19, mayo 21 de 1934.—"El Cronista": mayo 9, mayo 10, mayo 11, mayo 19, mayo 21 de 1934.— "El Liberal Progresista," de Guatemala, mayo 2 de 1934.—"La Época": abril 24, mayo 10, mayo 19, mayo 21 de 1934.—"La Columna," de Choluteca, mayo 19 de 1934.— "Diario Comercial," de San Pedro Sula, mayo 16 de 1934.— "Celajes," mayo de 1934.

HOMENAJE DEL GRUPO JUVENIL PRO—CULTURA "ALAS" a Juan Ramón Molina, nuestro poeta máximo. —Talleres Tipográficos Nacionales. Tegucigalpa, 1934. 38 pp. (Contiene: "Recordación de Juan Ramón Molina. Su vida rara y su labor excelsa," por José Rodríguez Cerna; los poemas "Tus manos," "Rio

Grande," "En la sabana" y "La fosa olvidada de Molina, y tres artículos alusivos, de los señores Augusto C. Coello hijo, Alberto Rodríguez hijo y Víctor Ceferino Muñoz).

JUAN RAMON MOLINA.—"La República," México, diciembre de 1908.

JUAN RAMON MOLINA.—"Regeneración y Prosperidad", noviembre 1930, N° 5: pp. 75—85.
(Contiene retratos de Molina, un artículo de Froylán Turcios, los sonetos "Otelo," "Desdémona," "Yago," "Postal," "El sapo" y el poema "Tus manos").

JUAN RAMON MOLINA.—"Nosotros," 1920, Tip. Nacional, Tegucigalpa. (Contiene retrato de Molina con nota biográfica y frases de Paulino Valladares. "Autobiografía," "Después que muera," "Madre melancolía," "Para un anciano," "Nada es todo," "Pesca de sirenas," "Ofelia," "A una virgen").

JUAN RAMON MOLINA.—En "Juan Ramón Molina", 1° de noviembre, 1920,1, 1: 1—8.

"JUAN RAMON MOLINA".— Revista literaria. Directores: Eloy Alfonso Nolasco y Antonio R. Moncada h., año I, N° 1, 1° noviembre 1920.

"JUVENTUD HONDUREÑA".— 1° noviembre 1913, N° 14.
(Esta edición fue consagrada a Molina).

LA LITERATURA EN CENTRO AMERICA. —"Centro América," Guatemala, 1915, VII, 44.

LOPEZ, Rafael.—"Tierras, mares y cielos." (Carta a Salatiel Rosales, desde México, 30 de agosto 1913). — "Juventud Hondureña," 4 de octubre 1913.

LOS RESTOS DEL GRAN JUAN RAMÓN.— "Vida," La Ceiba, 1918, I, 4:27.

MEJÍA COLINDRES, Vicente.—En la tumba de Juan Ramón Molina.—"Ateneo de Honduras," 25 enero 1926, N° 55, II época, 2115—17; y en "Lecturas Nacionales," por Miguel Navarro h., Tegucigalpa, pp.147—53.

MEJÍA DE FERNÁNDEZ, Abigaíl,— Juan Ramón Molina. — En "Historia de la literatura Castellana." Barcelona,1933,

MIXCO, José C.—Bocetos: Juan Ramón Molina. — "El Diario," 1° enero 1897, año I, N° 68. (Soneto).

MOLINA alabado por sus contemporáneos.—"Juventud Hondureña," 1° de noviembre 1913.
(Opiniones de Rubén Darío, Froylán Turcios, José Rodríguez Cerna, Luis Andrés Zúniga y Salatiel Rosales).

MOLINA EN HONDURAS.—"Vida," La Ceiba, 1918, I, 5:24.

MOLINA LARIOS, Felipe.—Juan Ramón Molina juzgado en Norteamérica.—"Diario de Costa Rica, "San José, 2 de junio 1922.

MONTES, Arturo Humberto.—Fragmento de un estudio sobre la obra de Juan Ramón Molina.—"Lux," 4 de septiembre 1927.2a época, N° 5. Tierras, Mares y Cielos. (Poesía)

NAVARRO, hijo, Miguel. —"Lecturas Nacionales." Tegucigalpa, 1931, pp. 117—36 y 223—24.
(Reproduce: "Autobiografía," "Río Grande," "Tus manos," "Pesca de sirenas," "Mística" y "La niña de la patata").

PALABRAS de Juan Ramón Avilés, Delegado del Ateneo Nicaragüense en la apoteosis de Molina. —"Vida, "La Ceiba, 1918, I.5: 15—6.

PANIAGUA PRADO, Ramón.—"Renacimiento," Amapala, abril de 1918, año I. N° 4:3.

"REPERTORIO DE HONDURAS"— (Revista quincenal), Director: Salvador Turcios hijo. Año I, N° 7. (Este número fue consagrado a Molina. Su contenido: MOLINA por Salvador Turcios h., "Discurso ante el monumento de Justo Rufino Barrios," "El corneta," "El águila," "Pesca de sirenas," "Madre melancolía"; "Algunos datos para la biografía de Juan Ramón Molina," por Miguel T. Alvarado; "Juan Ramón anecdótico," por Flavio Guillén; "Juan Ramón Molina, "por Hernán Rosales y "El soneto roto" por José Santos Chocano).

REINA, Jerónimo J.—Ver "El Laurel de Molina."

RIBAS, Mario.—Discurso pronunciado en nombre del Subcomité Molina de aquel puerto, a la llegada de los restos. — "Renacimiento," Amapala, abril de 1918, año I, N°4, p.1—2.

RODRÍGO DE NARVÁEZ (Paulino Valladares).—Juan Ramón Molina. — "La Prensa," 3 noviembre 1908, N° 483. (Reproducción de "La Estrella" de Granada, Nicaragua. Diciembre de 1905).

RODRÍGUEZ CERNA, José.— Recordación de Juan Ramón Molina. Su vida rara y su labor excelsa.
—En "Homenaje del Grupo Juvenil Pro—Cultura "Alas," a Juan Ramón Molina, nuestro poeta máximo, "Tegucigalpa, 1934, pp. 9—12; y en "El Imparcial," Guatemala, 15 agosto 1933.
—Ver "Molina alabado por sus contemporáneos."
—Ver "El Laurel de Molina."

ROSALES, Salatiel.—La estatua de Molina.—"El nuevo tiempo," 26 abril 1913.
—Poetas de Centro América. Juan Ramón Molina.—"Revista de Revistas," México, XII: 35—6, 1922. —Ver "Molina alabado por sus contemporáneos."
—Ver "El Laurel de Molina".

RUIZ CABAÑAS, Samuel.—Ver "El Laurel de Molina."

ROSALES, Salatiel. —Poetas de Centro América. Juan Ramón Molina.— "Revista de Revistas." México, XIII:35—6,1922.

ROSALES, Salatiel.—Ver "Molina alabado por sus contemporáneos".

ROSALES, Salatiel. —Ver "El Laurel de Molina."

SOTO, Joaquín. —Molina (Poema). —"Juventud Hondureña," 18 octubre 1913.
STARR, Frederick. —Central America; readings in prose poetry from Central American writers. Chicago, New York, B.H. Sanborn & Company, 1930, pp.223—240.
(Reproduce el poema de Molina en gloria de José Trinidad Reyes y dos fragmentos sobre Jeremías Cisneros y Ramón A. Salazar).

TURCIOS, Froylán.—Juan Ramón Molina.—En "Páginas de ayer," París, 1932, pp.20—6.
—"Una muerta."—"Esfinge," 1906, I,3:33
Tierras, Mares y Cielos. (Poesía)
—Ver "Molina alabado por sus contemporáneos."

TURCIOS hijo, Salvador.—Molina.—"Repertorio de Honduras," Tegucigalpa, año I, N° 7, p.I.

TURCIOS R., Salvador.—Añorando la vida de un poeta. En la intimidad de Juan Ramón Molina. —"Alma América," 1° noviembre 1925, I, 4:34.

VALLADARES, Alejandro.—A un poeta, Juan Ramón Molina. — "Los Cantos de la Fragua," Madrid 1933, pp.101—4.

VALLADARES, Paulino.—Ver "Rodrigo de Narváez"
— Ver "El Laurel de Molina".

VALLE, Rafael Heliodoro.—(Comentario sobre Molina en las selecciones de poemas titulados "El ánfora sedienta"). —"El Universal Ilustrado," México, 19 enero 1922, p.8.

—Conversaciones literarias. Juan Ramón Molina.—"El Heraldo," mayo 1909.

— Doña Juana de Molina. —"Actualidades", San Salvador, 1915, I, 3:35—7

—Juan Ramón Molina.—"La República," México, diciembre 1908.

— Molina (Soneto). — En "Ánfora sedienta," México, 1922, P. 69. (También en "Esfinge," 1916, N°22:240).

— Por el alma de Molina. — En "Como la luz del día," 1913, pp. 13—14.

ZEPEDA, Jorge F.—salmos de gloria. A Juan Ramón Molina. — Del libro "Ritmos y colores de la tierruca", pp. 80—82. (1908)

ZÚNIGA, Luis Andrés. — Juan Ramón Molina. — "La Prensa," 3 noviembre 1908, N° 483.

—Ver "Molina alabado por sus contemporáneos."

ICONOGRAFIA

1906. —(Su retrato). El poeta Juan Ramón Molina. — "La Quincena, "San Salvador, VII, entre pp.136—137.

1913.— (Retrato). —"Juventud Hondureña," 1° noviembre.

1914.— "El Renacimiento," 1° noviembre, Año I, N° 31, p.I.

1917.—"Germinal," 4 noviembre, Vol. I, N° 17: p. 293.

1920.—(Retrato). — "Los Sucesos," II,11. (Dibujo de Augusto Monterroso).

1927.—Sello oficial postal de Honduras (su retrato). Emisión durante la Administración Paz Baraona y revalidada en 1930 durante la del Dr. Mejía Colindres.

1928.—"Lux" (Fotograbado de Molina y Dr. Julián López Pineda). 5 febrero, 1928; 2a época, N° 27; p.12.

1930.—"Regeneración y Prosperidad," noviembre, año I, N° 5: p. 77.

1933.—"El Imparcial," Guatemala, agosto 15 (edición especial).

1936.— "Revista de la Escuela Normal Central de Señoritas," septiembre, año II, N° 6: p. 13.

1936.—"Repertorio de Honduras," 15 octubre; año I, N° 7: p. 11.

NOTA: Es entendido que cuando no se indica la ciudad en esta bibliografía, se refiere a Tegucigalpa.

(Información recopilada por Rafael Heliodoro Valle).

RETRATO DE JUAN RAMÓN MOLINA

Juan Ramón Molina fue un ser excepcional, el tipo cabal del poeta; vidente, visionario, que se puso sobre la realidad de la vida como sobre un pedestal, y con la cabeza llena de la divina locura de la poesía, adivinó y cantó, de la manera más bella, la misteriosa armonía de las cosas. Era mediano de estatura, de complexión maciza, de tez sonrosada; su rostro era ovalado, fuerte el mentón, la boca sensual y hermosa; la nariz recta, de suave azul los ojos, su frente elevada, y las cejas figurando dos arcos perfectos. Sus manos eran pequeñas, sus pies breves, su cuerpo hermoso, y tenía una fuerza extraordinaria y la docta agilidad de un gimnasta. Era su carácter violento, su voz varonil, y había en su mirar cierto desdén compasivo, que debe ser el que sienten los dioses por las bajas y oscuras miserias de los hombres. Sus fuertes mostachos, altaneros, le daban cierto aire de capitán gascón, y le servían, no como para ostentar jactancias, sino para acentuar más su natural altivez y señorío. Era su porte airoso, su paso señorial. Jamás conocí hombre alguno que estuviese envuelto en aura más apolínea y revelase de modo más pleno cómo es de sutil, lumínica y grandiosa el alma de los poetas.

LUIS ANDRÉS ZÚÑIGA

...Era bello, no con la belleza judaica y un si es no es atormentado de Asunción Silva, sino, con una belleza griega, sensual y dominadora. Si Asunción Silva, con sus barbas de rabí, podía evocar al Lucio Vero del Museo de Luxemburgo, Juan Ramón Molina, con su rostro de corte helénico, era la reencarnación viviente del Apolo de Belvedere.

SALATIEL ROSALES

JUAN RAMÓN MOLINA

Acaba de penetrar en el misterio solemne de la muerte un raro espíritu que se lleva algo de mi propio ser y de mi pensamiento.

En verdad que mi afecto por este fraternal compañero era más profundo de lo que antes pensara y que su partida hacia el país de la sombra ha impresionado hondamente mi corazón.

La palabra no puede reflejar el matiz de ciertas emociones. Los estados íntimos del alma humana no podrán grabarse en un trozo de papel. El sutil estremecimiento, la conmoción recóndita se escapan, se esfuman al querer darles forma; y por eso hoy mi frase incolora no puede encerrar la tristeza lacerante que me domina, pensando en el gran poeta difunto.

Era un ser atormentado por las hostiles fuerzas de la vida, que nació bajo un signo funesto, para mirar las cosas grandes y resplandecientes. Su cerebración singular, que hizo de él uno de los mayores poetas de habla castellana, absorbió los tósigos de las más desconsoladoras filosofías y las heces de los más negros fastidios. Apenas si de su sonora selva de amor brotó, en alguna mañana de azur, un clavel de coral o un lirio de nieve. Las más agudas espinas se clavaron pertinazmente en sus plantas en el árido sendero y conoció como ninguno la desolación de los hombres vencidos en la lucha diaria.

Nació mi amigo, indudablemente, en un día fatal. Le persiguió un hado adverso y su existencia fue de contrariedad y desventura. De un carácter reservado y taciturno, orgulloso por la seguridad de su valer, se mostraba hermético y frío, inaccesible al trato familiar. Eran en él extraordinarios un ademán cordial o una expresión cariñosa. Pues su temperamento grave, poco expansivo, no le permitía extremarse. Por eso no podré jamás olvidar las continuas demostraciones de su fraternidad.

Fue en una lejana tarde, en un paseo crepuscular por la mágica bahía de Río de Janeiro, que nos juramos una noble y sincera amistad. Recuerdo que él me insinuó ese deseo de una afección fuerte y alta, tendiente a todo lo que se revistiera de poesía y de gloria.

—Seamos dos hermanos ligados por la inteligencia y por el corazón. Que sean mutuos nuestros dolores y nuestras esperanzas. Unámonos para luchar y vencer y tendamos hacia todas las cumbres las alas unánimes.

Y desde aquella hora fuimos amigos, en el sentido profundo de esta frase. Nada empañó nunca aquel afecto que el tiempo fortalecía engrandeciéndolo.

He aquí dos párrafos de una de sus últimas cartas:

"Es bueno que sepas, ahora, que estás lejos, que te quiero, no como amigo, sino como hermano de veras; hermano por la lira, por el arte, por el corazón, y hasta por la miserable gloria que hemos conquistado a la par. Si alguna vez nos hemos visto mal, por esa equivocación inherente a la naturaleza humana, cuando nuestro deber era juntarnos para ser más fuertes y salir Víctoriosos, ya que poseemos el mismo don de dolor, idéntica visión de arte y un talento igual, aquellas pequeñeces han sido olvidadas para siempre, cediendo el lugar a un cariño que sólo matará la muerte".

"Tal vez antes no tuvimos del todo buenas relaciones, a causa de haber creído, en muy mala hora por cierto, que el uno podía estorbar al otro. Hombres formados ya, golpeados por la vida, desgraciados por diferentes motivos, aunque ambos víctimas de cierta Providencia fatal que persigue a las almas de selección, de un modo o de otro, hemos comprendido por fin que somos mitades de una sola entidad, que el uno completa al otro, que nuestros nombres vivirán unidos, y que resumimos una época literaria de nuestra patria, nada menos que los últimos cincuenta años. Recuerdo que una vez, moribundo de un negro mal, escribí una carta que nunca conociste, nombrándote testamentario de mis producciones. Esto te demostrará que siempre te he querido".

Yo conocí a fondo su extraño mundo interior, y sus fuertes torres de ensueño, y las mandrágoras de su fantasía. Azúcares y sulfatos se mezclaban en los abismos de su yo; pero las dulces cosas eran tenues y se desvanecían y quedaba siempre su alma náufraga en el amargo mar de la desilusión.

Conocí, mejor que nadie, su concepto doloroso de la vida, su inquietud y su melancolía; y así pude apreciar su tedio incurable.

Y de improviso llega a mí la noticia de su muerte, rápida como un rayo...

Nada sé aún de sus postreros momentos. Escribo estas líneas fugaces abrumado de pena. Cumpliendo su deseo, yo haré, al regresar a Honduras, una edición acerca de su personalidad. En ella brillará, una vez más, el insólito fulgor de su cerebro y el vibrante metal de su producción. Haré conocer los cánones de su estética y su visión del arte futuro. Hoy sólo repetiré que fue un prosista sobrio, elegante y vigoroso y un poeta de primer orden, que dominó magistralmente su maravilloso instrumento. Poseyó la fuerza y la gracia. Y así voló como las águilas y cantó como los ruiseñores. En su lira vibraban el dolor y el amor, y era épica y bucólica y sabía de los epitalamios y de los responsos. ¿Qué secreto guardó para él la musa heroica que viste armadura y casco broncíneo? ¿Qué caricia le negó la musa amorosa de los ojos azules y de la risa de oro?

El cortó las más brillantes rosas en los jardines encantados de la fantasía; e hizo versos de una música profunda y de un férreo pensamiento. Versos magníficos que honrarían a cualquier literatura y darían gloria a cualquier país. Versos de bronce y de terciopelo, que son como sutiles melodías imponderables, como largos lirios marmóreos, como luminosas cintas multicolores. Sus poemas de serena hermosura perpetuarán su memoria y los vientos del porvenir impulsarán su nombre hacia todos los horizontes.

Juan Ramón amaba las cosas trascendentales que llevan en sí un latido profundo de la humanidad. Tenía una vasta concepción de los misterios y sobrehumanas inquietudes que agitan las testas de los grandes pensadores, y le gustaba sumergir su espíritu en el insondable mar de las abstracciones y de las quimeras. Los más arduos problemas científicos le interesaban extraordinariamente. Nutría su cerebro con lecturas selectas y pensaba que la ciencia y el arte deben unirse para producir obras definitivas y perdurables. De aquí su complejo saber y la rica variedad de su léxico. Labraba su estilo como se pule un medallón heráldico, con perseverancia de orfebre, lenta, fría, parsimoniosamente, y recordaba su trabajo al de Flaubert, obcecado y pertinaz sobre las páginas inmortales. Esto en las prosas y poesías de su predilección, pues con frecuencia daba a la imprenta manuscritos que sólo una vez había corregido. Así sucedió con los artículos que iban a las columnas de los diarios, a veces sin firma, triste labor anónima en la incesante persecución de la vil moneda, que todo lo bastardea y empequeñece, hasta el arte.

Su esfuerzo más personal y potente está en sus poemas, fulgurantes joyeles exornados de mágicas piedras preciosas. En ellos agotó la estupenda riqueza de su numen en increíbles labores de lapidario que persigue lo infinito en una forma de absoluta belleza. Su palpitante inspiración más bien tendía a LA NOCHE de Miguel Ángel que a las minúsculas maravillas de Cellini. Los temas de sus intensas exaltaciones cerebrales son siempre grandes y viriles y aspiran a abarcar cosas fabulosas y magníficas; no hay un gran trozo de mar, sino todo el piélago sonoro; el deslumbramiento de una aurora boreal; el viento veloz que riza las selvas; el pesado galope de los elefantes; el rugir de los leones y de los huracanes; las voces todas del cielo y de la tierra y los sublimes y trágicos escalofríos sobre la piel de los hombres. Aletazos de águila eran entonces sus versos que rubricaban el espacio con ondulaciones resplandecientes.

Ansiaba conocerlo todo y Compenetrarse con las eternas fuerzas ocultas que rigen la altura del alma exaltada, ansioso de recoger un átomo de lo invisible. Las miradas de sus serenos ojos verdes se anegaban en la contemplación de los azules firmamentos, interrogativos y meditabundos. Era un ser ávido de sabiduría sideral y ciencia terrena, que buscaba, en largas noches de estudio, el vasto enigma y el cáliz de una flor; y que se avenía con los secretos de las esfinges. Por eso lo interesaban primordialmente todas las formas móviles o inermes de la Naturaleza, procurando obtener de cada una de ellas un sentido simple y concreto que no estuviera reñido con la lógica de los hechos humanos.

Hace apenas dos meses paseábamos por los alrededores de San Salvador, en una tarde tórrida. Hablábamos de las cosas vistas, cambiando impresiones sobre los acontecimientos y sobre nuestro porvenir.

De pronto interrumpió el rumbo de sus alegres ideas y me habló del presentimiento de su próxima muerte.

—No creas en nada —me dijo—. Mi panteísmo me llevó en una época a una región ideológica cuya memoria me hace sonreír. No hay nada. Todo es polvo. Y siento ondular sobre mi cuerpo el necróforo que me roerá en el sepulcro. ¿Recuerdas el gusano omnipotente de que habla Poe? Pues en ciertas noches su frialdad roza mi corazón.... Sin embargo, si hay un más allá en donde el espíritu se magnifica en una radiante atmósfera de perfumes, cuando yo muera buscaré tu espíritu y le haré un signo de reconocimiento.

¡Duerme en paz, hermano en la quimera y en la lira! ¡Duerme lejos de tus pinares sonoros! Descansa de la carga abrumadora de la existencia, de tu amargo tedio, de tu mal mental, del dolor de vivir y de pensar, bajo tus laureles noblemente ganados, húmedos de sangre y de lágrimas...

Mi espíritu no ha recibido del tuyo el signo de ultratumba... No lo ha recibido... Ni lo recibirá jamás.

FROYLÁN TURCIOS

En Guatemala, el día de difuntos de mil novecientos ocho.

LO QUE DIJO DON FAUSTO
(Recuerdos de Arturo Oquelí)

BREVE EXPLICACIÓN

¿Por qué el trabajo que hoy publicamos lleva por título "Lo que dijo Don Fausto"?

Porque de las cinco partes que consta el volumen, la tercera la consideramos más interesante, más fundamental; es decir, están reseñados con precisión los triunfos de Molina en el extranjero, completamente desconocidos en el país, aparte de ciertos rasgos característicos de su vida privada. Al publicar el presente trabajo, no nos mueve la pedantería del emborronador barato al ocuparse de los grandes próceres de las letras; muévenos el ardiente deseo de contribuir al aporte de la Biografía de Molina en la esperanza de que algún día surgirá un hombre de su altura intelectual, capaz de clasificar y glosar su obra perdurable.

Sé que en todas las latitudes existen microbios sociales, siempre atentos al aparecimiento de cualquier idea cristalizada, no para aplaudirla, sino para disputarse la desolladura del pellejo del autor como única entretención a su incapacidad de forjar una pieza por medio de la palabra escrita.

No importa. No ando muy lejos del día de ir a parar a la huesa común, pero sí, me llevaré al sepulcro la satisfacción —ya que estaba dentro de mis actitudes— de haber satisfecho una misión, la misión de cumplir la parte que en las letras el destino me había asignado.

ALBORES

De los pinitos literarios de Molina en Honduras, no se encuentra ningún dato, no existe en la prensa de entonces la menor huella que atestigüe su paso por estas serranías, salvo el recuerdo de su inteligencia, de niño precoz, amigo de quebrar a pedradas los tejados de las casas de Comayagüela, ciudad vecina donde naciera el 17 de abril de 1875.

Gente que trató de cerca a sus familiares aseguran que Molina en edad escolar, era de carácter díscolo, irrespetuoso con su madre, al extremo de verse en el caso su progenitora, de internarlo en la Escuela Primaria que fundara Mr. Wight, profesor que vino de Estados Unidos a enseñar los últimos progresos de la Pedagogía.

Tuvo por compañeros a los ricos criollos, como ser el Lic. Antonio Callejas, Dr. Bernabé Salgado y otros ya fallecidos. Don José María Rosa es el único sobreviviente de aquellos tiempos felices, tiempos de la inolvidable niñez escolar.

Nos refiere don Manuel Cantor, antiguo tipógrafo del "Diario de Honduras", y compañero de barrio de Molina, que una de las favoritas diversiones del poeta niño, era la de montar en puro lomo, con la cara hacia la cola, a un viejo caballo familiar.

A todas horas de día se le veía a horcajadas en su manso bayo, por las calles y callejones de Comayagüela, llamando la atención de los pocos forasteros, del estrambótico modo de galopar.

Una vez, ya el caballo molesto con las travesuras de su amo, le dio por entrarse a la casa de doña Ventura Velázquez de Cortés, y como la puerta de la pulpería, única que se encontraba abierta era angosta, sacó por las ancas al jinete, derribando las botella de miel de palo y la mascadura del mostrador.

A Molina que nada le importó el susto de la dueña de casa, ni las averías, se sacudió las nalgas y volvió a montar a su manera: era un niño terco.

La verdadera patria intelectual del poeta hondureño fue Quezaltenango, Guatemala. Allá llegó en 1889, a los 14 años y encontró cariño y corazones ampliamente generosos.

Para mejor comprender nuestra afirmación, basta decir, que Molina sin un peso en los bolsillos logró graduarse de Bachiller en Ciencias y Letras en el Instituto de Occidente, —permitiéndole el director para ayudarse a los estudios—, servir al mismo tiempo asignaturas que dominaba.

En 1926, nosotros tuvimos oportunidad de visitar Quezaltenango. Allí, en el hotel, conocimos al dueño de una fábrica de aguardiente de Salcajá, quien había sido alumno de Molina, y al saber que éramos hondureños, nos ofreció su franca amistad, sin reservas.

El buen hombre tenía a mucha honra, se pronunciaba con orgullo, haber asistido a las clases que sirviera el poeta.

Toda una tarde nos recitó versos, fragmentos de discursos y nos habló de la labor literaria de Molina en "El Bien Público", periódico editado por su cuenta, desconocido hasta la fecha en la patria.

Está probado, pues, que Molina en Quezaltenango hizo sus primeras armas.

En aquella tierra fría concibió EL ÁGUILA, el famoso poema con que Molina despuntó como poeta de positivas esperanzas en las letras de América.

Después, en 1896, se trasladó a la capital guatemalteca, trayendo como valioso tesoro, la gestación de su poema, que al ser publicado por primera vez en el "Diario de Centro América", fue algo así como la piedra angular del monumento a su gloria.

Por tratarse de una de las más preciadas primicias del panida hondureño, la publicamos en el Apéndice para mejor interpretación de nuestros lectores.

Le cortaron la cabeza
a un desventurado loco
que de un mal desconocido
se murió en el manicomio,
y arrojáronla al jardín
donde, a la hora del bochorno,
él hablaba con las rosas
y con los claveles rojos
o con aires de sonámbulo
recitaba sus monólogos.

Cáyeronse los cabellos
con los músculos del rostro,
y se comieron las aves,
a picotazos los ojos;
coció el sol dentro del cráneo
como si fuera en un horno,
el cerebro, y en gusanos
fatídicos y horrorosos
transformose aquella masa
de células y de fósforo.

Después cuando el jardinero
del jardín del manicomio
sacudió la calavera
entre sus manos callosas,
surgieron alborotadas
mil mariposas de oro.
Brillaron chispas extrañas
en las cuencas de los ojos
y chocaron, como riéndose
las mandíbulas del loco.

Guatemala 1896.

Hay que tomar en cuenta la influencia literaria de la época y edad del poeta: habiendo nacido el 75 y publicado el 96, andaba en los 21 años.

No obstante, ser por ese tiempo la capital guatemalteca, algo así como la Atenas del Istmo, por sus centros universitarios como por su cultura general, Molina fue objeto de vivas distinciones de las figuras representativas del arte y de las letras.

Los primeros vuelos de Molina fueron de avanzada modernista: no creyó en la vida perdurable del romanticismo: lírico sí, y más que todo se advierte en sus cantos el despliegue épico.

Ya más sazón, en 1907, en la Carta Abierta que dirigiera al Director del "Diario de Centro América", Guatemala, sobre los versos enfermizos de Julio Flores, al hacer hincapié sobre el modernismo, se pronunciaba en parte: "Flores no es un gran poeta porque no ha cantado los secretos sumos del alma en ritmos nuevos y complicados. La aristocracia intelectual no le daría un puesto en los ágapes de los altos círculos del arte, donde se exigen nuevas orquestaciones verbales; sentirse más profundos y refinados y un sólido saber ecléctico que sea como la quinta—esencia de las literaturas madres y de sus hijas, para que el poeta sea a la vez, como nuevo y como viejo, como sencillo y como complicado, como local y como universal, de tal modo que logre asimilarse muchos estados de alma para conseguir la total y nueva adición a la suya".

"El poeta moderno no debe ser una especie de juglar sino un gran silencioso y un gran poeta desdeñoso, para quien el arte sea una cosa hierática y la poesía una religión suprema. Su pegaso no parecerá caballo de circo, ni pacerá en la plaza pública, sino que ha de ser un bello monstruo para devorar cielos y comer estrellas. Porque el poeta de hoy es el vidente de antes, misterioso y taciturno, atisbando los movimientos de su siglo, siempre un poco lejos de la multitud. Debe comprenderlo y saberlo todo, desde la poesía Védica hasta la de Mussett, Verlaine, Heine, Poe".

Emiliano Hernández, uno de los más ilustres escritores venidos de la tierra de Simón Bolívar, trató en una ocasión a Molina.

Nosotros conocimos a Hernández en la Redacción del diario "El Comercio" de Managua, del señor José María Castrillo. Su admiración por el poeta hondureño no reparaba en juicios atrevidos y justos. De un estudio, al hablar del panida, entre otras cosas, se expresó:

"De Honduras, esa tierra tortuosa y doliente, ha salido un poeta de los más auténticamente ilustres de América. Me refiero a Juan Ramón Molina. Su poema. El Águila le valió una frase de Castelar: "Quien escribió El Águila, águila debe ser". A la verdad, el poema poco conocido en el Sur, le destaca de cuerpo entero como un épico admirable. La prosa de Molina gasta también factura moderna, y tiene, como todo legítimo talento, más verídica personalidad. Si no fuera aventurado, yo le llamaría la entidad más representativa de Centro América".

Volviendo a la presencia de Molina en Guatemala, para dicha de él ocupaba la Presidencia de la República el Gral. José María Reyna Barrios, admirador de la juventud intelectual de Centro América. Por esos años el Presidente había ordenado a las autoridades encargadas, desplegar el mayor esplendor en los aniversarios de la muerte del cruzado de la Unión, Gral. Justo Rufino Barrios.

Así fue que, días después de la publicación de El Águila, La Calavera del Loco, un soneto a la Exposición de Centro América y un acucioso comentario sobre "Honduras Literaria" del Dr. Rómulo Durón, Molina fuera invitado de honor para dejar oír su verbo.

El 2 de abril de 1896, o sea a los 1 1 años después de la muerte de Barrios en Chalchuapa, Molina ascendía a la tribuna precedido de la aureola de sus recientes publicaciones.

Al reproducir el discurso que pronunciara ante la tumba del Caudillo, lo hacemos convencidos de ser muy contados los hondureños que conocen tan valiosa pieza, y comienza:

"Estamos ante una de las manifestaciones de duelo que hacen los pueblos por sus grandes difuntos.

Esta expresión podría pasar por pedante, si no se alzara ese monumento de bronce enfrente, alegoría del dolor de Centro América; si esas coronas de ciprés, cuajadas de frescas flores, humedecidas con el rocío de la mañana, no cubrieran ese pedestal; si esos clarines no hincharan las ondas del aire con sus toques funerales; si esos tambores no redoblarán lúgubremente a nuestros oídos; si esas agudas bayonetas no lanzaran reflejos, besados por la luz del oro del sol; y esta sombría y callada multitud, no se agrupara al pie de la tribuna, para escuchar el verbo tempestuoso de los oradores, que al salir de los labios, impregnados de lágrimas, vibra sonoramente en el viento, roza las pensativas frentes del auditorio, aletea sobre las guirnaldas, sobre los crespones y las estatuas, yendo a sollozar por fin en derredor del sarcófago que guarda el polvo ilustre de aquel hombre extraordinario.

Ha sonado, en el misterioso reloj de la conciencia pública, la hora sagrada y fatal de la justicia y de las reparaciones. Ni con las hipérboles de una admiración cariñosa que, si bien es disculpable, no siempre es imparcial, ni con las biliosas diatribas de algunos rencorosos, se puede juzgar a Justo Rufino Barrios, figura extraña y terrible, digna de un estudio profundo, medio envuelta ya en la claridad visionaria de la leyenda popular, y que se mira cruzar, con paso lento y majestuoso, por medio del claroscuro político a lo Rembrandt, que cubrió a Guatemala desde 1874 a 1885.

Antes que todo, y sobre todo, Justo Rufino Barrios es un Reformador, o mejor dicho, un formidable trabajador. Echase de ver en su obra una exuberancia y una fuerza prodigiosa. Tiene a veces cierta grandeza primitiva, y por entre los cactus, las raíces reptiles, las ásperas ramas y los helechos del siniestro bosque de nuestra política, se le ve aparecer envuelto en su piel de león y se siente un olor de fiemo de cárabo. Hay hombres leones, así como hay hombres águilas. Mirad fijamente el rostro de Barrios, y encontraréis en él algo del rey de los bosques; mirad fijamente el perfil del héroe de Gualcho, y encontraréis en él, algo de la reina de las aves. La naturaleza reproduce en las facciones las tendencias del alma. Ya lo sabía Homero cuando en su profunda candidez dijo de Aquiles que era un león.

En Justo Rufino Barrios todo era poderoso y rudo: la cabeza volcánica, con un cerebro por cráter; el ceño, que si no hacía temblar los Cielos y la Tierra, como el de Júpiter armipotente, según el hermoso verso de Horacio, en cambio hacía temblar a sus enemigos; la fascinadora mirada con que infundía el pavor en los espíritus débiles y pusilánimes; la voz, un trueno después del relámpago de los ojos; el brazo hercúleo, capaz de blandir un mazo y romper de un golpe una roca en dos; el pie, firme sobre un terreno que estaba minado y en continua convulsión; y sobre aquella cabeza erguida en una cerviz táurica, siempre las negras alas de una tempestad próxima, que llenaba de sordos rumores el horizonte de Guatemala.

Decidme ahora, si no era necesario, para conservarse de pie tener un espíritu ciclópeo y contestar a las flechas y a las tradiciones de Paris, con los pedruscos de Polifemo. Decidme ahora, si este fuerte cazador, no necesita encender sus luminarias, para ahuyentar la lobreguez social, donde brillaban mil ojos sangrientos, gruñían mil gargantas famélicas y rechinaban mil mandíbulas invisibles? Decidme ahora, si este audaz domador, ¿no necesitaba tener su látigo, sus bozales y sus jaulas, para amansar a muchos lobos y a muchos tigres humanos?

Alzarse de pronto, con unos cuantos haraposos soñadores, en las serranías de Occidente, ante la poderosísima teocracia de Guatemala, sin armas, sin dinero y sin prestigios, no tener por más amigos y auxiliares que los profundos barrancos, los enmarañados matorrales y los pedregosos desfiladeros; hacer de aquella cuadrilla de perseguidos, una columna de seguidores; convertir un tiroteo en una escaramuza, y una escaramuza en un combate, dando así proporciones a lo que en realidad no existía; cambiar las pequeñas derrotas, en Victorias que asustaron al partido conservador; atraerse a García Granados, el cerebro, para que lo dirigiera a él, el brazo; convertir aquella columna volante en ejército y aquellos haraposos en redentores; derrotar en San Lucas, en el Coxom y en Tierra Blanca, a unas tropas tras las que se escondía un partido admirablemente compacto; levantar una acta, para que en lo futuro fuera un pedestal; subir al solio presidencial y abarcar por catorce años el país con ojo de águila; traer una civilización de correos, códigos, telégrafos, ferrocarriles, libertad de enseñanza y libertad de cultos, escuelas, institutos, hospitales, jardines y sociedades científicas y literarias, sobre una inmensa barbarie religiosa; destruir una aristocracia insolente y crear un pueblo; derribar un pasado sombrío para edificar un presente luminoso; concluir con una vejez irrisoria, para dar vida a una juventud briosa; hacer ahogarse en un mar de luz, una bestia apocalíptica de sombras; no dejar piedra sobre piedra de un edificio medieval y construir en cambio un palacio a la moderna; hacer que el orbe eche de ver que hay un nuevo nombre agregado a la lista de los pueblos cultos; destruir por completo la conciencia de un grupo político, dejando íntegra el alma nacional; derramar generosidades a manos llenas, sobre egoísmos huraños y torpes; hacer que el presente vierta algunas gotas de sangre, para que todo un porvenir nos lo agradezca; seguir las huellas de Francisco Morazán y caer como un héroe de veinte años en Chalchuapa; ser objeto de los insultos de un dómine trasnochado y de los elogios de Juan Montalvo; ganar honroso puesto en la historia, subirse a la fulgurante cúspide de la apoteosis y dar un vuelo por la inmortalidad, es lo que yo admiro en esta figura trágica y brillante.

A Justo Rufino Barrios le tocó en suerte desvanecer aquella densa noche social que pesaba sobre Guatemala de 1840, año terrible en que

Morazán, ese gallardo y generoso paladín de la cruzada unionista, salió de esta capital, entre un cuadro de fuego y envuelto en un huracán de plomo. Bajo aquella enorme sombra que cubrió a Guatemala después, no se oía más que un imponente murmullo de preces, las hondas, místicas voces del órgano y lúgubre doblar de las campanas de una creencia, que empieza a entrar en putrefacción. Después, oyóse en las sierras de Los Altos una como pelea de cóndores, e iluminó el horizonte lóbrego uno como centelleo de astros. ¡Eran los rumores de la revolución y los fogonazos de los fusiles! Al miedo sucedió el pánico en las fijas del retroceso, y ahí fue el lamentarse de hinojos ante los oídos del catolicismo, sobre las frías baldosas de los templos, entre los cirios de temblorosas llamas, bajo las severas arcadas, en tanto que el ejército libertador, seguro, compacto y resuelto, avanzaba sobre la capital, desplegados los pendones al viento y seguido de una torre de polvo.

Lo que sucedió después, ya lo sabéis vosotros. La época era de reformas. Demoler, he aquí lo primero; construir, he aquí lo segundo. La contemporización con los vencidos, hubiera sido un crimen de lesa Patria, que la juventud actual hubiera purgado en la ignorancia y el embrutecimiento. Una gran llaga estaba comiéndose las carnes del cuerpo social. Había que extirpar esa llaga, con el hierro candente y los ácidos corrosivos: pero aquel cuerpo tenía una vida y aquella vida protestaría por una boca. El cloroformo ayuda en estos casos en gran manera a las operaciones; pero, ciertas clases de cloroformo, debilitan a esos seres monstruosos que se llaman sociedades. Entonces, aquel médico audaz llamó, en un momento desesperado, a la mordaza del auxilio. Y la mordaza vino, más como continuara el paciente agitándose en epilépticas convulsiones, vinieron los grillos y vinieron las cadenas, y vinieron las esposas, y en fin, vino aquella serie de presiones duras, que pusieron en calma a esta nación, continuamente agitada por estultos caudillejos y nobles de parroquia.

Pensar en componer un pueblo con buenos consejos, es como pretender curar a un enfermo con enseñarle una pócima. El despotismo de Justo Rufino Barrios, no es simplemente un despotismo; calificarlo así, es lamentable miopía de la visión del alma. Despotismo brutal es el de Rosas, ese gaucho feroz que saltó como un tigre pampero sobre la Argentina; despotismo brutal es el del doctor Francia, el sombrío marmóreo tirano del Paraguay; despotismo brutal es el de Ignacio Veintenilla, ese histrión tan estúpido como ignaro; despotismo brutal es el de Andueza Palacio, ese cerdo que convirtió la Casa Amarilla de Caracas en una pocilga; despotismo brutal es el de Ulises Hereaux, ese negro antropófago y repulsivo. Estos sí son déspotas, estos sí son tiranos, estos sí son bestias humanas. Algunos son leopardos, otros son hienas y hay varios perros rabiosos. Comparar a Justo Rufino Barrios con estos bandidos, con estos salteadores, con estos criminales, es tener un espíritu muy menguado, es no medir la portentosa obra de aquel hombre, es olvidar el tremendo drama cuyo principal papel le tocó representar; es no imaginarse aquel pasado de miserias, ni los catorce años de lucha entre los elementos contrarios, ni nuestro presente todavía vacilante; es, en fin, soñar en cubrir con la gota de bilis de un odio estúpido, el mar en cólera de la Revolución del 71.

En cuestión de justicia histórica, el presente es la gran parcialidad y el futuro de gran imparcialidad. No se juzga a un hombre y menos a un Barrios, con la sonrisa de hoy, sino con el ceño del mañana. Hay, en la pupila del historiador, cuando sondea los acontecimientos idos, cierto fulgor dantesco, y en su fallo, cierta pureza de nieve. Lo justo es inclemente, y lo inclemente tiene la blancura y la frialdad del mármol. Tácito, Suetonio, Dante, Víctor Hugo y Montalvo, deben haberse puesto pálidos al condenar a algunos malvados. El historiador y el escritor histórico, tienen enfrente dos cosas tremendas: la siniestra sonrisa de la esfinge y la fría mirada del ojo de la tumba.

La historia no es más que un proceso. Tras el sumario el plenario, y luego la sentencia, que casi siempre es inapelable, porque casi siempre es justa. Algunas veces, después de que el reo ha sido absuelto por varias generaciones, no faltan insensatos e imbéciles que traten de condenarlo y entonces se escriben folletos contra Francisco Morazán. Insultar es nada; calumniar es morder; morder honras, morder ciudadanos ilustres, morder memorias veneradas. El hombre—colmillo es peor que el hombre intestino. Es más temible el cocodrilo que el hipopótamo y el áspid que la ballena. Del hartazgo sólo sale un Sileno, un Tolomeo, un Baltazar, un Enrique VIII, un Papa; del mordisco, ha salido una pléyade de escritorzuelos venales, que ha cubierto de injurias y calumnias a todos los grandes de la América Latina Ensañarse en la memoria de los muertos, tiene cierta voluptuosidad desconocida. Es un lúgubre goce de la sombra. Algunos seres inferiores tienen más placeres que algunos seres superiores. La hiena goza más que el león; el cuervo goza más que el cóndor; el gusano más que la mariposa. Lo obscuro, lo hediondo tiene esas compensaciones. El monstruo está en todas partes, en la luz o en la obscuridad. Bajo el sol de África se llama serpiente, y en la huesa se llama gusano. Un águila y un cuervo son dos monstruos: la una sobre el crestón y el otro sobre el cadáver. Hay diferencia. La una desgarra los corazones sangrientos y el otro los vientres lívidos; la una lanzando grito potente, se dispara sobre el miserable, y entonces García Moreno muere bajo la garra de Montalvo; y el otro, acompañado de negra banda, tírase sobre los cadáveres de Bolívar, Morazán y Barrios, dando el espectáculo de un hormigueo de manchas sobre los restos de los bienhechores de los pueblos.

Justo Rufino Barrios entrará en la historia de Centro América como una gran figura. Ahora, en el mar embravecido de nuestras luchas, es como un faro imponente y aislado, que arroja un haz de luz sobre las espumas de nuestros mezquinos odios. Este hombre, en medio de sus nubarrones y borrascas, tiene ya proporciones enormes. Tras el espeso telón que nos oculta su vida, el pensador presidente es una silueta colonial y luminosa, que se va hiriendo las tablas con paso firme y seguro dejando oír un sonoro ruido de espuelas.

Justo Rufino Barrios es como un Esquilo de nuestra política que dejó sin concluir su mejor tragedia: la Unión de la América Central. La primera parte, da idea de cómo hubieran sido las otras. Hay tal encarnizamiento en la matanza del 2 de abril, que el pensador se hunde en amargas reflexiones. Si no fuera por lo grande de la causa, Chalchuapa seria simplemente una hecatombe feroz. Por fortuna no es eso. Chalchuapa no es un combate, ni una batalla, ni una Victoria, ni una derrota, ni un incendio. ¿Qué es entonces Chalchuapa? Un relámpago. La pupila sufre una dilatación ante ese cuadro subilo. Se siente el rumor de las grandes catástrofes y hay un misterioso fruncimiento de cejas en el cielo. A través de ese humo sagrado, vagan los espectros de Barrundia, de Jerez, de Gerardo Barrios y de Francisco Morazán. La sangre tiene allí la opulencia de la gloria. En la pradera convulsa, sobre el césped verde, envuelto en la oriflama de la antigua Patria, yace un fiero difunto. Dolor, coraje, desesperación, audacia y heroísmo, están pintados en su semblante, que termina en barba plateada, a la que nunca echó mano un temerario. Las viejas águilas clásicas le están mirando desde la cumbre andina...

¡Ah! si Justo Rufino Barrios no hubiera muerto hace once años en este infausto día, en verdad os digo, que a estas horas, un viento nuevo y fecundo, un vasto y poderoso soplo de civilización, venido del océano de luz del siglo XIX, pasaría sobre las cabezas de los cuatro millones de habitantes del Istmo centroamericano.

He dicho.

JUAN RAMÓN MOLINA

Guatemala, abril 2 de 1896.

Según me ha referido el Lic. Adolfo Miralda, que hacía estudios de abogacía, él se encontraba confundido entre la selecta concurrencia que escuchaba a Molina ante la tumba de Barrios.

Al bajar de la tribuna, fue objeto de vivas muestras de aprecio de parte del gran mundo oficial e intelectual, al extremo de franquearle las puertas de la más hermética sociedad capitalina, tanto por su talento como por su porte de un trasunto griego. Es decir, había visto despuntar en Molina al hombre de positivas promesas.

El poeta hondureño permaneció en Guatemala todo el 96 y casi todo el 97 en la más holgada de las posiciones económicas y querido por los elementos más valiosos de la época.

REGRESO A LA PATRIA

El Gral. Ceferino Delgado, al tanto de imprevistos apuros económicos del máximo bardo hondureño, refería a sus familiares, que deseoso Molina de regresar a la Patria, se dirigió a su padre don Federico, solicitando gastos de viaje. Inmediatamente fue atendido, girando los fondos necesarios, que desgraciadamente al ser cobrados se esfumaron en francachelas.

Al verse nuevamente Molina sin un cobre, por segunda vez suplicó a su padre; éste, con algunas dificultades, reunió lo solicitado haciendo igual remesa. Y sucedió, que una vez más la plata en manos del poeta se volatilizó como la primera.

Entonces Molina ya no encontró pretextos para pedir más dinero a don Federico, dirigiéndose a su madre, doña Juana; la buena señora, mejor conocedora del espíritu bohemio de su hijo, en vez de girarle, encargó a una viuda acaudalada que se dirigía a Guatemala a vender ganado, para que le comprara el pasaje, previniéndola no darle un centavo.

Como a Molina se le pusiera en autos, y al saber de la llegada de la viuda, fue a reclamarle la suma que había recibido de manos de su madre; ella, calándose los espejuelos para medir mejor la estatura del poeta, le manifestó: "Tengo instrucciones de doña Juana, de pagarle el pasaje y gastos menudos, menos de entregarle ni un níquel".

El poeta, visiblemente molesto, la increpó: "¡No había de ser vende ganado para dejar ver entre sus espejuelos, su espíritu mercantilista! Se marchó, realizando el viaje, gracias al espíritu generoso de sus amigos chapines.

El ínclito viajero vino a Tegucigalpa, procedente de la ciudad de Guatemala, a fines de 1897, hospedándose en casa de su madre doña Juana de Molina, Calle Real de Comayagüela.

Todas las tardes, con pantalones de montar y chumpa de caza, salía con la escopeta al hombro, rumbo al cerro La Zopilotera o al Estiquirín, en busca de un temible tigre o de simples palomas de monte.

Nunca se le vio regresar con pieza cobrada. Aburrido, pues, alternaba el entusiasmo de la caza con la pesca.

Su sitio predilecto era la famosa Poza del Carrizal, en las faldas del cerro de Juana Laínez, frente a un antiquísimo ceibo ya desaparecido.

Mientras las lavanderas restregaban sobre las piedras ropa sucia, observaban con curiosidad al poeta, por aquella importancia que se gastaba; el impertérrito no se dignaba alzar la vista, clavada en el anzuelo en espera de ver picar a un noble guapote o a un bagre plebeyo.

Al pasarse la tarde en blanco, y con la esperanza de pescar al siguiente día, enrollaba el sedal marchándose contento, como siempre, de las horas perdidas...

La venida de Molina coincidió con la clausura de las clases del año lectivo del Colegio El Porvenir que dirigía el Lic. Esteban Guardiola.

Molina fue comisionado por el personal docente para decir las palabras de fin de año escolar.

Al aceptar, en aquella ocasión se reveló como un literato brillante, enjundioso; fue una sorpresa para la juventud hondureña encontrarse con un compatriota que de la anonimidad saltaba a la vanguardia de las letras nacionales.

En 1898 dio a conocer por primera vez en el país, El Águila, en las columnas de "El Cronista", semanario fundado por él. Con este canto reafirmó en la conciencia nacional sus quilates de buen oro intelectual al ser proclamado el abanderado de la poesía hondureña.

El mismo año estudio derecho en nuestra Universidad.

Entonces era Presidente de la República el Doctor Policarpo Bonilla, 1894 a 1899, quien tomando en cuenta sus capacidades, lo nombró Subsecretario del Ministerio de Fomento y Obras Públicas. A continuación abandonó los estudios universitarios por considerarlos incompatibles con su vocación ya determinada.

Molina andaba en los 22 años cuando publicó "El Cronista". A los 24, o sea en 1899, asume la dirección de "Diario de Honduras", periódico fundado en 1893 por el doctor Alberto Zúniga con la anuencia del presidente de facto, Gral. Domingo Vásquez.

En manos de Molina dio nueva orientación a la prensa del país con la nota informativa y palpitante que imprimiera el primer cotidiano serio, que pueda tomarse en cuenta.

EL MOLINA QUE YO CONOCÍ

Nací y continué viviendo en el coqueto barrio El Jazmín. De esto hace más de cincuenta abriles.

A cortos pasos de la casa de mi madre, Isabel Oquelí, y en la residencia de doña Dominga V. de Cuéllar, vivió por espacio de muchos años el gran Juan Ramón Molina. Entonces joven, lleno de vida, soltero.

En aquella época yo era un adolescente, admirador ferviente del poeta.

Molina, al comprender mi devoción por su estro poético, de la noche a la mañana me estimuló nombrándome su principal mandadero. Yo tenía el privilegio de ir a comprarle aguardiente al estanco de Joche Lanza.

De aquellos lejanos días aún recuerdo la postura gallarda del poeta y de su amor a las hembras que encabritadas por el macho se disputaban sus brazos.

Un sincero amigo de Molina fue el poeta olanchano José Antonio Domínguez que a diario lo visitaba en compañía muchas veces, de los literatos Timoteo Miralda y Juan Bustillo Rivera.

Nunca olvidaré los días de francachela. Gustaba disiparlos en los márgenes del Río Choluteca, más conocido en la capital con el nombre de Río Grande.

El Ateneo de Honduras, fundado por Froylán Turcios en 1905, promovió, auspiciado por el gobierno del Gral. Manuel Bonilla, un concurso de Juegos Florales.

Llegaba la noche de los festejos, el primero en hacer uso de la palabra fue el Doctor Carlos Alberto Uclés con su brillante discurso, lleno de citas, producto de su erudición, de párrafos luminosos.

La pieza oratoria resultó larga, larguísima, concluyendo el orador con una promesa, a falta de tiempo, de historiar en otra ocasión los orígenes de los Juegos Florales. A continuación se dejó oír una salva de aplausos en el salón de retratos, del antiguo Palacio Nacional, lugar donde se habían dado cita los patrocinadores de los juegos.

Luis Andrés Zúñiga, orgullo de las letras hondureñas, resultó vencedor en el concurso con la flor natural. El poeta hizo uso de la palabra y dijo con acento musical su bello poema, "Poeta y Aldeano".

Siguió en la tribuna Molina, quien no tomó parte en el concurso, pero como contribución personal al esplendor de los festejos, leyó los versos inolvidables dedicados a su hermano.

RÍO GRANDE

A Esteban Guardiola

Sacude, amado río, tu clara cabellera,
eternamente arrulla mi nativa ribera,
ve a confundir tu risa con el rumor del mar.
Eres mi amigo. Bajo tus susurrantes frondas,
pasó mi alegre infancia, mecida por tus ondas,
tostada por tus soles, mirándote rodar....

Presa fui del ensueño. Tus guijarros brillantes
me parecían gruesos y fúlgidos diamantes
de un Visapur incógnito de rara esplendidez;
y — en tu sonoro y límpido cristal de luna llena—
el espejo de plata de una falaz sirena
de torso femenino y apéndice de pez.

¡Oh infancia! ¡Quién te hubiera parado en tu camino!
Dueño era de la lámpara de iris de Aladino,
de su mágico anillo, de su feliz candor:
como él tuve pirámides de gemas fabulosas,
un alcázar magnífico, mil esclavas hermosas,
y fue mi amada la hija de un gran emperador.

Mas, todo fue más frágil y breve que tu espuma,
más efímero y vago que la temprana bruma,
que sube de tus aguas hacia el celeste azur:
arenas confundidas en tu glacial corriente,
pájaros errabundos que buscan lentamente
las vírgenes florestas que bañas en el Sur.

Lejos de estas montañas, en un lugar distante,
soñaba con tu fresca corriente murmurante,
como en la voz armónica de una amada mujer;
con tus ceibas y amates y tus yerbas acuáticas,
con tus morenas garzas, inmobles y hieráticas,
que duermen en tus márgenes al tibio atardecer.

Cuando volví a mirarte el opio del hastío
me envenenaba; pero tu grato murmurio
tornó a dar a mi espíritu una sedante paz;
lavaste con tus olas sus agrias levaduras,
mi corazón llenaste de cándidas ternuras,
y una nueva sonrisa me iluminó la faz.

Amo tus grandes pozas de tonos verdioscuros,
tus grises arenales y los peñascos duros,
con los que a veces trabas una furiosa lid;
y tus abrevaderos, que cubren enramadas,
donde su sed apagan las tímidas vacadas,
como en las fuentes bíblicas el ciervo de David.

Las flores de tus ásperos y espesos matorrales,
tus islotes, cubiertos de espinos y chilcales,
y los musgosos árboles que en tu margen se ven.
el gránulo de oro que en tus arenas brilla,
la raíz que como sierpe se sumerge en tu orilla,
la rama que te besa con rítmico vaivén.

Tus aguas salutíferas me dieron nueva vida.
Infatigable buzo, perseguí en su guarida
a la ligera nutria debajo del peñón;
crucé con fuerte brazo tus remolinos todos,
conocí los peligros que ocultan tus recodos
y me dejé arrastrar de tu canturía al son.

A veces, en las tardes, con perezoso paso
he seguido tus márgenes, que el sol, desde el ocaso,
dora con los destellos de su postrera luz,
presa de una profunda, tenaz melancolía,
tejiendo soñaciones de vaga poesía.
que mi Tabor ha sido, pero también mi cruz!

¿Qué dicen los polífonos murmullos de tus linfas?
¿Son risas de tus náyades? Son quejas de tus ninfas?
Pan tañe en la espesura su flauta de cristal?
Oigo suspiros suaves.... gimen ocultas violas...
alguien dice mi nombre desde las claras olas,
oculto en los repliegues del líquido raudal.

¡En vano estoy inquieto, clavado en tu ribera!
No miraré, ¡oh náyade! tu verde cabellera,
ni el jaspe de tus hombros, ni el nácar de tu tez;
sólo percibo, bajo la superficie fría,
—joyel de una cambiante y ardiente pedrería—
cual súbito relámpago, un fugitivo pez.

De noche —en esas noches solemnemente bellas—
una por una bajan del cielo las estrellas
medrosas, en tu tálamo de aljófar a dormir:
y cuando se despierta la virginal mañana.
vestida con su túnica magnífica de grana.
huyen a sus palacios de plata y de zafir.

En los postreros meses del tórrido verano
semejas un medroso y claudicante anciano.
de empobrecidas venas y de cascada voz:
tus árboles parecen raquíticos enfermos,
tus eras se transforman en miserables yermos,
segadas por el filo de una candente hoz.

Por todos lados hallan los encendidos ojos,
lajas resplandecientes, misérrimos rastrojos
y pedregales agrios donde te encharcas tú:
duermen las lagartijas su siesta en los barrancos,
y la torcaz —del monte en los escuetos flancos—
se queja bajo un cielo de vívido tisú.

Mas ya las nubes abren sus lóbregas entrañas:
un diluvio benéfico desciende a las montañas,
cien arroyos hirvientes hasta tu cauce van;
arrastras en tu colera los más robustos troncos,
y—sacudiendo peñas y dando gritos roncos—
pareces el hermano del hórrido huracán.

Pláceme así mirarte cuando a tu orilla acudo,
cuando me precipito —enérgico y desnudo—
en tus revueltas aguas que reventar se ven;
y aspiro de tus bosques el capitoso efluvio
y pienso que eres una corriente del diluvio
que fragosora bate mi palpitante sien.

Porque amo todo aquello que es grande o que es sublime:
el águila tonante, no el pájaro que gime,
el himno Victorioso, no el verso femenil:
las mudas, y solemnes, y vastas soledades,
los lúgubres abismos, las fieras tempestades,
todo lo que es soberbio, grandioso o varonil!

Te amo por eso cuando con vigorosas alas,
te cruza —mientras turbio y aterrador resbalas—
lanzando gritos ásperos el martín—pescador;
y, columpiando agrestes parajes nemorosos,
vas a asustar los viejos caimanes escamosos,
tendidos en la costa con plácido sopor.

Sigue rodando, oh río, por tus eternos cauces,
ve a endulzar del enorme Pacífico las fauces,
sé un manantial perenne de vida y de salud;
muy pronto iré a tu orilla, con ánimo cobarde,
bajo la paz augusta de una tranquila tarde,
a recordar mi loca y ardiente juventud.

Mañana —cuando me haga sus misteriosas señas
la muerte— bajo un lote de cardos y de breñas,
en una humilde fosa tendré que reposar;
sin que ninguno inscriba, pues de verdad nadie ama,
sobre una piedra mísera y tosca un epigrama
piadoso, que a las gentes convide a meditar.

Pero mi oscuro nombre las aguas del olvido
no arrastrarán del todo; porque un desconocido
poeta, a mi memoria permaneciendo fiel,
recordará mis versos con noble simpatía,
mi fugitivo paso por la tierra sombría,
mi yo, compuesto extraño de azúcar, sal y hiel.

Envuelto en un solemne crepúsculo inefable,
dirá tal vez pensando en nuestro ser variable:
—"Cual nuestro patrio río su espíritu fue así:
soberbio y apacible, terrífico o sereno,
resplandeciente de astros o túrbido de cieno,
con rápidos, y honduras, y vórtices". Tal fui.

Tal fui, porque fui hombre, oh soñador ignoto,
pálido hermano mío, que en porvenir remoto
recorrerás las márgenes que mi tristeza holló.
¡Que el aire vespertino refresque tu cabeza,
la música del agua disipe tu tristeza
y yazga eternamente, bajo la tierra yo!

Molina era un poeta admirado por sus compatriotas, pero no un
hombre querido; pagado de su tipo griego, del corte de su sastre y de

su verbo, se gasta una pedante prosopopeya; a la mayor parte de las gentes las veía como a trastos viejos.

Una de las pocas personas que le dispensó cordialidad sin cortapisas, fue doña Aurelia de Vives Monjil, madre del Doctor Enrique Vives Monjil.

Doña Aurelia estimaba a Molina, no como a simple amigo, sino como a un miembro de su familia y las puertas de su casa siempre permanecieron abiertas al vate hondureño.

Hay que recordar que Doña Aurelia era una brillante pianista; tal vez por su espíritu sensible y educación artística, comprendía y quería a Molina.

El "Responso al Padre Reyes" escrito el 16 de septiembre de 1905 y cantado el 20 del mismo mes, quincuagésimo aniversario de la muerte del ilustre sacerdote, fue inspirado por doña Aurelia y ella compuso la música.

Mas tarde Molina escribió, "Himno del 15 de septiembre" con música del Dr. Vives Monjil, profesional y compositor de cartel, muy alabado en sus destacadas actividades.

Es muy sensible que tan bello canto sea desconocido por la generalidad de la juventud escolar.

El sitio predilecto de Molina para sus disipaciones, eral a poza de Gaspar, formada por el curso del Río Grande, al pie del Cerrito de la Moncada.

En sus cuchipandas se hacía escoltar por gente disímil. Varias veces le vi seguido del pendenciero Próspero Bambita; del guitarrista don Cruz Managua; y del pescador Benito Pelusanga.

Al concederles el honor de brindar en el pico de la misma botella, se agigantaban y hubieran dado la vida por el hombre que los trataba de potencia a potencia.

Al terminar con los fondos no paraba en seco; a fin de continuar con las libaciones, mandaba a uno de los compañeros de parranda a vender o empeñar por cualquier cosa, objetos personales, como ser anillos, prendedor de corbata, reloj, etc.

Cuando Molina suspendía la copa ¡había que verlo! Primero ordenaba a su estado mayor, un aseo general en su vivienda y arreglo de las cosas tiradas al azar. Después, con buenas maneras, despedía a los amigos ocasionales.

Si una hora después los encontraba en la calle, no se dignaba mirarlos; ya no era el Molina que habían conocido; ahora era un rey, tal la arrogancia y el desprecio que transpiraba por todos los poros del cuerpo al caminar por los callejones y plazas coloniales de Tegucigalpa.

En su Autobiografía dejó entrever algo de su idiosincrasia:

"Para unos soy monstruosamente vano; para otros humilde y muy sincero".

Mostraba tal orgullo en su postura (no siempre en el trato), que yo, considerado su principal mandadero, no me atrevía a visitarlo en su estado normal, salvo que él me llamara para llevarle o traerle pruebas de la imprenta.

Sí, me gustaba verlo día y noche embrocado sobre los libros; no los leía, los devoraba.

Con volúmenes de ciertos autores clásicos, se abstraía de tal modo, que al terminar el último capítulo, el piso quedaba alfombrado con las hojas del libro, que inconscientemente iba desprendiendo a medida iba leyendo.

Al volver en sí, del mundo de sus ensueños, y contemplar las hojas formando tableros de ajedrez por el suelo, muy sorprendido —a su manera—preguntaba:

—Hombre, y esto cómo ha sido?

—Usted, poeta, usted.

—¿Yo?

—Pues, sería el barrendero......

—¡Tú fuiste! —gritaba con regocijo.

Don Nicolás Urquieta fue un mexicano que tuvo buena aceptación en los planteles de enseñanza de la capital, por su competencia como profesor de dibujo y pintura.

Pero Urquieta padecía del mal de Molina, de empinar el codo más de lo razonable.

En los días de festejo, festejo a Baco que podía ser cualquier lunes, casi siempre hacían "causa común" prolongando las horas amenas. Al concluir con los fondos disponibles echaban mano de los enseres de casa, como ser sillas y mesas.

Por último, cuando todo se había agotado, se les veía llevar el catre de dormir, Molina de un extremo y Urquieta del otro, rumbo al estanco de Chon Fúnez.

Por algún tiempo perdí de vista Molina. Supe de su casamiento y de actividades en la prensa y de su nueva residencia en un barrio más apartado.

Años después, con sorpresa de mi parte, volvió a vivir en la antigua casa, perteneciente a la señora viuda de Cuéllar, o sea la que hoy ocupa la Administración de Rentas. En frente funcionaba la Imprenta Popular, de propiedad del Gral. José María Valladares, donde se editaba "Diario de Honduras", continuando Molina en la dirección. Entonces ya se encontraba viudo de su esposa doña Dolores Inestroza, bella mujer, de familia distinguidísima.

Tal vez por sentirse solo, por el vacío que en su corazón dejara la compañera idolatrada, a quien inmortalizó con el sentido poema a Una Muerta, Molina con frecuencia se entregaba a las disipaciones.

Miguel Lanza, competentísimo tipógrafo, jefe de los talleres donde se imprimía "Diario de Honduras", un día nos refería en presencia del escritor Ramón Santamaría, que cuando el bardo apuraba sus ajenjos, rogaba a los amigos o a cualquiera de los cajistas de la imprenta, para acompañarle por la noche.

Si no encontraba compañía, muchas veces se quedaba en plena calle, a la sombra de un gendarme.

El poeta al explicarse, sostenía con vehemencia, que su esposa, antes de morir, le había jurado que si no renunciaba a las copas, no lo dejaría un momento tranquilo.

Lanza, que en varios lances personales había probado ser un hombre valiente, nada fanfarrón, al contrario, se daba a querer por su seriedad y ser cumplido en su trabajo, contaba que una noche se quedó acompañando al poeta.

Antes de acostarse tomaron dos o tres tragos.

Molina se acomodó en su lecho especial, rodeado de un largo biombo plegable por medio de bisagras, y Lanza ocupó una hamaca colgada en la misma pieza, siempre dispuesta para tales huéspedes, a cortos pasos de la cama.

Lanza, que no creía en los temores de Molina y menos en la amenaza de la difunta esposa, se entregó en brazos de Morfeo de la manera más despreocupada.

A eso como las tres de la madrugada —decía Lanza—, "me desperté alarmado al oír voces del poeta pidiendo socorro".

"Inmediatamente, todo azorado, agucé el oído; y al tratar de incorporarme para prestar mi auxilio, sentí que dos manos heladas impidieron levantarme. Entonces yo también quise gritar y no pude; un frío, quizás el de la muerta, me hizo estremecer y sentí que copioso sudor me bañaba el cuerpo, al mismo tiempo un miedo horrible se apoderó de todas mis facultades, como jamás lo había sufrido en mi vida".

"Aunque turbado, como semi inconsciente, juré mentalmente no volver a acompañar al poeta, ya que era cierta su porfía, de que el espíritu de su esposa no lo dejaría en paz si no abandonaba el licor".

En la Administración del Gral. Manuel Bonilla, 1903 a 1907, Molina como un meteoro se acercaba al apogeo de su fama. Ya era un hombre de 30 años, con todo el vigor de la juventud, de pensamiento altamente aquilatado.

Como profesor de la Academia Militar (Escuela Politécnica) estaba obligado a vestir uniforme de coronel, uniforme que le lucía y gustaba llevar.

El sastre de moda era don Juan Manuel Girón.

Un domingo, Molina me llamó para preguntarme si sabía en qué "cuchitril" tenía el taller instalado el señor Girón.

Como le contestara que en la ciudad vecina de Comayagüela, en la primera avenida, en unos cuartos del capitalista don Cipriano Velásquez, me excitó a que le acompañara.

Una vez en presencia del maestro, dijo:

—Vengo a que me hagas un dormán blanco; quiero parecerme al príncipe de Gales.

—Será un honor para mí, poeta.

—¡Que honor de la perica! Piensa que tú eres el primer sastre y yo el primer poeta, ¡en algo nos parecemos!

Debo aclarar, que al traspasar los umbrales de la adolescencia, continué tratando a Molina, no como amigo, sino como viejo vecino, con algo de familiaridad en todo lo relacionado con pequeños servicios.

No culpo a Molina de haber visto a la mayor parte de las gentes que le consideraban amigo, como a gentuza descalza.

Había nacido con su tic orgulloso; era innato en él su modo de conducirse: no podía renunciar a su idiosincrasia por tener antes que renunciar a su misma naturaleza. A sus rasgos característicos agréguese su talento nada común en Tegucigalpa, resultando intolerable con los que no espigaban a su altura.

Entre la gente del bajo pueblo resultaba algo extraño; aunque sabían de sus desprecios, lo admiraban, lo querían, al punto de seguirlo y cuidarlo cuando el poeta andaba de francachela a fin de que no le fuera a suceder algo lamentable.

Tuvo algunos encuentros personales, en su estado normal, con elementos conspicuos de nuestra sociedad, tales como el reputado historiador, doctor Rómulo E. Durón.

El disgusto provino por el aparecimiento de una interesante obra titulada "El Alcalde Mallol", obra documentada acerca del primer alcalde de la Villa de Tegucigalpa, publicada por el Dr. Durón.

Molina se mostró tan agresivo en sus comentarios, llegando a afirmar en uno de sus artículos que las hojas del libro las ocupaban las pulperas en envolver caramelos. Así las cosas se fueron agriando hasta terminar a bastonazos en pleno Parque Morazán.

Las personas que estimaban a Molina se contaban con los dedos; entre los jurisconsultos, a Alvarado Manzano y Pedro J. Bustillo; de los políticos al Dr. Policarpo Bonilla. Al Gral. Manuel Bonilla lo tenía como benefactor de artistas, intelectuales y gremio estudiantil.

Entre los hombres de pluma el Lic. Esteban Guardiola, Adán Coello y con Augusto Coello fundó "Espíritu", antología de altas letras. De manera especial cultivó relaciones con Luis Andrés Zúñiga.

Con Froylán Turcios intimó en las postrimerías de su muerte.

Se destacaba un cariño muy singular para el doctor Alejo S. Lara, de quien siempre se dijo que era la tabla de salvación de Molina en sus grandes crisis. El poeta, este aprecio nunca lo disimuló, al contrario, lo proclamó al escribir el poema Águilas y Cóndores con la siguiente dedicatoria, al Doctor Lara:

"Para ti, gran inteligencia y gran corazón, que—en
el augusto silencio de la amistad—enfloraste mi lira
y me tendiste la mano. —Mi espíritu augur—a través
de la diaria vida mediocre—hace un signo a tu alma
patricia—véneta o florentina—triplemente capaz
de amar, sentir y comprender. —J.R.M."

El poeta caminaba por las calles estrechas de Tegucigalpa, a
manera de un dios de las letras, no por ostentación sino por ser
inherente en él, aires de suficiencia, heredados de altivo ancestro,
respaldado con el blasón del arte y la poesía que las musas le
prodigaron. Parco en saludar y poco en ver lo que no le interesaba.
Quiero decir, que no andaba reclutando admiradores a cambio de
sonrisas.

LA ESTRELLA DE MOLINA BRILLA EN TODA SU POTENCIALIDAD

Contiguo a la casa de mi madre, Isabel Oquelí, en el barrio El Jazmín, el Doctor Fausto Dávila tenía una propiedad, en la cual murió doña María Durán (la colombiana), madre de su único hijo varón, don Tulio Dávila, todos ya fallecidos.

Por la vecindad y el hecho de haber compartido las aulas del Instituto Nacional con su hijo y sobrino Céleo, el Dr. Dávila me dispensó en todo tiempo un trato afectuoso.

Su madre doña Maclovia Bonilla de Dávila, al verme continuamente en compañía de sus nietos, me regalaba aguacates y plátanos machos traídos de su hacienda Tuliapa. Estos regalos no eran más que una demostración de cariño.

De la estrecha amistad, pues, con su hijo y sobrino y la vecindad, creo que nació el aprecio con que me distinguió Don Fausto, tratamiento que le daban sus más allegados.

De estudiante, todos los días visitaba la casa de los amigos y a la vez los jóvenes Dávila frecuentaban la mía, donde nos entregábamos a juegos y pasatiempos de la edad.

Al hacer la anterior digresión, es precisamente con el objeto de que no se vaya a poner en tela de duda lo que relataré adelante, ya que don Fausto fue una de las pocas personas que presenciaron los triunfos literarios de Molina en el extranjero, hasta la fecha ignorados en Honduras.

VIAJE DE MOLINA AL BRASIL

En 1906 el Gobierno fue invitado a concurrir a la Tercera Conferencia Internacional Americana que se reuniría en Río de Janeiro.

Era Presidente de la República el Gral. Manuel Bonilla, quien se mostró protector de la educación pública y de muchos intelectuales como ser Jerónimo J. Reina, Timoteo Miralda, Froylán Turcios, Augusto C. Coello, Lobo Herrera, Juan Bustillo Rivera y otros que no recuerdo.

El Dr. Dávila me refería, que un día lo llamó el Gral. Bonilla, y le dijo:

—Ve, Fausto; he pensado en ti para que vayas a Río de Janeiro y te lleves a esos muchachos, con el nombramiento de secretarios.

— ¿Quiénes?

—A Froylán y a Molina. El nombramiento será honorario; ellos en realidad no harán ningún trabajo de oficina.

—Y entonces, ¿cómo me las voy a arreglar?

—No faltará quien, mediante buena paga, te ayude allá en Brasil.

—Muy bien.

—Te repito y no olvides, Fausto, que el objeto de mandar a Froylán y a Molina, es con el propósito de que conozcan otros países, vean otras caras, se rocen con escritores de valía; ellos son inteligentes y algo aprovecharán.

Solamente las personas que trataron de cerca al Dr. Dávila, podían hoy afirmar de lo simpático que se manifestaba en su plática, llena de anécdotas, de la sal que gastaba en sus regocijantes paliques.

Como era amigo de la fina alegría, muchas veces —intencionalmente— a fin de dar material a sus oyentes, exageraba algún cuento picaresco; otras, con salidas chispeantes, reanimaba la conversación provocando general carcajada.

Gustaba de la buena mesa, buen vino y buena conversación.

Una tarde que le encontré, como siempre, de excelente humor, le insinué:

—No terminó de contarme el viaje de Molina y Turcios a Rio de Janeiro.

—Hombre, vale la pena; fue una travesía interesantísima. Debes recordar que no existían en Tegucigalpa autos de pasajeros; pues bien, siendo yo el Ministro, en la primera dormida fuera de la capital, tuve que hacerla de mozo, ensillándoles sus mulas; ¡nunca lo habían hecho!

EN ESTADOS UNIDOS

—En New York, en donde tomaríamos el barco para el Brasil, nos encontramos con la delegación guatemalteca, encabezada por el Dr. Antonio Batres Jaúregui, viejo amigo mío. El Dr. Jaúregui que ya tenía las mejores referencias de mis secretarios, los acogió en forma paternal. Hombre ilustrado, de experiencia y gran viajero, les aconsejó hacerse de buena ropa ya que fuera de Estados Unidos no conseguirían prendas de vestir de la calidad y corte norteamericano, especialmente trajes de etiqueta.

Mientras Molina y Turcios hacían sus compras, al mismo tiempo conocían detalles de la metrópoli, como ser mercados, iglesias, bibliotecas, la bolsa, parques zoológicos, el acuario, teatros, etc.

Pero la mejor ropa —agregó maliciosamente don Fausto— en el extranjero nunca la sacaron de los cofres.

—¿Por qué, doctor?

—Para venir a lucirla a las calles polvosas de Tegucigalpa.

Pocos días permaneció la delegación hondureña en New York, haciéndose a la mar con rumbo a Sur América en compañía de otras representaciones que llevaban la misma misión.

EN RÍO DE JANEIRO

—Río, como posiblemente ya tú lo sabes, por su topografía, es uno de los más pintorescos y bellos puertos del mundo. Tiene una hermosa y tranquila bahía con el fondo de verde esmeralda de sus cerros, luciendo en el centro una moderna ciudad, bastante calurosa, pero con todas las comodidades y confort imaginables.

Al desembarcar, el elemento oficial nos hizo una significativa recepción, yéndonos a hospedar en la parte de más movimiento del puerto, en la Avenida José María da Silva Paranhos, más conocido por Barón de Río Branco.

Molina y Turcios, como ya desde los Estados Unidos lo venían disponiendo, ocuparon un departamento en el Hotel Alejandra, aparte del mío; quería que vivieran con la máxima independencia. Yo me instalé en un ala extrema del mismo edificio.

No sé por qué Turcios alquiló otro departamento, especial, en el Hotel de los Extranjeros, lugar donde se jugaba ruleta, se bebía sin tasa ni medida y los amores fáciles se codeaban con los pasajeros; pero Turcios siempre pasaba la noche con Molina y parte del día.

Al principio, sólo a los tiempos de comidas tenía tiempo de charlar con ellos, no por falta de buena voluntad, sino porque andaba apurado en ciertos trámites relacionados con la próxima Conferencia.

El gobierno del Brasil, tal vez por dar un golpe de efecto político, con anterioridad había dispuesto que la apertura de la Conferencia debía efectuarse en el suntuoso palacio Monroe, soberbio edificio de mármol construido para tal efecto.

Así se hizo y yo asistí en compañía de mis secretarios.

Los poetas hondureños solamente dos veces concurrieron al palacio: el día de la inauguración y clausura de la Conferencia. Yo, por tal cosa, ni en lo menos me molesté; ya el Gral. Bonilla repetidas veces me lo había advertido: "Turcios y Molina no van a hacer papel de escribientes".

El tiempo que yo gastaba en el seno de las Conferencias, Molina y Turcios lo discurrían leyendo, paseando, y de tarde en tarde en compañía de Rubén Darío y del Lic. Asunción Esquivel, Ministro de Costa Rica.

Con la única persona que se les veía departir diariamente, era con Álvaro Melián Lafinur, poeta argentino.

—El primer día de las sesiones me encontré con un viejo amigo que representaba a su patria, la República de Argentina.

Años atrás le había conocido en Estados Unidos y desde entonces le guardaba especial estimación por su claro talento y ser un hombre accesible.

Sus hijas que le acompañaban, dos bellas mujeres, desde el primer momento simpatizamos; aunque damas de refinada cultura, tenían mucho de las nuestras: francotas en el trato social; hacían a un lado toda etiqueta cuando comprendían que de verdad se les estimaba, es decir, dándole a uno trato familiar.

Vivian al corriente, por informes de su padre, que yo había llevado al Brasil dos poetas hondureños, con el carácter de secretarios y mucho les extrañaba no verme en compañía de ellos.

Debo aclarar, que Molina y Turcios permanecían aislados del personal oficial e intelectual. Nunca partió de mis secretarios buscar acercamiento con los escritores nacionales. Todavía no se habían desprendido del carácter huraño del hondureño, de no ser metidos —como se dice comúnmente.

Pensaban que un contacto insinuado por ellos para estrechar relaciones con los señores de la pluma, desdice en cualquier parte del mundo a todo aquel que tiene algún valor intrínseco.

Un fenómeno curioso resultó de la vida apartada que se impusieron.

Mientras a los corresponsales de los grandes periódicos de América y a los literatos brasileros se les veía en toda reunión socia, la actitud de Molina y Turcios en vez de pasar inadvertida, cada día avivaba el deseo de conocerles, de tratarles, a fin de agasajarlos.

Las hijas del ministro argentino que tenían sumo interés de cultivar relaciones con los poetas hondureños, una noche las encontré rebosantes de alegría. Al sólo estrechar sus manos, una de ellas, Rosalpina, me habló sin rodeos: "Vea, doctor, tal día cumplo años; de acuerdo con mi familia, queremos como un favor de usted, que en el programa por elaborarse, tomen parte sus secretarios. ¿Lo permite?".

Con el mayor placer—contesté—; será un honor para la representación hondureña y desde hoy les anticipo mis agradecimientos.

La familia del ministro argentino formaba parte de la élite social y económica de Buenos Aires. Por consiguiente, una fiesta de tal índole tenía que ser rumbosa.

Esa noche, temprano me despedí de los amigos y directamente me fui al Hotel Alejandra. Al franquear el departamento que ocupaban, les dije con estas palabras:

—Muchachos, hay un gran chance para ustedes.

—¿De qué se trata, doctor?

—Rosalpina, la hija mayor del ministro argentino, dentro de cinco días cumple años; quiere, con el acuerdo de su familia, quien ustedes tomen un número en el programa que están elaborando.

—Muy bien, doctor, muy bien! —a un tiempo aceptaron—.

—Pónganse a escribir; tienen varios días por delante.

—¡Claro! —repitieron—.

Al ver que muchos hombres de valer se disputaban el honor de figurar en el programa de festejos y no lo conseguían, yo en el fondo me sentía gozoso por la invitación tan espontánea, hecha a Molina y a Turcios.

Aparentemente se hablaba de cumpleaños; la realidad era otra: se elaboraba algo así como un certamen literario en vista de que sólo escritores y poetas de mayor renombre reunidos en Río de Janeiro tomarían parte en los festejos.

Los estadistas y diplomáticos asistiríamos como simples invitados.

En su oportunidad llegó un lujoso carnet donde figuraban los nombres de Molina y Turcios.

—El día de los festejos, de manera imprevista, fui invitado por el representante mexicano, y previendo cualquier contratiempo, puse al corriente a Molina y Turcios de lo que tenían que hacer en caso de que me demorara más del tiempo estipulado.

Al abandonar la Legación de México, muy confiado me dirigí directamente a casa del ministro argentino.

Como llegara retrasado, Rosalpina, al solo columbrarme, corrió a mi encuentro. Toda llena de pena, de zozobra, no sé de qué, angustiosamente murmuró:

—¡Doctor! ¡Sus secretarios no han llegado!

Inmediatamente tomé un carruaje y me encaminé al hotel.

Turcios, con un vistoso pañuelo amarrado al cuello, se paseaba de un extremo a otro del dormitorio.

Molina, en piyama, roncaba en medio de una espaciosa hamaca.

Como entrara sin soltar ninguna frase, Turcios comprendió mi disgusto.

Me acerqué a Molina y le hablé:

—Despierta, hombre, despierta.

Abrió los ojos y contestó:

—No estoy dormido, doctor; padezco del mal de mi padre: roncar despierto.

Yo nunca me había mostrado agrio por las cosas de ellos; sabía que no estaban obligados a concurrir a ningún acto oficial o cultural; pero en la presente ocasión se trataba de una invitación privada, previos arreglos y, sobre todas las cosas, empeñada mi palabra de caballero. Muy serio les dije:

—Con anticipación les hablé del cumpleaños de la hija del ministro argentino, y parece que el compromiso lo han pasado por alto. Rosalpina está reclamando la presencia de ustedes; además, sepan que yo no soy ningún juguete. ¡Vístanse y nos marchamos!

Como mis secretarios nunca me habían oído hablar en semejante tono, Turcios, visiblemente apenado, se excusó por el agudo resfriado que estaba sufriendo; se sentía afiebrado.

Molina, que dichosamente se había bañado y rasurado antes de echar la siesta, inmediatamente procedió a vestirse.

¡Había que ver a Molina, tan buen mozo, con traje de etiqueta, hecho en la mejor sastrería de New York!

En la puerta de nuestro hotel nos esperaba un landó de lujo.

Ya dentro del coche, me habló:

—Doctor, yo no he escrito nada.

—No importa; aquí nadie te conoce; recita cualquier cosa de las publicadas en Tegucigalpa.

Molina guardó silencio; diríase que reconcentraba sus pensamientos.

Minutos después, nos hacíamos presentes en el alegre festival.

Pocas veces me he sentido transportado a las regiones del entusiasmo, de satisfacción inolvidable, como la tarde que aparecí al lado del poeta.

Desde el primer instante, todas las miradas se volvieron a Molina; las gentes no salían del asombro, al pensar encontrarse con un indio de Opatoro, no con un hombre arrogante, de ojos azules y facciones apolíneas. El murmullo fue tal, que del salón principal se extendió a otras piezas y corredores.

Rosalpina fue la primera en estrecharle las dos manos, momento que aprovechó para disculpar a Turcios.

Un minuto después (lo estaban esperando), Molina subía a la tribuna.

La selecta concurrencia, como obedeciendo a una consigna, guardó profundo silencio, pendiente de lo que iría a decir.

Molina despuntó declamando su maravilloso poema dedicado a la memoria de su difunta esposa.

UNA MUERTA

(Poema elegíaco).

A la amada memoria de doña Dolores Hinestroza, en el día de difuntos, hoy que, en el glorioso Paraíso, goza de la paz y luz eternas, en la pléyade de los bienaventurados, junto con sus hermanas en el amor y en el dolor. SICUT ERAT IN PRINCIPIO, ET SEMPER, ET IN SCECULA SCECULORUM. AMEN. —MCMV.

Señor: tú la llamaste
y ella voló a tu lado,
dejándome en la tierra.
¿Mi espíritu has mirado?

No es jardín —florecido
de azules ilusiones—
sino que inmunda cueva
de arañas, escorpiones
y víboras. Un pozo,
de horror y de amargura,
en que está con cadena
la trágica locura.

La copa de mi vida,
donde escanciaba mieles,
llena está hasta los bordes
de ponzoñosas hieles,
más álgidas que aquella
bebida ignominiosa,
que recoció tu lengua
en la cruz afrentosa.
No bañaron mis lágrimas
sus gélidos despojos,
porque cegó la angustia
los cauces de mis ojos;

pero —como una vena
por la cuchilla rota—
mi corazón sangraba
sin tregua, gota a gota,

cual tu divina frente,
en el pavor del huerto,
sobre los restos fríos
de todo un mundo muerto.

Mas aquel dolor hondo,
siniestramente mudo,
estranguló mi cuello
con serpentino nudo;

dejó en mi faz adusta
su corrosiva huella;
amontonó una noche
glacial sobre mi estrella;

azuzó mis pasiones
más terribles e insanas,
y pobló mi cabeza
de prematuras canas.

Tú —que de todo miras
el anverso y reverso—
que regulas la máquina
que mueve el universo,
que sabes, omnisciente
y enorme taumaturgo,
por qué el dragón se arrastra,
por qué vuela el simurgo;

por qué el sonido ondula,
por qué la chispa quema,
por qué el retoño nace,
por qué fulge la gema;

por qué se hermanan siempre,
en un igual destino,
la leche con el llanto
y el agua con el vino,

dime: si fue en la tierra
también tu preferida,
¿por qué la flor segaste
de su apacible vida,

dejando que un enjambre
de lívidos gusanos,
hirviera en sus mejillas,
sus senos y sus manos?

Su cabellera undívaga
fue una noche fragante;
su frente, como el arco
de la luna menguante.

Dos iris tenebrosos
fueron sus grandes cejas;

dos albos y odoríferos
jazmines sus orejas.

Sus pestañas, segmentos
del óvalo radiado,
que exorna las imágenes
en el vitral sagrado.

Su mirada, solemne
tristeza vespertina;
sus párpados, dos hostias
de inmaculada harina.

Los orbes de sus ojos
ópalos tornasoles,
como amatistas trémulas
en un fondo de soles.
Su nariz, noble y firme,
como una intención buena;
su mejilla —de cera
mística— luna llena.

Su boca, para mi alma
sedienta de ternura,
un pozo de aguas vivas
de perennal frescura.

Su cuello —que tenía
la candidez del cirio
y del lino litúrgico—
como un excelso lirio.

Sus senos eran como
manzanas odorosas,
cual racimos opimos
de viñas deleitosas.

Sus manos, hechas para
cortar en los jardines
cerúleos rosas áureas
y argentinos jazmines.

En su regazo pudo
reclinar su cabeza
un dios, agonizante
de amor y de tristeza;

y, como el del arcángel
de las anunciaciones,
era su pie de jaspe.
Los buenos corazones

amaban su modestia
y su gentil donaire,
que ungían de perfumes
los átomos del aire.

Bajo los dedos gráciles
de su impecable mano,
hondamente quejábase
el corazón del piano;

y, en la oquedad sonora
de su violín de plata,
oyóse de los silfos
la flébil serenata:

tal fué la dulce virgen
cuando acordó el destino
ponerla —bajo un sauce
doliente— en mi camino.

Era entonces mi espíritu
un manantial exhausto,

más secular que el lóbrego
espíritu de Fausto,

donde trazó sus cálculos
glaciales la experiencia
y cayó la simiente
del árbol de la ciencia,

que cultivan los hombres
con férvidos afanes,
para que lo cosechen
irónicos satanes,

prestos a urdir las redes
de las primeras citas,
donde se rinden siempre
las pobres Margaritas

(Queríanme los impuros
pecados capitales,
y odiábanme las vírgenes
virtudes teologales).

Había explorado todas
las altas latitudes
del pensamiento: leído
biblias y talmudes;

meditado en las muertas
necrópolis sombrías,
de las leyendas magnas
y las filosofías:

investigando ciencias
y oscuras nigromancias,
que esconden de las cosas
y seres las substancias;

consumido, en estudiosos
y locos devaneos,
nervios y sensaciones,
sentidos y deseos,

hasta tener, enfermo
de un incurable hastío,
encima, un cielo mudo,
quimérico y vacío,

y en mi conciencia, a rumbos
ignotos impelida,
horror por la natura
y espanto por la vida.

Pero ella puso en mi alma
el candor primitivo
de las revelaciones
celestes. Un olivo
plantó entre las arcillas
estériles de mi era:
una vid y una espiga,
un laurel y una higuera.

Agua ofreció a mis labios,
marchitos y sedientos;
vertió sobre mis llagas
milagrosos ungüentos;

y ahuyentó de mi paso
con dulces oraciones,
todos los cancerberos
y todos los dragones.

(Más tú, Señor, dijiste
al ángel de su guarda:
ve por ella a la tierra,
hace tiempo que tarda).

El ángel bajó al punto
del luminoso cielo,
a través de los éteres
pristinos. Plegó el vuelo

junto al fúnebre tálamo
de la estancia sombría,
y al ver su exangüe cuerpo,
su angustiosa agonía,

lloró —con sus dos alas
cubriendo su cabeza—...
¡Era un himno grandioso
la gran naturaleza!

Llenaba los azures,
límpidos y jocundos,
la música solemne
de los enormes mundos,

rodando eternamente.
Los atrevidos montes
empinábanse sobre
los vastos horizontes.

Del fondo de los mares
—dorados por el día
naciente— de las aguas
el diálogo subía.

Los bosques derramaban,
mecidos por los vientos,
el rumor de una orquesta
de acordes instrumentos:

todo era himnos y júbilos,
batir de olas y de alas,
derroche de esplendores,
de pampas y de galas,

de voces y de trinos,
de besos y murmullos,
en piélagos y gotas,
en selvas y capullos,

como si su cadáver,
del más puro alabastro,
tendido no estuviera.
¿Por qué no murió un astro?

Señor: nunca discuto
tu voluntad,
porque eres padre y dueño de cosas,
espíritus y seres:

desde el funesto rayo
que en las nubes se fragua,
hasta los pululantes
infusorios del agua;

desde los leviathanes
de máximas aletas,
hasta los gigantescos
y lúgubres cometas;

desde el numen osado
que explora lo absoluto,
hasta el instinto vago
que germina en el bruto.

Por eso —al ser herido
de aquel dolor supremo—
no apacenté, insensato
las iras del blasfemo

sino que —de mi dicha
mirando los escombros—
cargué con ellos sobre
mis fatigados hombros,

pidiendo, por su triste
recuerdo enloquecido,
a cada vaso un poco
de bienhechor olvido;

consuelo, en las lecturas
con llanto y sangre escritas,
y sueño, en el consumo
de pócimas malditas.

De noche, cuando el ábside
del cielo se entenebre,
mis ojos, encendidos
por una lenta fiebre,
a través de un enjambre
lumínico de estrellas,
siguieron por las nébulas
el rumbo de sus huellas,

cual, en los copos sueltos
de una viajera nube,
el vuelo se presiente
de un errante querube,

que escruta —entre sus torres,
murallas y vergeles—
la vida de las viejas
Sodomas y Babeles.

¿En dónde se detuvo
cuando dejó el planeta,
en éxodo sublime
a la celeste meta?

¿En qué mundo de dicha
o en qué luna de duelo,
plegó, por un instante,
el fugitivo vuelo,

cruzando la vorágine
de las inmensidades,
meciéndose a los soplos
de las eternidades,

vestida con su túnica
de luctuosos crespones,
recamada del polvo
de las constelaciones,

trazando centellantes
y rápidos circuitos,
sobre el haz de los vastos
y mudos infinitos,
mientras la horrible tierra
confusamente huía,
en el lúgubre vértigo

de la noche sombría?

Cuando llegar la vieron
los celestiales coros,
los ángeles chocaron
sus escudos sonoros.

El escuadrón de rubios
y ardientes serafines,
tocó una alegre diana
en sus luengos clarines.

Fue a su encuentro la tropa
de las dominaciones,
con espadas de fuego
y auríferos pendones.

Ahora vive en el reino
de la inmutable calma;
en su derecha luce
la milagrosa palma

de los martirologios.
Fulgura eternamente
una estrella bendita
sobre tu casta frente;

y apoya, en una nube
de polvo diamantino,
su planta, en el extático
ejército divino.

¡Señor! ¡Señor! ¿acaso
la miraré algún día,
en el triunfo de alguna
celeste epifanía?
¿Iré, purificado,

a postrarme de hinojos,
ante el amor mirífico
que emana de sus ojos,

y juntos giraremos,
unánimes como alas,
en órbitas de espíritus,
de escalas en escalas,

hasta ser absorbidos
en la divina hoguera
del Espíritu Santo?
Ansiosamente espera

mi corazón, que llegue
ese glorioso instante
en el eterno círculo
del inmortal cuadrante!

—Había que ver a aquel público distinguido cuando Molina hacía pausa tras pausa; así se sucedían aplausos tras aplausos.

Como ministro de mi país, al escuchar las ruidosas aclamaciones, comprendí que se estaba tributando un señalado honor a Honduras en la persona del poeta.

Las bellas mujeres, maliciosamente, me preguntaban dónde quedaba ese paisecito de Honduras, que producía poetas tan grandes.

Cuando bajó de la tribuna ya tenía en un puño a los hombres intelectuales, quienes de manera sincera se disputaban la satisfacción de estrecharle la mano.

Las damas, por un momento, se aglomeraron a su alrededor, solicitando su autógrafo en el mismo carnet donde aparecía su nombre.

El representante especial del gran diario bonaerense La Nación, por influencia de Darío, le llamó aparte y le ofreció la corresponsalía en Centroamérica con residencia en Honduras; Molina aceptó y al siguiente día mandaba la primera y única crónica. Cuando vino a Tegucigalpa se olvidó del compromiso.

Pero bien, de estas manifestaciones de simpatía, nació en Molina la idea de escribir un canto al Brasil, idea que a través de Europa venía madurando, hasta que al fin, al regresar a la tierra, escribió la sonora armonía imitativa que tituló, "Salutación a los Poetas Brasileros".

De lo que posiblemente pensó Molina incluir en Tierras, Mares y Cielos, sólo tuvo tiempo de escribir el canto arriba mencionado y los sonetos Bahía del Río de Janeiro y Pernambuco. Luego vino la tristeza del exilio y con ello la muerte, sin haber logrado dar cima a los propósitos ya en gestión de los mundos recorridos.

RUMBO A EUROPA

Una tarde calurosa de agosto tomamos pasaje a bordo del trasatlántico ARAGÓN, con destino a Europa.

Fueron a despedirnos los elementos más destacados de la política, de las letras y hombres de la banca.

Este viaje, como ya se dejó dicho, fue el año de 1906 y todavía después de tanto tiempo me apena un triste recuerdo.

Primero diré que la sociedad porteña quería dar a otras delegaciones y a la hondureña que iban en el mismo barco, una significativa despedida.

La banda militar, sin interrupción, tocaba los himnos nacionales de los distintos países, mientras a bordo se sucedían los brindis animados por la orquesta del barco.

El público, como era natural, se aglomeró en los muelles a fin de sumarse al festejo nacional, dando vítores y otras manifestaciones de alegría.

A la hora de soltar poco a poco las amarras, del fondo de aquella multitud se oyó una estentórea despedida:

—¡Adiós, don Fausto! ¡Adiós, don Fausto!

Clavé los ojos en quien tan calurosamente repetía sus adioses, y comprendiendo que solamente en Tegucigalpa las gentes están acostumbradas a darme el tratamiento de "Don Fausto", lo escudriñé con sumo interés: era un joven alto, más blanco que trigueño, bien parecido, con ropa de obrero. Todo esto pasó en segundos, pero tuve tiempo de preguntarle:

—¿De dónde eres?

—¡Del Barrio Abajo, don Fausto!

—¿De quién?

—¡Soy hijo del maestro Alegría!

Un giro rápido del timón cortó el diálogo.

Después de tantos años, repito, todavía me apena que al pobre muchacho no se le ocurriera hablarme cuando permanecía en tierra; en algo le hubiera ayudado a hacerle más llevadera su vida en el Brasil, y también, reintegrarlo a la patria, ya que para tales emergencias estaba facultado.

A Molina, que había presenciado la escena, le manifesté mi pesar por haber dejado al compatriota expuesto a los vaivenes de su propia suerte.

—No se preocupe —comentó— conozco a toda su raza.

En efecto, ya acomodados en el salón de fumar, Molina, que conocía palmo a palmo los suburbios de la capital, nos dio una conferencia sobre el maestro Alegría.

—¿No recuerda —me preguntó— a don Estanislao, aquel viejo guasón, que tenía un taller de herrería a la vuelta de "punta caliente", entre la familia Marchante y las Sanatas?

—Me parece recordarlo.

—¿Y a su hijo Simón, ese muchacho con quien estuvo hablando desde el barco?

—No le recuerdo.

—Es un trotamundos empedernido. Su padre, un excelente obrero, nunca pudo sujetarlo. Don Estanislao era un hombre alto, blanco, huesudo, de cara sonrosada; usaba ostentosa bufanda roja en la cintura y pañuelo del mismo color amarrado en el cuello. Lástima de haberse perdido en el herrero a un valioso humorista.

Cuña:

En 1921, el notable pintor hondureño Confucio Montes de Oca inmortalizó al maestro Alegría en su famoso cuadro titulado "El Forjador", premiado con medalla de oro en la gran Exposición de Pintura celebrada el mismo año en París.

Actualmente, quien quiera conocer a don Estanislao, puede ver la valiosa tela en casa de doña Elvia Montes de Oca, residente en Tegucigalpa.

—Ya a bordo del ARAGÓN, Molina y Turcios estrecharon relaciones con Guillermo Valencia, el gran poeta colombiano que había representado a su patria y se dirigía a Francia, y también cultivaron amistad con el novelista argentino Ángel de Estrada, autor de Redención, muy conocida en Honduras.

—A la primera tierra que arribamos fue Porto Praya, capital de las Islas del Cabo Verde, archipiélago portugués.

Después el ARAGÓN atracó en los muelles de Funchal, sede del Gobierno de las Islas Madeira. Aquí pasamos un día, y los poetas hondureños se entregaron a las delicias típicas del país, consistente en ser arrastrados en carreta tirada por vacas blancas con astas adornadas con rosas.

A los 14 días de haber salido de Río de Janeiro, como el 11 o 12 de septiembre de 1906, el ARAGÓN fondeaba en Lisboa. En la capital lusitana permanecimos casi todo un día, tiempo que emplearon mis secretarios en recorrer la casa de Eca de Queirós y visitar a los parientes del gran novelista portugués.

Esa misma tarde salimos en ferrocarril con rumbo a España, llegando de noche a Madrid.

No sé cómo Chocano supo de nuestra llegada, pero fue el primero en saludarnos, especialmente a mis secretarios.

EN ESPAÑA

—En aquel entonces se encontraba en Madrid el Dr. Alberto Membreño, quien, en compañía del Dr. Antonio Abad Ramírez Fontecha y del notable jurista español, señor Silvela, presidía la Misión Especial del Gobierno de Honduras ante su Majestad Alfonso XIII, en el enojoso asunto de límites entre nuestro país y Nicaragua.

Como el Dr. Membreño ya tenía conocimiento de nuestro arribo, nos buscó alojamiento en el hotel de moda, el París, pero era tanta la afluencia del turismo americano que no encontró cuartos desocupados, conformándonos con parar en el Hotel Roma, no tan lujoso como el primero, pero donde nos hicieron toda clase de facilidades para vivir confortablemente.

Lo primero que hice fue poner al corriente al Dr. Membreño del objeto de la gira de Molina y Turcios: darse un baño de luz por las principales ciudades de Europa.

Don Carlos Zúniga Figueroa, que estudiaba pintura en España, conocía Madrid como los rincones de Tegucigalpa; por consiguiente, él fue encargado de hacer las veces de cicerone con sus compatriotas, quienes se mostraron más que satisfechos con la compañía. (No olvidemos el carácter huraño del hondureño con los extranjeros). Así comenzaron a recorrer todos los sitios interesantes de la urbe ibérica.

El Dr. Membreño, al comunicar al Secretario de Estado de su Majestad de nuestra presencia, hizo que llegara al Hotel Roma un alto empleado del Ministerio de Relaciones para invitar a Molina y Turcios a recorrer en su compañía las provincias españolas.

Por no disponer del tiempo necesario, mis secretarios se limitaron a conocer el Escorial, Toledo, Granada y Sevilla.

En el hotel, los poetas tenían un departamento especial. Zúniga Figueroa pasaba al lado de ellos parte del día y de la noche, es decir, las horas disponibles, sin descuidar sus estudios.

Al saber Darío el sitio de nuestro alojamiento, llegaba diariamente en compañía de José Santos Chocano, entregándose con Molina y Turcios a largas horas de pláticas literarias.

Por las noches apuraban vino rancio español y salían a la calle en busca de algún centro de diversión.

Por esos días se venía anunciando, a todo trapo, la gran corrida dedicada a la prensa.

Todo el mundo sabe lo espectacular y emocionante de las corridas de toros en España, pero a todas las lidias se sobrepone la dedicada a la prensa. Para ese día se guardan las sedas y los brocados; hay soberbios arrestos de valentía, figurando en el cartel los nombres de los toreros de mayor relieve; se selecciona el ganado bravío y sus famosos picadores.

El Dr. Membreño, conocedor del grandioso espectáculo, y a insinuación de Darío y Chocano, encargó con días de anticipación a Zúniga Figueroa la compra de los boletos necesarios a fin de que Molina y Turcios, principalmente, disfrutaran de algo fastuoso que no volverían a ver, acordando también los dos grandes poetas consagrados de América asistir al palco de la delegación hondureña.

Llegado el día del singular acontecimiento, marchamos a la plaza en compañía de Darío, Chocano, el Dr. Membreño, Molina, Turcios y Zúniga Figueroa.

El espectáculo, a los ojos de los vates hondureños, apareció tan vivo en su totalidad que, francamente, dieron señales de asombro.

El Rey de España, rodeado de príncipes y princesas, ocupaba el palco más visible, artísticamente engalanado con cortinajes de Oriente y otros adornos costosos, luciendo en el centro el escudo de sus armas reales.

En los extremos laterales se veían a los duques, marquesas, condes, barones y a la aristocracia de las familias adineradas, en cuyos palcos también lucían sus escudos y emblemas de su alcurnia.

La plaza, en sus detalles, estaba engalanada a todo lujo.

Dos bandas marciales se alternaban, dejando oír sus voces metálicas. En los tendidos, las bellas españolas lucían su gracia llevando la clásica mantilla; capitanes generales, ingenieros, oficiales, guardias y húsares de Pavía con uniformes de gala; damas extranjeras con su modelo sastre; también chulos y chulas de Madrid, majos y majas de Sevilla, gitanos de Córdoba, charras con su mantón de Manila; en fin, toda España representada en sus distintas gentes, con sus trajes típicos, contribuían al colorido de la plaza.

—Con la venida del Rey apareció la cuadrilla que fue recibida con unánime aclamación. Dio un largo paseo y se detuvo frente al palco real para saludar a su Majestad Alfonso XIII, y luego se marchó luciendo sus trajes de luces, oro y seda.

Después se oyó el clarín de ordenanza, apareciendo un miura feroz, de astas aguzadas.

Por tratarse de una bestia escogida para una lidia única en su género, vino lo que se llama en el arte de la tauromaquia, la suerte de los picadores, hombres diestros y valerosos, y no obstante ser duchos en el oficio, de jugarse a cada instante la vida, se necesitó el sacrificio de varios caballos para medio quitarle los bríos. Sin darle reposo se le enfrentaron los toreros con sus capas, haciendo de su arte, filigranas de valentía, en el canto de la temeridad. A continuación, el diestro avezado clavó un par de banderillas en la cruz de la fiera embravecida. Una vez el miura cansado, pero resistente, apareció el de espada y perfilándose a dos pasos de la muerte, hizo rodar a la bestia cuán grande era.

En el arrastre de muchos caballos despanzurrados y ver a otros con los hígados de fuera, avanzando como borrachos, pisándose las mismas tripas, daba compasión el cuadro doloroso.

Turcios, de temperamento sensible, no pudo resistir a su vista el riego de viseras y sangre; como movido por fuerza misteriosa e incontenible, se levantó airado de su asiento, gritando a todo pulmón: "¡Este es un espectáculo de bárbaros, de bárbaros!".

Unos españoles que oyeron la expresión se dieron por ofendidos y en actitud desafiadora se le fueron encima. Turcios al ver la resuelta agresión, rápido hizo un amago como quien va a desenfundar la pistola; pero la intervención enérgica de Chocano logró aplacar el incidente, evitando así un roce lamentable.

Turcios en el resto de la corrida se mantuvo en silencio, prudente, pero apenado. Aunque muchos extranjeros estuvieron de acuerdo con él, se tiene como imprudencia expresiones de tal índole en plena plaza, con riesgo de un serio desagrado.

En cambio, en Molina, revivió el indio crudo que llevamos dormido, entusiasmándose de manera loca y desenfrenada.

Ya de regreso en el hotel, dijo Darío que la corrida merecía celebrarla con una copa de añejo oporto.

Al escanciar copa tras copa, Molina no podía disimular su alegría emocional. Aunque los poetas nicaragüense y peruano ya habían tenido oportunidad en otras ocasiones de presenciar lidias dedicadas a la prensa, también disfrutaban del mismo placer del vate hondureño, tal lo soberbio que había resultado.

Terminada la primera garrafa del rico néctar, Darío se mostró pensativo, y como alguien le preguntara el motivo, contestó: "No es una copa de vino, es un soneto lo que vale la corrida. Propongo que cada uno escriba el suyo, sirviendo nosotros de jueces".

Al oír la propuesta, todos aceptaron, menos Turcios, quizás molesto por el fresco incidente, se negó, diciendo: "No me nace, no tengo entusiasmo para tal cosa".

Los presentes le dieron la razón, aceptando la excusa.

A continuación, Darío, Chocano y Molina, se retiraron a distintas mesas y principiaron a desarrollar sus temas.

No fue muy largo el tiempo que gastaron los portaliras; después de minutos prudenciales, casi a un tiempo, se levantaron de sus mesas.

"Lee tú primero" —propuso uno—, "mejor lee tú"—respondió otro—, y como chiquillos se excusaban de ser cualquiera de ellos el primero.

Al ver que no se ponían de acuerdo, intervino Turcios proponiendo que en papelitos blancos se rifaran los nombres.

¡Buena idea! —exclamó Darío—.

Entonces excitaron al estudiante Zúniga Figueroa, que se encontraba presente, para que cortara, rotulara y enrollara los tres papelitos, echándolos en la copa de su mismo sombrero.

Turcios que servía de juez, sacó el primero, correspondiendo a Chocano.

En el acto procedió a leer su trabajo que resultó bellísimo, siendo calurosamente aplaudido.

Continuó en suerte Darío, que resultó como todo lo de él, maravilloso, siendo igualmente aplaudido.

Por último tocó el turno a Molina, quién lo tituló: LA CORRIDA.

No quisiera decir lo que pasó con Molina al terminar la lectura de su soneto; temo que envidias y egoísmos quieran regatear su gloria; pero lo que voy a afirmar está archivado en un diario madrileño que se ocupó de las tres composiciones, diario que será el mejor testigo para quienes se tomen el trabajo de hojearlo a fin de comprobar lo dicho. Molina al terminar, fue calurosamente abrazado por los grandes poetas de América.

Fue un homenaje sincero, la consagración por dos astros de la poesía de habla española.

Darío no pudiendo resistir la grata impresión que le causaran los versos del portalira hondureño, se acercó a Molina y con el índice en alto, dijo en tono risueño: "¡Nos apabullaste, gran carajo!".

Molina, como era de esperarse, alegó que los otros sonetos eran superiores al suyo; pero Chocano, en un franco arranque, lleno de admiración, dispuso dirigirse al Marqués de Luca de Tena, dueño del gran diario "A B C" a fin de que los tres sonetos aparecieran al siguiente día y el público juzgara para satisfacción del vate hondureño.

Así se hizo, y el nombre de Molina fue una revelación para la intelectualidad española, preocupándose por conocerle y ofrecerle las columnas de la prensa madrileña.

Aclaración:

Antes de cerrar el capítulo anterior, debemos aclarar, que el soneto en referencia no figura en "Tierras, Mares y Cielos", pero dichosamente el artista nacional Carlos Zúniga Figueroa, tuvo el cuidado de traer de Madrid a Tegucigalpa, el número de "A B C" donde figuran las composiciones correspondientes a Chocano, Darío y Molina, publicadas en el mes de septiembre de 1906.

EN FRANCIA

—No recuerdo —prosiguió don Fausto— la hora en que salimos de Madrid y atravesamos los Pirineos, pero sí tengo presente la llegada a París, a las tres de la madrugada.

Cuando yo, todavía joven, me gradué de abogado, mis padres me premiaron con un paseo a la capital de Francia; pues el hotel que ocupé por primera vez lo seguí ocupando en distintos viajes, al extremo que su propietario me trataba no como a un viejo pasajero, sino como a un familiar. Ese hotel se llama COQUE CRIE y se encuentra a cuadra y media de la Opera allí nos alojamos con los compatriotas.

Ya un poco viejo, o mejor dicho, como todos los viejos, acostumbro levantarme a las cinco de la mañana, no importa que la noche anterior la haya pasado de claro en claro.

Aunque había llegado casi amaneciendo, no quebranté la costumbre: a las cinco ya estaba en pie. Después de una ducha con agua caliente, salí a dar un paseo por el centro de la metrópoli.

Al regresar a tomar café no quise llamar a mis secretarios, considerando encontrarse desvelados.

Volví a salir, regresando minutos antes de las doce. Pregunté a los sirvientes si ya los compañeros habían desayunado y como me contestaran que no, subía sus cuartos, encontrándolos hechos una furia, principalmente a Turcios, quien bastante contrariado, protestó del servicio:

—Vea Doctor... al bonito hotel que nos han traído...

—Bueno, ¿y qué pasa?

—¡Las doce sin desayunar!

—Pero hombres, si no quieren bajar al comedor, aquí, tras la puerta, está el timbre y hubieran llamado al criado para que les sirviera en sus propios dormitorios.

Ya sentados en el comedor comprendí, que como ninguno de los dos entendía nada de francés, no querían valerse del intérprete del hotel.

Desde aquel momento traté de permanecer con ellos todo el tiempo posible para evitarles molestias. Yo, aunque no puedo afirmar que domino la lengua de Voltaire, pero chapurreo lo más interesante, tanto en las pláticas familiares como en las conversaciones diplomáticas.

Por esos días estaba tratando de realizar un viaje a Alemania con el propósito de ver a un famoso especialista que me habían recomendado para someterme a una revisión de la garganta.

Mientras yo andaba en mis vueltas, Molina y Turcios, siempre unidos, salían a recorrer París en compañía de escritores de América que se mostraron muy gentiles. Pero, aquí el pero; desde el día de nuestra llegada comprendí que no se sentían tranquilos en mi hotel predilecto. Turcios que ya no soportaba, en nombre de Molina, aprovechó las vísperas de mi partida a Berlín, para protestar de nuevo:

—Antes de marcharse a Alemania —dijo—nosotros vamos a trasladarnos a otro lugar donde se hable español.

—Pero hombres, por María Santísima que están pensando? Si aquí tienen lo que deseen; el intérprete está ansioso de servirles.

—No, Doctor; ¡el idioma de Cervantes!

—Reflexionen. Para mí sería muy penoso que se salgan sin motivo.

—¿Y le parece poco el idioma de Cervantes?

—Dejen tranquilo al pobre manco. Fíjense que están haciendo un papel de chiquillos.

—Nada de eso doctor; ¡Cervantes impera!

Así pasé toda una mañana porfiándoles la no conveniencia de abandonar Coque Crie, pero agarrados al "idioma Cervantes" no me fue posible hacerles variar de parecer.

Esa tarde fui con mis secretarios a conocer el sitio que ya habían señalado como futuro hogar.

Era un caserón destartalado, administrado por unos andaluces, lugar de cita de la bohemia española. Al atravesar los corredores hollinados, sentí fuerte olor a cebollas y ajos. Los cuartos bastante espaciosos, con muebles que en un tiempo fueron de príncipes venidos a menos. al contemplar aquel antro, nuevamente les llamé a la reflexión:

—Hay tiempo de rectificar. ¿Cómo se van a quedar en este infierno?

— No, Doctor: renunciamos a todas las comodidades por vernos entre los nuestros.

Pues al fin, amigo mío, triunfó el "idioma de Cervantes" y mis secretarios se quedaron en el viejo caserón.

Esa misma noche tuve el cuidado de recomendarlos con el dueño del Coque Crie.

Aunque ellos no tienen ningún apuro —le dije—, si por casualidad vienen, le ruego servirles en lo que necesiten. Hombre inteligente, sabía que mis secretarios no estaban disgustados, al contrario, apenados por no hacerse entender en la lengua de Musset.

Al siguiente día, muy temprano, tomé el tren rumbo a Berlín. En cuanto arribé fui directamente a la clínica del especialista. Al enterarse de mis temores y examinarme pacientemente la garganta, sonrió: "Su dolencia no es para alarmarse —dijo—, simplemente tiene las amígdalas inflamadas, debido a un principio de infección; pronto estará bien".

En la capital alemana constantemente recibía las mejores informes de mis secretarios: Con amistades cada día más numerosas, recorrían bibliotecas, teatros, parques, palacios, museos, monumentos históricos, en fin todo lo más interesante que encierra París, principalmente las tumbas de los grandes poetas desaparecidos: Víctor Hugo, Musset, Verlaine, Lamartine y especialmente la de Napoleón y el novelista Zolá.

Por las noches en el Barrio Latino, improvisaban juergas en compañía de literatos de Hispano América, amén del trato con hombres de credos opuestos.

A Molina, hombre orgulloso por temperamento, no le era dable andar de café en café o de taberna en taberna recitando sus versos.

Por eso me extrañó cuando supe que una noche de bohemia, en compañía de escritores españoles y mexicanos, deleitara a su público con PESCA DE SIRENAS.

(Antes de continuar nuestro relato, queremos consignar lo que escribió un cultísimo diplomático mexicano acerca de su famoso soneto).

"Hace tres años, durante mi primera estadía en Honduras, una tarde lluviosa, gris, molesta, abrí con displicencia un libro de versos: "Tierras, Mares y Cielos", de Juan Ramón Molina. Y quieras que no, obligado por la lluvia, troqué mi proyectada tarde promenada en una deliciosa tarde lírica.

"Yo ignoraba que Juan Ramón Molina es el más alto exponente de la poesía hondureña, y solamente más tarde, cuando había leído sus versos, aquilaté los valores de ese gran poeta que vivió,

"como el león y como el oso,
Prisionero, soñando en la caverna".

De ese dulce Juan Ramón, tan parecido en el fondo de sus ensoñaciones con el otro Juan Ramón Jiménez, que tanto leo y admiro.

Yo ignoraba al poeta de las sirenas, y fue sin guía, sin el viejo cicerone del prolongador, que entré por el huerto umbroso de su suave poesía.

Nadie me dijo: 'Esto es bueno'. Ningún crítico socarrón me mostró los ripios: y por eso yo pude saborear, como el viajero que por primera vez pasea en una ciudad antes no conocida, el dulce encanto de ver las cosas sin anteojos, de sentir los versos de Molina con mis propios sentimientos.

Y le doy las gracias a la lluvia por haber caído: que mientras ella sonaba en los cristales de la ventana como un tamboril improvisado, yo leía, meciéndome en la hamaca, y vagaba con "El Águila" por los agrestes picachos de mi ensueño. Así fui, a través del "Salón de Retratos", del "Río Grande", del "Anhelo Nocturno", y de la "Autobiografía", hasta llegar al Jardín de Sonetos. Ahí me detuve; cambié de posición; los hilos de mi hamaca, al distenderse, me dieron mayor conforte. Y leí el primer soneto...

Luego, maravillado, como quien descubre un mundo nuevo, como quien siente sobre sus sienes, inesperada, una lluvia de pétalos de rosa, leí la "Pesca de Sirenas".

Péscame una sirena, pescador sin fortuna
que yaces pensativo del mar junto a la orilla.
Propicio es el momento, porque la vieja luna
como un mágico espejo entre las olas brilla.

Han de venir hasta esta ribera, una tras una,
mostrando a flor de agua el seno sin mancilla,
y cantarán en coro, no lejos de la duna,
su canto, que a los pobres marinos maravilla.

Penetra al mar entonces y coge las más bella,
con tu red envolviéndola. No escuches su querella,
que es como el llanto aleve de la mujer. El sol

la mirará mañana —entre mis brazos loca—
morir —bajo el divino martirio de mi boca—
moviendo entre mis piernas su cola tornasol.

Y releí en voz alta, para acariciarme el oído: "Péscame una sirena, pescador sin fortuna".

Y leí por tercera vez, y cuarta y quinta vez, y luego ya no pude volver la hoja; mis ojos se habían quedado clavados sobre la página, en un sueño de ensueño, en una remota playa del país de la quimera, donde las sirenas entonaban:

"...en coro, no lejos de la duna
su canto, que a los pobres marinos maravilla".

Y yo, maravillado, era un pobre marino, joven y lleno de ilusiones, embelesado por el canto de la sirena, pérfidas como el mar, o:

"como el llanto aleve de la mujer...".

¡Qué grande cosa, poder encerrar en míseros catorce versos el sueño de una vida! ¡Qué grande cosa poner, tras las catorce rejas enmohecidas del soneto clásico, a la manera de Lope de Vega o de Sor Juana Inés de la Cruz, un paisaje remoto, vívido sin embargo, lleno de una emocionalidad intensa, y hacernos vislumbrar el cabrilleo de la luna, que

"como un mágico espejo entre las olas brilla...".

Y hacernos ver, con los ojos de la loca de casa, ese gran mundo ignoto, ese país de quimera de donde volvía líricamente don Justo Sierra, sobre la rítmica barca del alejandrino!

¡Bienaventurados los que sueñan, porque de ellos será el reino de la Fe y de la Esperanza!...

Y Juan Ramón fue un bienaventurado: sobre la tierra que lo cubre han de flotar, noctámbulas, como alados fantasmas de aquelarre, las sombras de las mil y una sirenas que poblaron de ensueños sus noches de poesía. Irán hasta él, "una tras una", para poblar de vida mirífica, como un enjambre de abejas zumbadoras, el espacio sideral en que se mueva, libre ya ab aeterno, su alma inmortal de soñador y poeta.

Porque en ese soneto de Juan Ramón Molina se resume toda su intensa vida de emotividad y de ensoñación; porque la PESCA DE SIRENAS revela el inmenso amor a lo imposible, signo y característica de la suma estética del poeta... ¡Porque no hay sueño más grande ni más hermoso, que soñar en el amor de una sirena!

Vosotros, burgueses que vivís amarrados miserablemente al escritorio de una oficina; vosotros, los irredentos, "los miserables" a lo Víctor Hugo; vosotros, los politicastros, que atados a la consigna de partidos vais por calles y plazuelas entonando desentonados cánticos a Su Magnanimidad el Dinero; vosotros todos: dejad un momento el escritorio y el azadón y la labor y el mitin grotesco, para que llegue hasta vuestras almas el soplo sublime de la ensoñación. Y rezad conmigo esa súplica ferviente, esa oración panteísta de orilla de mar, que encierra en su calor todo el fuego de una vida que se arde en la llama vestálica del amor a lo imposible:

"Péscame una sirena, pescador sin fortuna",

Sí: pedir una sirena: perseguid como en Bécquer un rayo de luna; y si podéis, si sois pescadores de sirenas, penetrad al mar de los ensueños y traed para mí, peregrino incansable del país de la quimera, la más bella sirena que haya gemido con "el llanto aleve de la mujer" en vuestras playas.

ARMANDO C. AMADOR

Tegucigalpa, junio de 1920.

Por ese tiempo Molina en París daba los últimos toques al notable prefacio de "Annabel Lee", novela de Turcios, prefacio que fue publicado en esta capital.

No sé por qué razones, nunca el poeta olanchano editó su anunciada novela; posiblemente el manuscrito lo guarde su familia.

Otro de los trabajos que en París escribiera Molina, fue el...

RETRATO DE FROYLÁN TURCIOS
(a los veintiocho años)

El poeta es de mediana estatura, la color morena sin tender a obscura, como la de los moros del Generalife; ágil, con cierta agilidad felina; de miembros perfectamente proporcionados; la cabeza altiva sacude una cabellera castaña; la frente cóncava se hunde bajo los rizos delanteros, denunciando un alero propicio para todas las aves del pensamiento; los ojos, de color castaño, se hunden en las lejanías del ensueño o se arropan en la bruma de la meditación interior; nariz firme y pequeña, que daría la clave de un temperamento antisexual si los labios amorosos no denunciaran lo contrario; breve la cintura, inquieto en el andar, manos y pies pequeños, maneras violentas o suaves, según las circunstancias: tal es el hombre.

Sus aficiones literarias son escogidas; ama los libros bien escritos, las rimas bien hechas y los lances de epílogo trágico. Como todo imaginativo, goza del esplendor de los pasados gloriosos y saborea las dichas de un porvenir más equilibrado y más noble. Quizá su existencia hubiera sido más feliz en un mundo más aromático y superior; pero, a falta de éste, él trata de hacerse uno a su manera, labrándose, poco a poco, en las azules planicies del espíritu, un palacio de fe. de amor y de ensueño.

JUAN RAMÓN MOLINA

París, octubre de 1906.

—Durante mi permanencia en Alemania, largas noches pensé en las capacidades de Molina y de manera resuelta determiné dejarlo en Europa, en el sitio que él eligiera, con el nombramiento de Cónsul General de Honduras. Así, el trato, el medio y sueldo fijo, le daría ocasión de enriquecer sus conocimientos ya la vez con el tiempo vendría a ser o una legítima gloria de las letras del mundo hispánico.

De Turcios no me preocupaba, porque sabía muy bien que el Gral. Bonilla no lo hubiera consentido. Le era más útil en Tegucigalpa en el Ministerio de Gobernación.

Una vez que retorné a París no avisé a mis secretarios para agarrarlos infraganti.

En la Estación principal tomé un carruaje y me fui directamente a mi viejo hotel. Lo primero que hice, antes de sacudir el polvo del tren, fue preguntar al propietario por Molina y Turcios.

"Vea doctor —contestó—, sus secretarios, tarde y mañana vienen a informarse de su regreso. Parece que la vida parisiense ya los tiene aburridos".

Al terminar el hotelero la última frase, sentí a mis espaldas ruido de pasos precipitados: eran ellos.

Después del saludo, en tono de alarma, expusieron:

—¡Nos marchamos!

— Adónde?

—A Honduras.

—Y esa prisa, ¿a qué viene?

—No ha leído los cables de la prensa?

—No ¿qué hay de nuevo?

—Hablan de una revolución liberal encabezada por Nicho Gutiérrez contra el Gobierno del Gral. Bonilla. ¡Y vea, doctor; en cuanto lleguemos, vamos a decapitar a Cabro Prieto!

—No, hombres, dejen a don Nicho en paz; posiblemente a estas horas está roncando en su casa de la Plazuela.

Días después, cenamos juntos, con el propósito de hablar algo concreto. Por primera vez puse al corriente a Molina, de dejarlo en Europa con cargo consular o diplomático, cumpliendo instrucciones del Gral. Bonilla.

Hablamos por espacio de tres o cuatro horas sobre la conveniencia, en todo sentido, de la permanencia del compatriota en el viejo mundo.

Molina escuchó, pero no impugnó en favor ni en contra la idea. Únicamente pidió una tregua para la respuesta, tiempo que aproveché para ponerme en contacto con el poeta argentino Leopoldo Díaz, que desempeñaba las funciones de cónsul de su país en Ginebra, Suiza.

Días me oyó atentamente y muy complacido me dijo que haría todo lo posible para que Molina se marchara con él; que sería un honor y gran satisfacción cultivar relaciones con el vate hondureño.

Yo, esperanzado con todos los trabajos desplegados en favor del paisano, tenía seguridad de que Molina no renunciaría a posición y comodidad en medio de gentes de su misma o superior cultura intelectual. Pero sucedió lo imprevisto: de Molina se apoderó una gran tristeza, de cierta enfermiza melancolía, renunciando a quedarse en Europa; la nostalgia de la tierra lo arrastraba con fuerza hipnótica.

DE VUELTA A HONDURAS

Al fin regresamos a Honduras, encontrando el país convulsionado, amenazado de una revolución forjada por elementos liberales emigrados en Nicaragua, apoyados por el Presidente Gral. José Santos Zelaya.

(El descontento como todo mundo sabe, provino del golpe de Estado del Gobierno del Gral. Bonilla, culminando con el encarcelamiento de importantes diputados que se encontraban en sesión en el seno del Congreso Nacional).

—No permanecí mucho tiempo en el país. En vista de la gravedad de la situación, marché a El Salvador, en misión política, dejando a Molina y Turcios, y no supe más de ellos, sino tiempo después.

A los pocos días de haber llegado Molina a Tegucigalpa tuvimos el gusto de saludarlo e hizo declaraciones en la prensa, de la aparición de su próximo libro, titulado, "Tierras, Mares y Cielos".

Posiblemente en la pupila de sus ojos azules traía grabado el gran panorama mundial, sus gratas impresiones, recuerdos perdurables que volcaría en caudal lírico sobre páginas impolutas; pero el destino fatal no le concedió tregua y sus deseos no se cumplieron.

Froylán Turcios, compañero de viaje y letras, siendo Ministro de Gobernación en la Administración del Dr. Francisco Bertrand, en 1913, o sea cinco años después de la muerte de Molina, compiló mucho de la dispersa producción del vate y al reunirla la dio a la imprenta con el título ya anunciado por el difunto, cumpliendo en parte los deseos del hermano en el arte.

Existe producción de Molina para dos o tres volúmenes. Algún día, espíritus acuciosos se ocuparán de hacerle justicia a la gloria nacional.

Hasta la fecha, recordamos, que siendo Ministro de Honduras en México el Dr. Ricardo D. Alduvín, publicó en 1929, un poemario de Molina, (edición bolsillo).

Y en 1937, el recordado amigo Ismael Zelaya, editó a todo lujo, un volumen de poesías con prefacio del poeta mexicano Enrique González Martínez; bellas ilustraciones de Enrique Galindo y anexa, una bibliografía bien documentada, de Rafael Heliodoro Valle.

COMENTARIOS

El Dr. don Fausto Dávila logró conseguir del Presidente de El Salvador, Gral. Fernando Figueroa, cinco mil soldados que vinieron a prestar apoyo al Gobierno hondureño.

Después de la famosa derrota de Namasigüe, en 1907, cayó el Gobierno del Gral. Bonilla.

Molina y Turcios, quizá temerosos a las represalias, muy peculiares en estos países con los hombres superiores, se vieron obligados a abandonar el país, trasladándose el primero a San Salvador, y el segundo a Guatemala.

UN PARENTESIS

Allá por el año de 1898, Molina se afilió al partido que postulara al Gral. Terencio Sierra a la Presidencia de la República para el período comprendido de 1899 a 1903, escribiendo series de artículos y pronunciando inflamados discursos.

Como Sierra triunfara en los comicios, la transmisión del Poder se efectuó el 1° de febrero de 1899, dando al acto, toda la magnificencia posible.

Por la noche, el nuevo Presidente dio un banquete oficial a sus amigos y partidarios en el Palacio Nacional.

A la hora de los brindis, Molina se permitió la "osadía" de hacer algunas insinuaciones a Sierra en provecho de la República.

Sierra se escandalizó tanto porque alguien se atrevía a aconsejar reformas administrativas, que violentamente expulsó a Molina del banquete.

Desde ese momento el Tamagás de Coray odió al poeta, amargándole y torturándole la vida en las formas más despóticas.

Turcios, que ocupó la Sub—Secretaría de Gobernación en tal Gobierno y tratara muy de cerca al Presidente, dijo en cierta ocasión: "No asistí a las fiestas con que fue celebrada la transmisión del Poder. Y no presencié —y de ello me congratulo— la escena en que Sierra, en pleno banquete oficial, ultrajó a Molina, arrojándole después de Palacio, únicamente por su intento de insinuarle un programa de Gobierno, exaltado por algunas copas de champaña".

Y para pintar con vivos colores el despotismo del loco de Coray, Turcios dejó escrito: "El Gral. Sierra es el gobernante hondureño que retuvo en sus manos mayor amplitud de fuerza de dominio. Fue tan grande el pavoroso miedo que inspiraba, que nadie osó, no digo lanzar un grito revolucionario, pero ni siquiera proferir la más mínima protesta ante la violencia de alguna ley o de algún procedimiento administrativo. El Congreso, la Corte Suprema de Justicia, los empleados públicos, todos los ciudadanos temblaban ante el autócrata".

Y haciendo más patéticos los atropellos de Sierra, Turcios concluye: "Molina fue atrozmente sometido a degradantes torturas, poniéndosele en cepo de campaña y ensangrentándole las espaldas a latigazos en el cuartel de San Francisco, con la crueldad de exhibirle luego entre los criminales con cadena que trabajaban en la carretera del Sur, por sospecharse que con doble intención reprodujo en el diario que dirigía, un viejo artículo de Benjamín Franklin, "EL HACHA QUE AFILAR".

Molina permaneció mucho tiempo con la pala y la barra, horadando la roca ingrata como cualquier criminal bajo el sol y lluvias inclementes del Sur.

El Dr. José María Sandoval, jurisconsulto serio y de brillante actuación, es muy amigo de conclusiones irrefutables mediante la prueba de elocuentes testimonios. Dice que su recordado colega el Dr.

Carlos Alberto Uclés, le refirió un caso que vale la pena de hacerlo público:

En Honduras todo mundo sabe que el Gral. Sierra atropelló y vejó a Molina sólo porque tenía talento. Pues bien, al darse cuenta doña Carmen, de los sufrimientos de Molina en su reclusión del cuartel de San Francisco, mandó a un ayudante a casa del poeta con el siguiente recado:

"Dígale a la señora de Molina, que ahí le mando esos trescientos pesos, no como limosna, sino como ayuda a sus gastos por mientras consigo con Terencio que ponga en libertad a su marido; que no es la esposa del Presidente de la República quien se dirige a ella, sino Carmen de Sierra, simplemente".

Años después, en la época que Molina se encontraba emigrado en San Salvador, arribó don Fausto procedente de Belice y entonces volvió a encontrarse con su antiguo secretario.

Don Fausto refería, que por esos días recibió un cablegrama de Granada, Nicaragua, de doña Carmen de Sierra, comunicándole "la muerte de Terencio", en su hacienda La Estanzuela.

Don Fausto que fue Secretario Presidencial del Gral. Sierra, sabía de las injusticias que la fiera de Coray cometiera con Molina; le mandó llamar para mostrarle el cable.

Decía el Dr. Dávila, que al leerlo, palideció, posiblemente de cólera, notándole un ligero temblor en los músculos de la cara.

Quedó un momento pensativo con el mensaje en la mano. Al devolvérselo, se pronunció indignado:

—Vea, doctor: ¡No pierdo la esperanza de ir a mearme sobre la tumba de ese bandido!

MUERTE DE MOLINA

Cuando Molina murió se encontraba en San Salvador el Dr. Julián López Pineda, fraternal amigo del compatriota, dirigiendo "El Diario", publicación de su propiedad.

Como diez años después, ya de regreso a Honduras, el Dr. López Pineda escribió un doloroso artículo, detallando las causas del deceso del poeta. De esa publicación tomamos algunos párrafos de sumo interés, como una valiosa contribución al aporte de la biografía del panida de la tierra de los pinares.

"Desde que Molina llegó a San Salvador, estuve muy cerca de él y pude comprender su alma luminosa de niño y conocer sus apremiantes necesidades de hombre.

Los primeros meses los pasó bien, trabajando —desde su llegada— como Redactor de "El Diario", que yo dirigía. Pero el DIARIO sucumbió a causa de la horrible presión sobre él ejercida por el Presidente Figueroa, quien veía en esa publicación la única voz de protesta en favor de la dignidad de Honduras, herida de muerte por la invasión nicaragüense de 1907. Y Figueroa, para congraciarse con el elemento triunfante de Honduras, extorsionaba o perseguía a todos los hondureños que nos mantuvimos firmes ante el desastre de nuestra patria.

Muerto mi diario, Molina fue a escribir en el de Mayorga Rivas, quien le pagaba poco al gran escritor, so pretexto de que éste no era perseverante en el trabajo. Como en verdad era inconstante en su labor, pronto se vio despedido, quedando en una situación pecuniaria apuradísima, precisamente cuando más necesidad tenía de recursos. Esto le ocurrió cuando acababa de contraer matrimonio en esta capital (Tegucigalpa), por poder.

Después de súplicas reiteradas, logré que el Ministro de Instrucción Pública me ofreciera dos clases para Molina, en la Escuela Normal de Señoritas; pero el señor Ministro puso por condición que Molina se presentara en el Ministerio para conocerle. El poeta me dijo que iría al Ministerio, pero nunca se presentó, y las clases no se le confiaron. Nuestro poeta era muy orgulloso, y no se doblegaba ante las exigencias torpes del Señor Ministro.

El doctor Araujo, que era entonces Vicepresidente de la República, y personaje influyente, me ofreció conseguirle un destino a Molina con $200.00 mensuales en la Redacción del "Diario Oficial". Había que esperar unos dos meses, mientras el Gral. Figueroa se hallaba de buen humor para permitir que viviera un grande hombre de letras. Menos de un mes faltaba para que Molina comenzara a desempeñar ese destino, cuando sucumbió, vencido por las horribles embestidas del medio implacable.

En aquellos días aciagos, casi todas las noches se presentaba Molina en mi casade habitación —a altas horas—. Me despertaba para que charláramos un rato, porque él no podía dormir.

"Hombre —me decía a veces—. ¿tienes por ahí una vela y cigarrillos? Yo no tengo sueño y me he quedado a oscuras, a estas horas".

Yo me levantaba, y conversaba con él. Después se iba, siempre ostentando una profunda melancolía, que los tontos y malévolos juzgaban embriaguez producida por el alcohol o morfina.

Hay que ser verídico: Molina en aquel tiempo, no era un borracho. Y tampoco era morfinómano, como tanto se ha asegurado. Es verdad que bebía a veces moderadamente; y si en algún momento se sentía ebrio, acudía a casa de un médico amigo, a suplicarle le aplicara una inyección de morfina, para suprimir la borrachera del alcohol. Pero nunca usó de costumbre la morfina, ni siquiera supo aplicarse él mismo una inyección. No se concibe un morfinómano semejante. Si hubiera sido morfinómano, no habría muerto como murió.

A pesar de su hermetismo, tanta confianza me dispensaba, que me refirió en esos días su situación: le cobraban el alquiler de la casa, le cobraban la mesa, y él no tenía esperanzas de pagar. Pronto no tendría dónde vivir ni dónde comer. Eso le torturaba horriblemente. Y no quería que su compañera tan dulce y tan buena y tan abnegada, se enterara de aquella apremiante situación.

Afortunadamente, al poeta, ya cadáver, le sobró dinero: sus funerales fueron espléndidos. Sus compatriotas, sin vanos alardes, supieron cumplir su doloroso deber en aquellos momentos de angustia mortal. Y debemos agradecer la solicitud con que varios salvadoreños ayudaron a las fúnebres ceremonias, sin necesidad de súplicas ni requerimientos. Después de los funerales, quedó todavía una pequeña suma que le fue entregada a la digna compañera, viuda del poeta".

(Hasta aquí los interesantes párrafos del Dr. López Pineda).

Molina, como atrás dejamos consignado, nació en Comayagüela el año 1875 y falleció el 2 de noviembre de 1908, en Aculhuaca, suburbio de San Salvador. Era una cantina conocida por los clientes con el nombre de Los Estados Unidos. Dejó este mundo a los 33 años de Cristo, en plena producción literaria.

En el mismo año de su muerte contrajo matrimonio en segundas nupcias con una bella señorita de Tegucigalpa, llamada entonces Otilia Matamoros, hoy señora de Vidal Mejía.

Como se casará por poder, representó al poeta, otro gran poeta: Luis Andrés Zúñiga.

La muerte de Molina se supo en el acto y toda la prensa de Centro América se ocupó del deceso.

El 3 de noviembre se efectuaron sus funerales, habiendo concurrido todo elemento intelectual, amigos, compatriotas y obreros admiradores, de la capital salvadoreña.

A la hora de bajar el cadáver a la fosa, se pronunciaron varios discursos, destacándose el de Román Mayorga Rivas, director de "Diario Salvadoreño", quien dijo su despedida en las siguientes frases:

"Con tristeza y desconsuelo grande, sin resignación y con un dolor muy hondo, vengo a decirle adiós a Juan Ramón Molina. Este adiós mío es del alma. De aquí adentro me sale quejumbroso, y vuela penosamente, como si fuese un ave herida, hasta caer con las alas rotas sobre ese ataúd...

Nadie puede a mí ganarme en haberle querido mucho, como a hermano, tan sensitivo y tan noble y ¿por qué no decirlo? ¿Por qué no decirlo yo, que mejor que otro ninguno le conocí? Tan ilustre y tan bueno, dolientemente bueno y altivo, superior al medio ambiente en que vivió y del cual parece vengarse con su muerte, por haberle obscurecido el alma luminosa y frustrado la realización de su triunfo en todos los órdenes de la vida, en que él, desgraciadamente, cultivó junto con los laureles de la gloria y las rosas del amor, los negros pensamientos del hastió y las dalias amarillas del cementerio.

Yo no vengo aquí a hacer un discurso. No puedo, como no pude escribir hoy en mi DIARIO, acerca de esta defunción, de esta catástrofe mejor dicho. Allá escribieron otros; y yo aquí estoy, para cumplir con un deber del corazón. No debe caer en la sepultura Juan Ramón Molina sin que yo, en este momento trágico y doloroso, publique con mis lágrimas, mi duelo profundo y la congoja y la sorpresa que me torturan en presencia de este modo de morir suyo, todo sombra y misterio, como la caída del sol que cae sangriento en la noche... Era para mí Juan Ramón Molina como un sol de la mañana, reinando sobre el amor. Y él, el rey sol, cansado de alumbrar, se quiso morir, y entre celajes rojos como incendio, a la hora del crepúsculo y vespertino, apagóse en las sonoras olas del infinito piélago que eternamente reflejará su luz, ese beso de fuego que lo quemó para la vida, pero que, por gloriosa imposición de su triunfo, aún en la propia caída es sello de oro para su nombre en la inmortalidad.

El mar en que se apagó este sol hará sonar su nombre hasta lejanas e incógnitas riberas; y en mí no se ahogará su recuerdo. Sin literatura, con el alma en los labios, yo le digo a Juan Ramón: ¡Adiós, hermano!".

Augusto C. Coello, notable literato hondureño, que por ese tiempo se encontraba emigrado en la hermana república, al saber la noticia del fallecimiento de su compañero de letras, una tarde calurosa visitó la tumba de Molina y de aquella visita nacieron los sentidos versos:

EN EL CEMENTERIO DE SAN SALVADOR

¡Bajo la humilde piedra funeraria
de un escondido túmulo lejano,
cabe una umbrosa ceiba solitaria
libre ya del dolor, duermes, hermano!

¡Descansa, lejos del paterno nido;
pero velan y amparan tu memoria,
vencedores del tiempo y del olvido,
Morazán y Contreras con su gloria!

¡Patria, recoge sus gloriosos huesos,

reintegra esos sepulcros, a los besos
consoladores del nativo ambiente!

Pues fueron: tu más ínclito caudillo,
tu verbo tribuncio de más brillo
y tu lira triunfal más esplendente!".

REPATRIACIÓN DE LOS RESTOS

Nueve años después, ante el constante reclamo de la prensa
nacional, el Presidente de la República Dr. Francisco Bertrand, acordó
hacer venir las cenizas del ilustre desaparecido.

A propósito, un cronista amigo del poeta, que sentimos no haya
firmado su información para consignar su nombre, al hablar de la
ceremonia del traslado de los restos, escribió:

"Cuando se hizo la exhumación del cadáver de Juan Ramón
Molina, a las tres de la tarde del día 3 de marzo de 1918, en el
Cementerio General de San Salvador, en donde estaba sepultado, en
la tumba marcada con el número 1639, y al abrirse la bóveda, se vio
que el cadáver se encontraba entero, al parecer, y en dirección del
Norte o Suroeste, por efecto, indudablemente, del gran movimiento
sísmico del 7 de junio de 1917; pero, al penetrar el aire en la cavidad
funeraria, los restos se fueron desmoronando sensiblemente, con
excepción de los huesos. Al ser éstos extraídos para la desinfección y
el recuento anatómico, se advirtió, con no poca curiosidad, que la
calavera completamente limpia, tenía bien adherido, en su
correspondiente lugar, el bigote que tanto acarició en su vida el poeta,
y que mano fraternal separó cuidadosamente para guardarlo en la
urna, justamente, con los amados restos.

El cadáver de Molina había estado sepultado en el Cementerio
Cuscatleco, durante 9 años, 4meses y 1 día, y de allá fue trasladado a
Tegucigalpa en medio de brillante apoteosis que le fue tributada por
el Gobierno, la intelectualidad y el gremio obrero de la hermana
sección de El Salvador".

Molina había fallecido el primero de noviembre de 1908, y no el
dos de dicho mes como han escrito algunos equivocadamente, pues
en esta última fecha fue inhumado, después de las cinco de la tarde".

La primera tierra que tocaron los despojos fue Amapala. En ese puerto el periodista Mario Rivas dio la bienvenida en nombre de la sociedad porteña.

Por todo el trayecto, hasta la llegada a la capital, el pueblo manifestó su pesar en muchas formas: ya pronunciando oraciones fúnebres o sumándose al cortejo.

Las cenizas llegaron a principios de abril y fueron objeto de sentidos homenajes póstumos en el Teatro Nacional durante cinco días con sus noches.

Recuerdo que en las veladas fúnebres se hizo presente el mundo oficial, la sociedad capitalina y gente del pueblo a deplorar la pérdida del máximo representativo de la poesía hondureña, destacándose entre toda la concurrencia, los valores más conspicuos de la intelectualidad nacional y extranjera, como ser Luis Andrés Zúñiga, Julián López Pineda, Leopoldo de la Rosa, Adán Canales, Matías Oviedo, Edmundo Lozano A., Vicente Mejía Colindres, Federico Meza C. Manuel Ramírez, Vidal Mejía, Julián R. Cáceres, Fernando García, Guillermo Bustillo Reyna, Alonso A. Brito, etc. etc.

El periodista Juan Ramón Avilés que vino expresamente de la Tierra de los Lagos, en el puerto menor de San Lorenzo se unió al cortejo y fue uno de los primeros intelectuales que usó de la palabra en oración conmovida.

Avilés, al hablar como delegado del Ateneo Nicaragüense, se expresó de la manera siguiente:

′Dios junta algunas veces moléculas escogidas, y las pone en su mano para infundir en ellas el divino soplo del poeta y el misterio del genio.

Así es como nacen esos hombres extraños a los cuales la generalidad de la gente empieza por no comprenderlos, y sin embargo, los mismos que antes los desdeñaron, después se ponen a escucharlos, atraídos y dominados por la música eterna de la lira. De esos fue Juan Ramón Molina; Dios se valió del amor para juntar partículas dispersas de este suelo, y formar a este poeta que fue un misterio del arte en tierras de América.

Bien hace Honduras en guardar así, como cosa sagrada, lo que queda materialmente de este poeta: Tierra hondureña que ahí se guarda! Que no se pierda, que no se confunda, que no se extravíe, que se conserve integra para que las generaciones que ya vienen avanzando en filas invisibles desde la misteriosa sombra del porvenir, al pasar frente a esa caja, guardada entre mármoles, digan: ¡ese puñado de polvo que ahí está, fue escogido por la mano de Dios, de la tierra hondureña, para formar un poeta que hizo versos inmortales!

Yo vine acompañando las cenizas de Molina desde San Lorenzo. Mientras el automóvil corría por la carretera, miraba desplegarse ante mis ojos el panorama soberbio. Aquella sucesión de montes tallados en roca, aquellas cuencas hondas donde el abismo hace su nido; aquellas superposiciones formidables de capas pétreas que a cada momento hacen pensar en que son los cimientos de inconcebibles templos levantados por los atlantes para el culto de los Dioses de una remota edad de piedra, me dieron la clave explicativa de los versos y del espíritu de Juan Ramón Molina. Así es como comprendí aquellos versos en que, sintiéndose águila, dijo:

—En una cuenca informe nací—, en esta montaña inaccesible—, que fue tal vez la enorme atalaya de rocas de granito—que a una raza de ciclopes sirviera—para explorar con su pupila fiera—la vacua inmensidad del infinito´.

Yo vi en Pespire, que una anciana se arrodilló en una puerta al pasar esta caja. Yo vi a los niños de las escuelas con palmas en las manos, alzar la frente para mirar esta caja. Yo oí decir a alguien en Sabanagrande: ´Yo fui enemigo de Molina´, pero ese alguien llevaba en la mano una corona de laurel que colocó junto a su urna. Eso es la gloria: dominar al tiempo todo.

Hacer que la anciana, símbolo del pasado, se arrodille. Hacer que los niños, encarnación del porvenir, alcen la frente y saluden con palmas al que se fue vivo de la patria y ahora vuelve inmortal. Esa es la gloria, vencer ya muerto, al enemigo vivo, y obligarlo a tejer coronas de laureles en vez de la corona de espinas entretejidas por el odio".

Siguió en la tribuna el notable poeta colombiano Leopoldo de la Rosa, poeta de prestigio continental, quien se hizo escuchar, con devoción, su apoteosis

A JUAN RAMÓN MOLINA

¿Crespón en la lira de ritmos de oro?
¿Lágrima en el trino del bulbul sonoro?
¿A la estrella luto y al alba capuz?
¡No llanto ni trinos! ¡Ni negra elegía,
sino alondras fúlgidas de ardiente alegría,
canten tu apoteosis, hermano en la luz!

Convoquen las Ninfas las Diosas; que el Hada
queme perlas y ópalos. ¡Su cauda irisada
Crispa tu "Sirena" sobre el Ponto Azul!
Que tritón resople su bronca bocina,
con voz de deseo llamando la ondina
que duerme en la espuma del cándido tul.

Arpas de esmeraldas sean selva y bosques;
que suelten los vientos sus alados gozques,
su etérea jauría de alegre tropel.
Que ante el mar que trae las blancas cenizas
del poeta aquíleo, sean áureas risas
las playas de oro cual labios de miel.

Sus virgíneas cítaras modulen las fuentes;
sus sistros de plata quiebren los torrentes
del Ande paterno, que sonando van
sobre las aspérrimas rocas milenarias,
donde aún vaga el vuelo vago de tus arias,
poeta del regio, misterioso afán.

Poeta del himno tremante de estruendos,
de estruendos de oro: galopan tremendos
corceles de fuego tus himnos de sol;
y también tenías las melancolías
que en copas de ónix leves diluías,
como estrellas tristes en triste arrebol.

De acero tus músculos, y tu alma de acero:
en ruda tizona se engastó un lucero
una noche limpia de gloria y amor.
Tu mano de hierro bajo el suave guante:
la férrea armadura bajo el peto de ante,
y adentro el trovero y el conquistador.

Dicen que tenías el gesto apolíneo
y que en tus palabras un eco broncíneo
de habla de centauro se unía al reír
de una íntima fuente de cristal y gracia,
y que en suaves sierpes el lauro y la acacia
quisieron tus sienes fulmíneas ceñir.

Por eso te endechan el rayo y la aurora,
el cóndor hercúleo, el torcaz que añora
gimiendo en las peñas, tu amor de Don Juan.
Por eso el zenzontle tu idilio lamenta
e iracundo y triste sus lavas revienta
como llantos ígneos, tu ronco volcán.

Te llora el guerrero de espada flamígera,
y el águila esconde bajo el ala impígera
su lloro candente de fuego y zafir.
La virgen su mano de blanco alabastro
se lleva su pecho, como níveo astro,
y ondula su seno con suave plañir.

Pero ya tú rasgas el éter de raso.
Tras coro de musas galopa Pegaso,
y en su lomo alígero tu alumna equina va;
golpean sus cascos sidéreos peñascos,
y, partida en llamas, debajo sus cascos,
más alta que otra, cada estrella está.

Bebe del misterio la luz escondida
y sobre la muerte chispee encendida

la antorcha de sándalos, por el sideral
campo de zafiros que tu numen huella,
y apéate en la última, la máxima estrella
que aguarda tu planta de dios, Inmortal".

El día señalado para la procesión fúnebre, se dio cita en el Teatro Nacional, recinto donde tuvieron lugar las veladas, todo el pueblo de Comayagüela y Tegucigalpa, sin distinciones de categorías sociales; era un mar de gente, amigos y admiradores del compatriota que supo salvar con su nombre el prestigio intelectual del país.

A la hora del sepelio varios profesionales y hombres de letras hicieron uso de la palabra; entre ellos, el ex—presidente de Honduras, Dr. V. Mejía Colindres, le despidió en nombre suyo, del pariente político y también del Ateneo:

"Vengo en representación del Ateneo de Honduras, a rendir tributo de admiración y simpatía a la memoria del poeta.

Y el que duerme en esta tumba fue, en verdad, poeta excelso.

En la región serena del arte, nuestro corazón ha escuchado los acentos de trovadores nacionales con la misma fruición con que nuestros oídos escuchan desgranarse, en la floresta callada, los trinos melodiosos del zorzal.

Sobre ese lírico nidar, muy de tarde en tarde, ha levantado el vuelo alguna águila del pensamiento, cerniéndose sobre las cumbres de nuestras montañas enhiestas, tramontando el horizonte de la patria y perdiéndose en la vaga lejanía de solares extranjeros.

Nuestro ambiente espiritual no es propicio al arte.

Nuestros hombres ilustres se alejan del terruño y mueren, con la frente inclinada por el peso de los laureles, y el alma poseída de insondable angustia; besados por un sol que no es el sol de oro que los besó en la cuna; comprendiendo en su nostalgia, que los rumores del nativo río no cantarán un himno perpetuo a su memoria, ni la errante golondrina que fabricó su nido en el alero de la casa en que nacieron, visitará el ciprés solitario de su tumba.

Y esto, que parecerá lirismo quejumbroso a más de alguno, es, por desgracia, verdad que llora lágrimas y, en ocasiones, verdad que vierte sangre.

No podía ser de otra suerte: en lo que va del siglo hemos vivido matándonos sin piedad; más aún: hemos glorificado nuestras contiendas criminales, llamándolas epopeyas; hemos entonado ditirambos a los capitanes Victoriosos en nuestras jornadas de exterminio, pretendiendo levantarlos a la cima gloriosa de los héroes.

Sobre los huesos de los hondureños caídos a centenares en la abrupta serranía, a manos de hondureños, pueden vagar fuegos fatuos: puede acaso, surgir de su tumba, la sombra de Abel; pero solamente, por excepción, puede florecer el arte.

Juan Ramón Molina nació en este medio; en este medio de zarzas ardientes se incubó aquella águila.

No haré un juicio analítico de su obra, compendiada en un volumen por el afecto fraternal de Froylán Turcios, porque no soy crítico, ni esta es la ocasión para juzgarle en tal sentido.

¿Cumplió su misión? Esta es, en síntesis, la cuestión fundamental.

¿Cuál es la misión del verdadero poeta?

Un libro generado en el alma de un artista, como un ruiseñor en el seno perfumado de un vergel, algo que seduce siempre, como seduce el nevado trozo de mármol de Carrara en que el cincel encarna la inmortal belleza; como seduce el lienzo en que el pintor condensa el sueño más hermoso de su vida; como seduce el canto que emerge, temblando, de los labios en flor de la mujer que ama; pero el poeta tiene una misión más alta que cumplir; su labor no es la del orfebre que borda filigranas, es la del héroe que redime multitudes.

El Derecho, el Trabajo y la Ciencia, son sibilas que soplan inspiración en el alma del poeta.

El Amor, la Gloria y La Fe, lo que vibra, como una cuerda siempre sonora, en los espíritus delicados, cuando la humanidad indiferente calla en torno del Ideal, constituyen fuente de inspiración para las más nobles liras.

El dolor es fuente sagrada: en ella se abrevan las almas excelsas; al pasar por este crisol las ondas amargas de la vida se convierten en bandadas de alondras, cuyo canto hace florecer las rosas del ensueño de los espíritus dolientes, cuyo canto infunde nuevos bríos al ánimo desfallecido de los grandes luchadores; cuyo canto deposita la víbora del remordimiento en el corazón de todos los déspotas del mundo. Y sobre todo esto, sobre la inmensidad del cielo, sobre el fuego de los astros, sobre todo cuanto existe y llevamos en el fondo de nuestra conciencia, está Dios, a quien sentimos hondamente, acaso sin poderle comprender: el ave de la selva dice, en su lenguaje dulce y misterioso, su oración sencilla; las olas del océano, como cuerdas que rasguean vientos que llegan del infinito, le entonan un himno gigante; las florestas sonoras de las montañas le glorifican en sus músicas perpetuas. También el poeta debe decirle sus dolores infinitos, debe hablarle de sus santos anhelos, debe enviarle sus dolientes plegarias que llegarán hasta Él, como palomas mensajeras llevando las alas húmedas por el llanto de los hombres, llevando en el pico ramas de laurel glorioso, salpicadas con sangre del espíritu, es decir, regadas con gotas de luz.

Cruzado de la libertad; profeta que anuncia bellos días en horas de borrasca; apóstol de una religión sin mancha; juez que condena el crimen que se realiza en las alturas; he ahí el poeta.

¿Por qué no ha de cumplir su misión sobre la tierra quien lleva en el alma un soplo de infinito? ¿Por qué, si hay sombras que descorrer, lágrimas que enjugar e injusticias que herir; si la humanidad, en fin, existe y se vierte su sangre como las ondas de un río, no ha de cumplir su misión de iluminado?

El placer de hacer el bien; de guardar la propia sangre para darla convertida en luz; de derramar la verdad a torrentes, es placer que no se compra con oro, placer inmenso que sólo comprenden las almas superiores.

La del poeta es una de ellas.

Vivimos en épocas de lucha; contemplamos contiendas más feroces todavía que las realizadas por los bárbaros; escuchamos cómo, desde la Guerra Mundial, cruje y se queja y se derrumba la obra de los siglos. Frente a ese cataclismo social, asolador como el diluvio, la lira no debe enmudecer, porque la lira es arma que, como el puñal, oculta entre las rosas, de Aristogitón y Harmodio, sabe herir en el corazón: trompa en los labios de Homero; guzla en los de Zorrilla; flauta en los de Rubén; es látigo de fuego en las manos de Dante, hacha que destroza en las de José Mármol y rayo que fulmina en las de Diaz Mirón. Solamente será inmortal quien sienta los mismos dolores infinitos, las mismas justas aspiraciones, los mismos santos odios que muerden el alma de las multitudes oprimidas.

Ya han corrido muchos siglos ¡tantos que no es posible contarlos! durante los cuales los desheredados de la vida han caído, como doradas espigas bajo el filo de la hoz, sufriendo hambre de pan, de luz y de justicia.

Víctor Hugo, cuando en páginas que exhalan el perfume de rosas húmedas y frescas —nos cuenta con quiénes hablan los niños cuando sonríen en sueños— nos traduce lo que dicen las aves en el rítmico vibrar de un canto: cuando nos refiere lo que conversan las ondas en el rumor musical de los ríos, es dulce, delicado y tierno; cuando defiende los derechos de la humanidad contra la injusticia de sus opresores, es sublime. Convertir el barro miserable de que está fabricado el hombre en algo puro y espléndido como el diamante: he ahí el sueño glorioso del poeta. Por eso marcha, en un bosque sagrado de laureles, cantando el himno soberbio de la vida. mientras su corazón se lista de sangre.

Ser poeta; llevar, como creían los griegos, una alondra en la garganta, es don del cielo que cuesta muy caro; que, como la deuda con el judío de Shakespeare, se paga con carne viva de la noble entraña.

La humanidad contempla deslumbrada la corona de luz que orla la frente de los grandes hombres, pero ignora que bajo ella se oculta una corona de espinas que se clavan en el alma.

¿Habéis escuchado, en la Leyenda Olímpica, cómo se queja, con voces de huracán, un ser divino y desgraciado al mismo tiempo?

La Tierra y el Mar lo escuchaban temblando.

Es un hermano del poeta: es Prometeo.

Este y aquél viven encadenados a su destino. En vano intentarán romper sus crueles ataduras.

La Lira y el Buitre son simboles siniestros: uno y otro desgarran entrañas inmortales.

Cuando el poeta siembra consuelo en los surcos que al pasar dejó en las almas; cuando hace florecer la risa sana, armoniosa y consoladora, en labios petrificados, durante años, por el dolor; cu1ando el regocijo general estalla al mágico conjuro de la lira, alguien, uno solo, llora en silencio......es el corazón del poeta: sorbe, una a una, lágrimas candentes, mientras canta, canta y canta la inmensa alegría de vivir.

Allí sangra una tragedia......

¿Fue Juan Ramón Molina un poeta de verdad?

Indiscutiblemente, fue un gran poeta: a la edad en que murió y en medio de nuestras densas nieblas, realizó labor trascendental.

No dudamos en vaciar sobre su tumba todo el caudal de admiración que llevamos en el alma.

En su lira vibran todas las cuerdas: la de plata que dice dulces églogas y exhala dulces gemidos de madrigal; la de oro, que canta la belleza inmortal y fecunda, como el seno de Hécuba: que canta el amor, con sus besos cálidos y sus miradas de fuego que se elevan como saetas, en el alma; la de bronce. cuyas notas épicas levantan de su tumba a los héroes dormidos.

Ahora, cuando los años han pasado sobre la memoria del poeta: cuando la envidia no encuentra sino un fantasma que roer; cuando los odios se han extinguido al contacto frío de la tumba, la figura egregia de Juan Ramón se condensa en algo firme que deslumbra con esplendores de astro.

Porque el alma de los inmortales surge, a través de las grietas del sepulcro, irradiando sobre la conciencia de los vivos.

El Ateneo de Honduras tiene honra altísima en llegar aquí y rendir tributo de profunda admiración al más grande, al más glorioso, al príncipe de nuestros poetas, en todos los tiempos de nuestra historia, bajo el espléndido cielo de la patria".

Los segundos funerales de Molina fueron motivo de peregrinación, no sólo por los intelectuales hondureños, también por los extranjeros, quienes demostraban predilección por visitar la tumba del poeta.

Se organizaron sociedades y bibliotecas con su nombre.

Por ese tiempo vino a Tegucigalpa el brillante poeta dominicane Primitivo Herrera, quien cantó las glorias de Molina en su conocido tríptico lírico:

ANTE LA TUMBA DE MOLINA
I

¿Quién sino tú jilguero susurrante
cantó como una dulce epifanía
la rica primavera fecundante

que rebosa este suelo de alegría?
¿Qué pulido zarcillo de diamante
embelleció mejor tu fantasía,
sino el iris del verso centellante
que tu numen egregio desleía?
Eras entonces en tu rosada aldea
el paladín excelso de la idea
al pie de su romántico santuario.
Y en la riente mañana de la vida
abrazado a tu lámpara encendida
pasaste mascullando tu rosario......?

II

La barca de Caronte congelada
en el seno inmutable de lo Arcano,
recibió como dádiva sagrada
el óbolo postrero de tu mano.
Sollozaron en trémula bandada
las mariposas de la cima al llano;
se llenó de crespones la alborada
y deshojóse el bucaral indiano.
Gimieron en tu lápida bendita
el óvolo, la tierna bellorita,
la anémona y el mirto que retoña.

Y en el seno profundo de la umbría
como otra plañidera sinfonía
tañó Pan su dulcísima zampoña...

III

¡Camarada del sueño y el misterio!
Ya atravesaste por la Selva Oscura;
ya quedó enmudecido tu salterio
y sellado tu labio de amargura.
Cerró ya tu sarcófago el imperio
de las sombras en yerta crispatura;
y en un pobre rincón del cementerio

se cubre de jazmín tu sepultura...
Pero los que supimos tu tormento
creyéramos que aún jimes en el viento;
—a ti acudo, Señor, de mi agonía—,
ya que mi honda ansiedad no se consuela,
¡defiéndame del cierzo que me hiela!
y líbrame del polvo que me hastía!

Hoy los restos de Molina descansan en el Cementerio General, esperando que pase la presente generación, generación sin alientos, y venga una juventud vigorosa a reconocer los méritos de la gloria nacional, erigiéndole el monumento a que tiene derecho en las principales plazas de la República.

Antes de cerrar el capítulo anterior, queremos dejar consignado el nombre del hondureño que salvó los despojos del primer portalira de la tierra del Gral. José María Medina.

El Dr. José María Sandoval, persona honorable, de reconocida solvencia moral, nos afirmó, que con el Dr. Marcos Carías Andino lo ligó una amistad sincera, que al correr de los años, antes de aminorarse, se fortaleció, gracias a los comunes puntos de vista, profesionales y políticos.

Pues bien, refiere el Dr. Sandoval, que confidencialmente le contó don Marcos lo siguiente: encontrándose emigrado en El Salvador, supo que el nicho que guardaba los restos de Molina, fijaba fecha próxima y perentoria de renovar el alquiler o, en su defecto, echar los despojos a la huesa común.

Entonces el Dr. Carias Andino, al considerar las consecuencias, —y no muy abundante de recursos—, fue personalmente a renovar el pago prescrito por la ley a la tesorería correspondiente, como una previsión de algo irreparable que estaba por suceder.

Así se salvaron los restos del panida gracias al contingente patriótico de un emigrado hondureño.

JUAN RAMÓN, ANECDÓTICO

Lo justo, justo. Quetzaltenango, la perla de Occidente, es la patria intelectual de Juan Ramón Molina. Ella incubó, alimentó y dio plumas y alas a sus estro. He necesitado hollar más mundo, para comprender que aquel Xelajú era único en su especie, por su espontaneidad para premiar a los jóvenes intelectuales, pero, sin vacilaciones, reservas ni distingos, entre nacionales o extranjeros, plebeyos o linajudos...

Una noche de helada negra, como allá dicen, me detuvo, camino de mi casa, el joven bardo cuyas primicias aplaudíamos todos adivinando al artista en que maduró después.

Me acompañó hasta el portón de mi vivienda, y allí noté que prolongaba la conversación para no soltarme todavía; sin importarle el frío que nos hincaba un alfiler en cada poro.

Por fin, señalándome la bóveda sideral donde un fondo como de terciopelo negro tornaba más vívidos y blancos los grupos de astros, figurando revueltos barrios de una ciudad celeste y hacía más espumoso el derramado río de soles que con el nombre de Vía Láctea partía en dos aquella magnifica urbe de orbes, señalando tristemente lo alto, recuerdo que me dijo:

—¿Ha visto usted un Dios más ocioso?

—Poeta y blasfemo no caben juntos —le respondí.

—Lo digo (añadió) porque, ¿de qué sirven tantos billones de mundos, sin que los ocupe, en tanto que yo no sé dónde dormir esta noche? En la casa de mi padre, dice el Evangelio, hay muchas moradas; pero yo no tengo sino una, y mi piel está morada de tanto frío.

Aquella chispa movió mi ánimo a ejercitar la obra de misericordia que se refiere a las posadas, e incontinenti con mi mayor buena voluntad le abrí el portón de los Baños del Progreso que yo arrendaba, y se quedó a vivir conmigo, fraternalmente, por muchos meses.

Pronto tuve otro compañero, enfermo como él, de afán de maníaco por llegar a ser escritor algún día, costare lo que costare, gozar del aura prestigiosa de las almas letradas; vivir en el mundo alto de los escogidos que escriben y leen, que piensan y civilizan. Era Alberto Buerón, cuyo papá, en acuerdo secreto conmigo, le lanzó del hogar, fingiéndose enojado de su conducta, mientras no aprendiese la tipografía.

¡Que para qué! Llegaban temprano de su trabajo; pero en llegando, se echaban sobre mi pobre Víctor Hugo, y una vez devorado, lo tiraban a la mesa, con grito y pataleos de teatro, para chuparle el jugo a don Juan Montalvo y en seguida roerle los huesos a la Sagrada Biblia.

Los domingos de invierno se quedaban sin verle la cara al sol, no porque éste la rehusase al cielo, sino porque ellos no salían debajo del de tablas rajadas de su alcoba. Y de canto el cuerpo, leían, alternándose en alta voz, con ceños y ademanes de tragedia, ora la Creación de Edgard Quinet, ora las locuras del Manchego, ora los peligrosos desequilibrios de Vargas Vila. En cuanto a poesía, eran fanáticos por Díaz Mirón y Gutiérrez Nájera.

Imagínese la desazón que sentirían penetrando yo a su dormitorio.

—¡Pero, vate, ¡allí! (encogido bajo su colcha color de tigre)… ¡Hasta estas horas! (las dos de la tarde).

—Amigo mío, contestaba, no censure usted mi actitud, que es la misma de Filobantes en su lecho de mármol. Además, no admite usted que ésta debe ser la postura de Dios en el Infinito, después que lo hizo todo no le queda sino contemplar su obra acaso con un leve remordimiento por lo que dice Schopenhauer, y con razón, que mejor que el universo era el augusto reposo de la nada.

—Sí, hombre, siempre lo han preferido los que, como ustedes, quisieran pasar la vida reposando.

— No; (Buerón, entrometiéndose) es que estamos algo enfermos, y habiendo tomado sendos laxantes, mal habríamos hecho en madrugar. Pregúntele usted a doña Sebastiana (viejecita que vive hoy en Retalhuleu) cómo anoche le encargamos una gallina para hoy, advirtiéndole que íbamos a amanecer enfermos

Yo sonreía para disipar mi carcajada interior, que no podía soltar sin comprometer mi doble autoridad de jefe de la casa y maestro de gramaticalerías.

Pues lean ustedes siquiera una carta de Lord Chesterfield. Y me retiraba pensando, que ciertamente tendrían que ser algo aquellos dos muchachos que, a pasear por las calles, preferían encerrarse a leer libros.

Por ese tiempo, Molina compuso La Mística, dedicada a su musa, a la que amó con prodigio, una alumna de la insigne educadora, la gran Aurorita Anleu.

Populares se hicieron sus décimas a la marimba, que se recitaban con el acompañamiento necio que hemos dado en llamar melopeyas. En la esplendente velada que dimos al egregio Ramón Verea, Molina leyó una oda en que hizo profesión de fe deísta.

Venciendo la repugnancia que le inspiraban las ciencias de abstracción y clasificación, logró el grado de Bachiller, cuya etimología latina baccalaureatus le hacía exclamar en la fiesta: ya soy un baccalaureautus, o quizás vaca laureada.

Formé parte de su tribunal examinador, talvez a petición de él, que me tenía bastante confianza para rogarme como lo hizo: "¡Por Dios, no me vaya usted a preguntar Algebra, esa barbarie de la Ciencia! Hágame usted el favor de decirme, ¿a quién ha hecho feliz la Trigonometría? Y qué almas redimió la Geometría?".

Una de sus grandes ilusiones de Bachiller era portar la arrogante capa española, como entonces se usaba, pleonástica y redundante, con visibles laterales de peluche azul escandaloso, mitigando con golpes de rojo tímido.

Por eso tenía y a menudo que esconder la que me pidió a Sevilla el amigo Mayolas y que me daba, si no toda la felicidad, sí algo de ella, cual es una tranquilidad caliente.

¿Cómo hacerse de una capa? El director de Tierra Blanca, periódico furibundo, se la había ofrecido, según me contó Molina, si atacaba con ira a los señores Polanco. Le seducía ensayar la musa bravía, desmelenada de Mirón o la energúmena del entonces autor de Les Chatiments. Porque el periodista de entonces debía causar heridas con la espada o con la pluma.

"No, (me dijo en un arranque de honradez) sin pasión no hay ira". Y no volvió a molestarlos. Diego Polanco hijo, posteriormente ha tenido la nobleza de elogiar el estro de Juan Ramón.

La capa fue ganada, en buena lid, en la ciudad de San Marcos, a donde lo llevó Manuel Ramiro, para propagar por el periódico una candidatura presidencial, entonces afamada. Y de verdad, que arremolinado dentro de su capa, se hizo un retrato que tiene muchísimo del plantaje heroico y la cabeza apolínea de Lord Byron.

127

En 1896 dejó la ciudad de Quetzaltenango para establecerse en Guatemala, donde volvimos a vivir juntos. Aquí escribió La Calavera del Loco, después de leer a Ram de Viu. Se publicó en "La Idea" y corre dedicada a mí. Fuimos consocios de la sociedad JOSÉ BATRES MONTÚFAR, en compañía de Froylán Turcios, Arturo Ambrogi, Rafael Piñol y otros más que nos agrupábamos a la sombra benigna del doctor Ramón A. Salazar.

En el "Diario de Centro América", que dirigía Alberto Beteta, salió por primera vez su hermoso poema El Águila. Luché mucho, sin conseguirlo, por que cambiase la forma gastada en que moldeó su peregrina inspiración.

Es la misma usada por Rubén Darío en La Paloma que dijo, "Yo soy feliz" y al acabar de cantar su dicha, se la tragó un gavilán. Es la misma de El Toro Salvaje de Rodolfo Figueroa; de El Cocuyo de Elorza; de La Golondrina de Altamirano y de El Luzbel de Icazbalceta.

Al leerme el borrador, le dije:

—¿Por qué no aprovecha usted la ocasión de describir una aurora centroamericana, más rica en tintes que las que pintó Cervantes, y con los colores más cálidos que empleó Fray Matías de Córdova, dejando muy atrás a los griegos Baquílides y Meleagro?

—¿Sabe usted por qué no lo hice' —me respondió con su perpetua sonrisa fina—; Pues simplemente por la razón única de que no conozco la aurora. Sé, porque todos están acordes en esto, que es rosada y fresca, y no puedo dar otros informes de ella.

¡Jamás se había levantado temprano!

Tiempo después vivió en la casa de huéspedes de una mulata hondureña, cuya nieta cuarentona, dulce y sabrosa como la Flérida y rosada y fresca como las auroras que acaso nunca conoció el vate, quiso tiernamente a éste, más de la amité amoreusse, pues lo convirtió en papá.

Un día nos separamos por opuestos rumbos, en busca de pan y gloria y no volví a saber de él nada, ni de su producción ni de sus anhelos políticos, ya que, como buen literato tropical, soñaba con una Cartera de Estado.

Hasta que el otro día, el menos pensado, en que ocurren todos los sucesos grandes, en mi mesa de redacción de "El Diario" de México, rompí un canje salvadoreño, de orla enlutada y cuya página editorial tenía este título: el eximio poeta Juan Ramón Molina ha muerto en plena gloria.

Con los ojos tal vez húmedos de ese vapor de lloro que en los hombres sufridos ya no condensa el dolor, escribí inmediatamente un Remembratorio para la edición artística dominical, y en él narré, sin nada jocoso como hoy, sino con sólo la pena que me produjo la noticia, todo lo que era y valía el trovador hondureño.

Permítaseme la licencia de creer que algo influí en él, para el amor que tomó a los clásicos castellanos, y a los correctores del idioma, como Baralt y Cuervo, a quienes, casi aprendimos de memoria, si bien después no quisimos seguir en todas sus exigencias.

En la época que compartí mi pan y techo con el futuro poeta, era él de un físico atractivo, sano y limpio, signo de la limpieza y sanidad de su alma.

Practicábamos la temperancia antialcohólica y fundábamos la alegría de vivir, en el goce moderado de lo bueno. Le quise mucho por su humildad altiva y sencillez sincera para la vida común; en cuanto a la vida alta, la del espíritu, sus entusiasmos eran ardientes y desbordantes, cuando se trataba de Arte, Progreso, Humanidad o Patria.

¿Y Alberto Buerón?

Pues el doctor Buerón, como se llama desde que aprendió Dentística en New Orleans, fundó en Monterrey, México, la famosa revista de arte, "Zig—Zag". Casó allí mismo con una acaudalada aristócrata, tomó la nacionalidad azteca y acabo de ver que ocupa decorosamente una página del libro de El Güero: Los mexicanos en el destierro.

Hace pocos días que, clasificando papeles viejos para quemar los más posibles, a fin de aligerar mi bagaje de emigrado sin rumbo, desde que mi patria perdió la brújula de la legalidad, me encontré una antigua fotografía del difunto amigo, amarillenta ya como si amarillo fuese el vestido de viaje de todo lo que se va para siempre.

Y recordé cómo en un cuarto de bohemios, sobre una mesa con mantel de periódicos bayos, Molina comenzaba a dedicarme aquel retrato cuando interpuse la mano para decirle:

¡Alto! Es imperdonable que me escriba usted en prosa, como hablaba sin saberlo Mir. Jourdain. A ver un verso repentino y salga lo que salgare, como dice doña Sebastiana.

Y Juan Ramón, sin pedir ni un minuto de plazo, escribió la siguiente quintilla, de la cual bien quisiera yo quitar el renglón que me lisonjea, para no parecer cursi; pero lo dejo, pues que de sacarlo, ya no sale el verso:

"Al joven Flavio Guillén,
escritor que se encamina
a la gloria, le destina.
para que lo guarde bien,
esto, Juan Ramón Molina".

FLAVIO GUILLÉN

México,1918.

ALGUNOS DATOS PARA LA BIOGRAFÍA DE MOLINA

En 1893, estudiaba yo en la escuela complementaria del Instituto de Occidente, de Quetzaltenango.

Ese año, llegaron al establecimiento dos jóvenes hondureños: Antonio Cerrato Andino y Juan Ramón Molina.

Apremiantes eran las circunstancias de los recién llegados. Sin embargo, nada temían, porque el espíritu de fraternidad centroamericana estaba arraigado en el corazón de la sociedad quezalteca.

El Director del Instituto era don Tránsito Dávila, pedagogo distinguido y generoso que protegía a la juventud entusiasta y progresista. A Cerrato Andino y a Molina, se les dio colocación. Para éste, el señor Dávila creó la plaza de 3er. inspector, sin embargo de que no lo autorizaba el presupuesto.

Los jóvenes eran inteligentes y soñadores. Cerrato Andino ocupaba con frecuencia la tribuna pública, en donde sostenía enérgica y valientemente, sus ideas libertarias. Molina se dedicaba con predilección al cultivo de la poesía.

Cuando llegaron, Molina iba humildemente vestido. Su continente era atractivo; la frente levantada; sus ojos chispeaban; usaba, levemente inclinado, un sombrero de paja; se dejaba patillas, por lo cual, unido a su origen hondureño, los estudiantes lo bautizaron con el sobrenombre de "Morazán".

Por aquel tiempo, se verificaban quincenalmente en el Instituto, veladas lirico—literarias. Para éstas, Molina escribió varias composiciones en verso y el drama intitulado "María". Este, según se dijo entre los educandos, era un reflejo de los desafortunados amores del poeta con una bella quezalteca. El señor Dávila hizo llegar exprofesamente de la ciudad de San Marcos, al poeta José María Urrutia y Guzmán, con el objeto de que hiciera al mencionado drama las correcciones indispensables.

Molina cultivó estrecha amistad con el sabio Dr. don José Antonio Aparicio, profesor de varias asignaturas en el Instituto. Vivían en la misma pieza y tenían la excentricidad de no permitir la entrada a los sirvientes que se presentaban a efectuar el aseo.

Por aquel entonces se publicaban dos revistas en Quetzaltenango: "El Estudiante", de los alumnos del Instituto, y "La Escuela de Artes y Oficios", de los estudiantes del establecimiento, las alumnas del Instituto de Señoritas. Ambas revistas entraron en discusión científica, en la cual, los articulistas de la primera no fueron siempre triunfadores y se abochornaban porque las jóvenes los vencían, especialmente Lucrecia Sierra, hija del General del mismo apellido.

Transcurrió el tiempo. El Dr. Aparicio y Molina desocuparon la pieza aquella, y cuando se barrió, los estudiantes curiosos recogieron varios fragmentos de borradores. Unidos éstos. descubrieron con asombro que el Doctor y el poeta eran los autores de los artículos que firmaron la hermosa Lucrecia y otras colegialas.

En 1894, dio Molina la clase de declamación. Tuve la honra de asistir a ésta. y aún recuerdo varias de las composiciones que nos hizo aprender: El Pirata, de Espronceda: Treinta años, de Gaspar Núñez de Arce; al Niágara, de Heredia: el Desertor de Diaz Mirón y otros.

El mismo año, siendo ya Director don Clemente Chavarría, otro maestro y altruista que dispensó muchas consideraciones a Molina, obtuvo éste el título de Graduado en Ciencias y Letras.

Cuando el filósofo Ramón Verea visitó Quetzaltenango, Molina fue uno de los más entusiastas por que se le hiciera —como efectivamente se le hizo— una entusiasta ovación. Entre otros actos, el Instituto de Varones dio una velada lírico—literaria, en la cual conquistó el poeta muchas palmas recitando unas bellas décimas.

Sostuvo Molina algunas discusiones serias, por la prensa, con el talentoso Ingeniero don Arturo Polanco, Redactor del "Diario de Occidente". En esas controversias, tenía el apoyo moral de la sociedad, especialmente del gremio estudiantil, sin embargo de que Molina se consideró siempre en un nivel superior al de los intelectuales altenses.

Se le apreció bastante en los diferentes círculos sociales. En el profesorado y en el periodismo ganaba lo suficiente para llevar una vida sin estrecheces, y allá comenzó sus estudios de Derecho. Pero, tal vez en busca de más amplios horizontes, se trasladó a la capital guatemalteca, en donde recuerdo haberlo saludado por última vez, en 1896.

MIGUEL T. ALVARADO

Guatemala

ACULHUACA, ÚLTIMA JORNADA
DE MOLINA

Hacía tres años que había muerto Juan Ramón Molina cuando llegué a San Salvador. Fue en noviembre de 1911; la ciudad estaba en plena fiesta con motivo de las grandes solemnidades del centenario del grito de la independencia que, según opinión de algunos historiadores, fue lanzado allí, con el verbo patricio del padre Matías Delegado, a la cabeza, quien desde el púlpito arengaba a las multitudes inspirándoles el sentimiento de la libertad.

Por todas partes se animaba de alegría como una apoteosis; rutilaba el placer en los salones aristocráticos y en los casinos; en calles y plazas hervía la concurrencia del pueblo, celebrando la fecha inmortal. Músicas de bandas y de orquestas; fuegos pirotécnicos; la ópera de Lombardi que trabajaba en el Teatro Variedades; el júbilo excitante por todas partes, diseminado entre grandes casas y tugurios, pintando la sonrisa que hace más viva la vida, el anhelo constante de la alegría de vivir.

Y entre ese grandioso júbilo, una tarde, el poeta Manuel Álvarez Magaña, un delicado bohemio irrefrenable, y yo, sentados en el Parque Morazán, esperábamos la salida de uno de los tranvías que nos llevaría al villorrio de Aculhuaca.

Por aquel entonces era yo un adolescente, poco había leído de Juan Ramón Molina; pero ya reverenciaba con devoción de pensamiento, el nombre del poeta. Era el tema de lo que hablaba con Álvarez Magaña.

—Y ya ves, con dolorosa sinceridad, te digo, que en medio de estas celebraciones que se suenan en todo San Salvador, quien quiera que nos observara desde lo alto, con ojo divino, comprendería que sólo tú y yo recordamos, con honda tristeza, que hace tres días fue el aniversario de la muerte de Juan Ramón.

—También Mayorga Rivas.

—Nunca, —repuso Magaña, exaltado por mis palabras—. El nombre de Mayorga Rivas es hasta un sacrilegio, pronunciarlo en este momento en que consagramos nuestras oraciones al mártir. Tú no sabes lo mal que se portó con el que le dio vida, renombre y dinero a su anodino "Diario de El Salvador".

En un carro de tranvía íbamos, entre una muchedumbre que oleaba pareciendo una pleamar agitada por sus ímpetus, cuando Álvarez Magaña, saliendo de su abstracción, me dijo:

—Oye, te voy a recitar Los Cuatro Bueyes, una de las composiciones sugerentes de Molina, y que hizo delante de mí en el Parque Bolívar:

"Junto al Parque de Bolívar
se ven cuatro bueyes, cuatro
animales melancólicos,
lamentablemente flacos,
uncidos a dos carretas
grandes, con cajas y fardos,
y con las patas hundidas,
inmóviles, en un charco.
El parque está triste y solo,
muy triste y muy solo, tanto
que semeja una necrópolis
cerrada hace muchos años.

Sueñan los bueyes. Sus ojos
se reflejan en el charco,
llenos de dulzura, con
las visiones de los campos,
verdes y tibios, a la hora
sugestiva del ocaso

Hermano soy en la pena,
miseros bueyes, hermano;
más es en balde que sueñe
como vosotros. Tirando

siempre estaremos. Vosotros,
de una carreta con fardos,
y yo del orbe sombrío
de mi espíritu fantástico.

Cuando yo volví en mí, de la profunda concentración espiritual que me produjo Magaña recitándome esos versos atormentados, él lloraba... y el tranvía se deslizaba ya por las afueras de la ciudad; los demás pasajeros del carro, todos vulgares y absolutamente extraños a lo que iba "dentro de nosotros", nos miraban con una cierta curiosidad burlesca y se reían estúpidamente. Yo le dije a Magaña en voz baja:

—Mira allí el charco de la vida.

Aculhuaca es uno de los pueblecitos que circundan la capital salvadoreña y que dista de ella como una milla.

En un caserón de aspecto repulsivo que quedaba cerca de donde hizo alto el tranvía, había un establecimiento de cantina, cenas y otras expansiones de "la vida que pasa".

Allí entré con mi amigo. Tras el mostrador de la cantina estaba una muchacha hermosa, de ojos grandes y vivos, pelo fecundo, negro, tenía un color trigueño pálido que le daba un aspecto delicioso; alta, bien torneado su cuerpo; riente, así es toda mujer nacida al calor de los trópicos, y con una gran rosa blanca en la cabeza como la adorable María de Jorge Isaac.

Al sólo entrar nosotros, saludó a Magaña con un cariño que floreció de luz en toda ella.

—¿Qué tal, don Manuel? Hace muchos días que no lo veía, qué falta me hace, pues sólo con usted y el negro Lagos son los únicos con quienes hablo de Juan Ramón. El negro Lagos acaba de irse, hace media hora. Desde el 2 está viniendo a ver, día a día, la mesa sobre la que murió Juan Ramón.

La joven se consternó visiblemente, y después de enjugarse los ojos que se llenaron de lágrimas, le dijo:

—¿Qué van a tomar?

—Ante todo, te voy a presentar al joven que acaba de llegar de Nicaragua. Es de los que empiezan a beber el "veneno de la literatura".

Y después del saludo de atención, entré en confianza con aquella muchacha cuya sonrisa todavía se reproduce, como piedra preciosa, en mi recuerdo. Se llamaba Pastora; el apellido no lo puedo precisar. Me confesó ingenuamente que su último amor había sido Juan Ramón y que difícilmente volvería a querer a otro.

—Aquí me conoció él —me dijo— pues tengo cuatro años de ser cantinera en este establecimiento. Y después del hombre que me hizo desgraciada, siendo muy joven, a nadie he querido más que al poeta.

Casi sollozando, nos llevó al interior de la casa, donde había un cuarto lleno de botellas vacías y algunos muebles abandonados.

—Mire, en esa mesa redonda que usted ve allí, oculta por este cancel, murió Molina el 2 de noviembre, hace ya tres años.........

Y todos quedamos como presas de un ataque nervioso: ni un gemido, ni una lágrima, ni un signo... ¡Nada!

El primero que se dio cuenta de la escena, fui yo; luego de transcurrir algunos minutos, me acerqué a la mesa con alguna ambigüedad de respeto y temor; y una vez que me hube abismado ante ella, reflexionando cosas que acumula en nuestra débil conciencia la fuerza del misterio, le dije a Magaña:

—Nos vamos?

—Tomemos un ajenjo.

Y con Pastora tomamos el licor de ópalo, intoxicante y bello; uno de los demonios de los Paraísos Artificiales.

HERNÁN ROSALES

San Salvador, El Salvador,1911

DOS VALIOSAS OPINIONES

JUAN RAMON MOLINA

Buen poeta, fuerte poeta; pereció víctima de aquel medio matador de todo anhelo intelectual que apaga el alma de Centro América. Lo poco que pudo ser, lo fue con el machete en la mano, en guerras de su tierra. Apenas una vez pudo ver un mundo propio para su talento, cuando lo enviaron como Secretario de la Delegación de Honduras a las Conferencias de Río Janeiro. Volvió a su país y a pesar de que a ruego suyo logré que "La Nación" le nombrara corresponsal en Centro América, se encontró allá de nuevo aplastado moralmente; no envió ninguna correspondencia y apoco se suicidó.

RUBÉN DARÍO

Nota del autor: solamente una correspondencia escribió Molina.

JUAN RAMON MOLINA

Pertenece Molina a una casta de hombres casi desaparecidos. Visto al través de nuestras inquietudes actuales, parece un espíritu de postrimerías, una de esas almas en que remata y se desenvuelve una cultura. Sin ser un enfermizo, era, no obstante, un atormentado en quien el artificio literario y la influencia de otra literatura, sobre todo la francesa, derivaba inesperados momentos del ánimo.

Molina supo conservar, sin embargo —cierta identidad— de fondo y forma que le hacen único en medio de esa paradoja moral y política que se llama Centro América. Darío tuvo para él cierta profunda admiración y casi receloso respeto; y Darío mismo no tiene sobre Molina sino el logro de todo una trayectoria, porque éste es un malogrado.

Molina llena por completo a Honduras, tierra de pinares y de caudillos individualistas. El asoma por sobre los riscos de la montaña lluviosa como un genio paternal sobre una heredad mutilada. Como hombre, fue enérgico, amargo y tierno; su melancolía es casi una actitud, la "negra bilis" de los latinos, y por eso es creadora. Pero su dulzura, su poder de maravillarse, son únicos. Hay tanto sol en él que su poesía no admite noche.

RAFAEL CARDONA

SONETO ROTO

A Juan Ramón Molina

Parto yo este soneto para decir la pena
que me trae la muerte del cacique sonoro,
cuya maza de roble, cuya flecha de oro
un eco despertaron que todavía suena.

Parto yo este soneto, como ante sacra pira
una nerviosa rama, que en la doliente escena
se cimbra hasta que cruje rompiéndose de ira.

Y así como el soneto por el dolor partido
hace pensar que, en este momento que me inspira
pongo sobre la suya mi septicorde lira
para que los dos tengan un único sonido.

Nuestras dos liras juntas, sus cánticos diversos
y hacen que, al confundirse, pasen como un rugido
por las catorce cuerdas de estos catorce versos.

JOSÉ SANTOS CHOCANO

EL ÁGUILA

Y el águila exclamó con voz terrible:
—en una cuenca informe
nací, en esta montaña inaccesible,
que fue tal vez la enorme
atalaya de rocas de granito
que a una raza de cíclopes sirviera
para explorar con su pupila fiera
la vacua inmensidad de lo infinito.
Un pálido crepúsculo
—tímido heraldo del glorioso día—
envolvió suavemente la nidada
donde mi vieja madre aletargada
con su robusto cuerpo me cubría.
Saqué, llena de anhelos,
debajo el ala tibia y protectora
la cabeza. En los cielos
donde quedaban de la sombra rastros,
iba apagando la rosada aurora
las temblorosas luces de los astros,
con su soplo sutil. En ese instante
surgió, tras la muralla de los montes
el nuevo sol, magnífico y radiante:
mientras que los corceles de la noche
huyendo por los claros horizontes,
desbocados e inciertos,
en el profundo foso del vacío,
heridos por mil flechas inflamadas,
se desplomaron muertos.

Mi madre, al despertar, abrió las alas
a una cresta bravía
y allí, posada en ademán soberbio,
contempló con el ojo dilatado

aquel sol que subía
como un globo de púrpura incendiado.
A las grandes alturas
después tendió su vuelo,
cruzando sobre valles y llanuras,
siguiendo la enriscada cordillera
hasta perderse en el confín. Llegaba
el sol a la mitad de su carrera
cuando volvió a su nido de ramajes,
con un níveo cordero hecho pedazos,
dando gritos salvajes,
sacudiendo aletazos.

Luego crecí, volé con pocas fuerzas
a las rocas cercanas;
después, valor cobrando,
volé a las yermas cúspides lejanas
que coronan gritando
las venerables águilas ancianas.
Y hoy, ya lanzada sin temor al viento,
trazo en él espirales
y puedo en un momento
subir a las regiones celestiales;
y tiene tal audacia y tal aliento
mi poderoso vuelo vagabundo
que, si quisiera un día,
sin detenerme a descansar podría
darle la vuelta al mundo.

Mi aspecto es muy altivo:
el moño de mi testa se asemeja
al penacho guerrero
de un noble paladín. Un ojo vivo
y grande, bajo el arco de mi ceja,
se hunde lleno de luz. De fino acero
y con forma de gancho
es mi terrible pico,

firme y cortante, poderoso y ancho.
Mi cabeza marcial que el aire peina
es redonda, pequeña y bien formada,
me ciñe el cuello, cual si fuera reina,
magnífico collar. Mis alas rudas
son dos alas tremantes
de plumas puntiagudas,
compactas y brillantes,
que después de cubrir el atrevido
pecho que tengo, bajan ya más breves
a resguardar mi torso que se ha hundido
en todas las entrañas y las nieves.
Son ásperos mis dedos. Y las uñas,
con que a la piel del que vencí me aferro
son hechas con el hierro
de las cotas y lanzas. Es leonado
mi espléndido color, mi ademán noble,
y me palpita un corazón osado
en un cuerpo más sólido que un roble.
La mirada del lince no es más fina
que la que amenazante
echo sobre reptiles y cuadrúpedos
desde la cima del cenit radiante,
coronado de rayos. Si me poso
al borde de un peñón hendido a tajo,
y una invisible mano arranca al monte
una roca de cuajo
lanzándola al abismo, pongo atento
oído al rumor hondo,
y recojo el estrépito violento
que sube retumbando desde el fondo.

Después que atisbo a la confiada víctima
que en el llano o el árbol me provoca,
pliego el ala de súbito,
y más veloz que el rayo fulminante
caigo sobre ella, de la rabia loca,

hundiéndole las uñas. Aunque luche
por escaparse con esfuerzos vivos,
vencida y desmayada,
queda bajo mis dedos convulsivos
sujeta contra el suelo. La cabeza
con su garra sola
le oprimo con tesón. Abro las alas,
y apoyada en la base de mi cola,
gozo escuchando el estertor. El ojo,
que la luz del espacio recogía,
se vuelve turbio y rojo
al bañárseme en sangre. El pico abierto,
mientras dilata la hórrida agonía,
dejo salir mi lengua palpitante,
semejando una rígida tenaza
que la hoja deslumbrante
saca del fuego de la roja hornaza.

¡Nada me arredra! Si el destino adverso
me depara un encuentro peligroso
con una bestia montaraz y fiera,
me vuelvo más osada y más valiente,
hasta que me alzo victoriosa al cielo
llevándola en mis garras prisionera.
En las febriles épocas del celo,
cuando cuida mi dulce compañera
del implume aguilucho, mi polluelo,
devasto el valle que mi vista abarca,
aterro los rebaños y pastores,
y al nido donde tengo mis amores
llevo el botín que cojo en la comarca.

Luego que en un festín de carne cruda
mi apetito he saciado,
cansada, triste y muda,
me voy a reposar sobre una roca
con el buche inclinado.

En las cálidas horas del estío,
en esas horas largas y terribles,
en que parece que los pies caminan
sobre ascuas invisibles;
en que el sol encendido
va rompiendo las aguas luminosas
de un mar hirviente de metal fundido;
en que abre sudorientas
la tierra sus mil grietas, como bocas
enormes y sedientas
de un sorbo de agua. Cuando el tigre fiero
sestea en su cubil de la espesura
sin pensar en su instinto carnicero;
y abandonando el árido paraje
el antílope busca la frescura
del umbroso follaje
desbordante de savia y de verdura;
cuando el león acezando
retírase a sus cóncavas cavernas
donde la prole está, y allí acaricia
de su querida las velludas piernas
bramando de lujuria y de delicia
al contemplarla tan hermosa; entonces
voy a bañarme al anchuroso río
orlado de nenúfares y espumas,
humedeciendo en el cristal movible
mi clámide de plumas.
Y por la tarde, cuando el sol expira
tras su carrera vasta
en su lecho de nubes y arreboles,
vuelvo al hogar, donde me aguarda siempre
mi compañera casta,
aquella que me quiere hace cien soles
con fiel cariño y con amor constante,
desde que pudo verme cierto día
vagando sobre cúspides errante.
En un pequeño quicio

junto a mi hogar, colgado
en las fauces de un hondo precipicio,
las alondras y oscuras golondrinas
sus nidos han formado
con las yerbas más suaves y más finas,
como buscando protección. Alegres
me siguen, si de pronto
en las mañanas tibias
al éter me remonto,
puro y azul, y mi regreso espían
cuando el fulgor postrero
del crepúsculo vuelvo a la montaña,
asomando las tiernas cabecitas
y metiéndolas luego en su agujero
para sacarlas otra vez. No temen
el poder de las águilas,
que no hacen de él alarde
en unos pajarillos infelices,
sino contra el cobarde
milano vil, que en la feraz campiña,
si devoramos una presa, a veces
quiere igualarse con nosotros, cuando,
dignas de su bajeza y su rapiña,
les tocan a ellas despreciables heces.

Yo soy la imagen de la fuerza. Nadie
a mis dominios sube
sin que pague muy cara su osadía.
De un rápido aletazo
divido en dos la nube
cuando se atreve a importunarme. Un día
un cazador, oculto entre las breñas,
me disparó sus balas,
y con un solo golpe de mis alas
rodó aturdido por las duras peñas.
Si mi vuelo lo oprime,
el aire de la agreste cordillera

a mis costados gime
cediéndome lugar. Sin sacudidas
me elevo a los espacios audazmente,
con las alas tendidas
y con el cuello rígido. Las ráfagas,
vagabundas e inquietas,
siguen mi huella en turbas ladradoras,
como queriendo conocer conmigo
la cuna en que nacieron los planetas
en cendales magníficos de auroras.

El viejo invierno es el mejor amigo
que tengo por el cielo;
el viejo invierno, que una vez al año
de su alcázar de hielo
sale crudo y huraño,
y rompiendo los odres de los vientos,
y soltando los líquidos raudales,
cruza por los abismos siderales
ceñido de relámpagos sangrientos.
Yo conozco las fraguas donde viven
los terribles Vulcanos del vacío
haciendo sus ensayos,
y envueltos en sus mantos —nubarrones
oscuros y andrajosos—
templan los haces de encendidos rayos
al compás de los truenos pavorosos.
Al ruido, los lejanos aquilones
como un tropel de fieras,
rugen desde el confín, los huracanes
óyense ayes profundos,
derrotados se escapan los vestigios
y parece otra vez que se repite
la gestación de los actuales mundos
en el oscuro seno de los siglos.
Al ígneo sol, a él mismo,

lo miré arrebujarse entre su manto,
pálido ya de espanto.
Hui entonces del abismo
ensordecido por aquella guerra,
como por el rumor estrepitoso
de una inmensa catástrofe... La tierra
tiritaba de pánico y de frío.

Y envuelta en la vorágine
de un gran viento bravío
que a su paso tronchaba
de las selvas los árboles gigantes,
llegué a amparar mi tímido polluelo,
en tanto que la sierra vacilaba
sobre su eterna base de diamantes
bajo la inmensa cólera del cielo.
Pero si la borrasca me echa al nido
y ante su empuje cedo,
¿quién otro me ha infundido
el vergonzoso miedo?
El mar que a la ribera
sujetan con amarras,
ocultas, ciegas e inmutables leyes,
no ha intimidado mi arrogancia fiera
al azotarme con furor las garras
clavadas al peñón. La cruel pantera,
desde su bosque de bambúes frágil
en vano ruge para mí. Y el tigre
manchado, aleve y ágil,
nunca hundirá sus aceradas uñas
en mis carnes. El rudo
rinoceronte de pesados miembros,
de groseras pezuñas
y cuerno poderoso,
no puede echarse sobre mí. Ni el oso,
ni el león melenudo,
el rey de los mamíferos feroces,

que asorda con el trueno de sus roncas
y prolongadas voces
el bosque virgen y las cuevas broncas.

Si ellos rugen, yo grito;
si ellos guardan la selva, yo los montes
de entrañas de granito,
los vastos horizontes,
el grandioso infinito.
Si un áspero pelaje
les envuelve la piel, y con furioso
ademán mueven la melena hirsuta,
yo tengo mi plumaje
y mi penacho airoso.
No les envidio la apartada gruta
que tienen en los bosques seculares,
ni sus garras retráctiles,
ni sus recios y elásticos ijares,
ni los sutiles trancos,
ni los hijuelos, ni su joven hembra
que al vagar por cañadas y por cauces
ebria de amor, las fauces
abre gimiendo y el espanto siembra.
Porque en las altas rocas escabrosas
un nido tengo. Porque son mis garras
como las de ellos; y al costado mío
jamás hundirse pudo
la envenenada punta de los dardos,
como si fuera un resistente escudo.
Porque si tienen círculos de dientes,
yo tengo un pico curvo y acerado
en que han agonizado
retorciéndose en vano mil serpientes.

Y en cambio ¿quién ostenta
esta movible cauda,
este firme timón en que confío

para lanzarme al piélago bravío
de la oscura tormenta?
¿Quién tiene el ala más potente y rauda
que el ala que yo pongo en movimiento
para cruzar el viento,
para azotar la gigantesca tromba
que como cono hacia los cielos sube
del irritado abismo de los mares,
como si Dios, oculto en una nube,
tirada de la red de grandes olas
donde se agitan monstruos a millares?
¿Quién tiene esta pupila irresistible
que al espacio sin límites se tiende
fulgurante y terrible,
que es igual a una llama,
si la salvaje cólera la enciende
o si el amor la inflama;
que percibe —al cernerse al mediodía
bajo los cielos altos—
el vaivén de una rama,
el corderillo en la florida loma,
de la liebre los saltos
y el volar de una cándida paloma;
que en la serena noche despejada,
de estrellas rutilantes coronada,
mira brillar a Marte
en el fondo del claro firmamento
como si fuera un ojo
fijo, enorme y sangriento?

Jove, que fue el señor de la ancha esfera,
me destinó, en decretos inmortales,
a ser su mensajera,
a conducir los rayos celestiales.
Y al quedar para siempre desolado
su hermoso cielo, de esplendores lleno,
al extinguirse en el azul sagrado

la alegre carcajada de los dioses
y el olímpico trueno,
triste vagué en el clamoroso espacio
por misteriosas fuerzas sacudido,
y fui a formar mi inaccesible nido
más allá de las cúspides del Lacio.

Yo de la humanidad civilizada
miré el día primero
deslizarse tranquilo,
y he conocido el báculo de Homero
y la calva de Esquilo.
Yo soy hermana de los genios. Ellos,
con su numen ardiente,
vuelan también a la región del cielo
a librar con anhelo
en la copa del éter transparente
de la alma luz.

Yo soy el ave noble
el ave de la gloria,
que los guerreros el rudos
conducen como nuncio de victoria.
Yo estoy en los escudos
donde se embotan las espadas fieras
en los cascos de bronce,
en las sacras banderas.
Yo la reina de las aves. Todas,
desde aquella que entona sus cantares
en la verde arboleda,
hasta el petrel que sin temores rueda
sobre el lomo encrespado de los mares,
del huracán bajo la cruda saña,
sujétanse a mi inmenso poderío;
mi trono es la montaña
y mi reino el vacío.

Yo soy emblema del valor. ¿Quién puede
intimidarme alguna vez? ¿Qué obstáculo
ante mi vuelo triunfador no cede?
¡Nadie mi voluntad sujeta!
¡El hombre, ese verdugo,
que dice ser el dueño del planeta,
no me ha impuesto su yugo!
¿Qué leyes obedezco? ¿Qué ominoso
poder mis fieros ímpetus dirige?
En la tierra y el mar, ¿quién más pujante?
¡Ni el que los orbes inflamados rige
con su cetro gigante
puede causar el águila un desmayo!
No puede ni Dios mismo...

Calló el ave blasfema...
En ese instante
un indignado y repentino rayo,
hecha cadáver la arrojó al abismo
en espantosa rotación. ¡El trueno,
de pavorosas amenazas lleno,
bramó desde el confín del horizonte
y un negro nubarrón que descendía
una lágrima fría que descendía,
vertió sabre la cúspide del monte!

EL RUISEÑOR ENJAULADO

Ya para cerrar el último capítulo, una feliz oportunidad me deparó la dicha de encontrarme con el viejo amigo Gral. Joaquín Bonilla, hijo del ex—Presidente de Honduras del mismo grado y apellido, quien cultivó estrechas relaciones con Molina. Al darse cuenta del inmediato aparecimiento del presente libro, en la forma más espontánea ofreció las siguientes cuartillas, recuerdos de la antigua amistad con el ruiseñor de la tierra de José María Medina.

Aclararemos, no ser ésta la página donde debe incluirse el trabajo de Bonilla, pero en atención a lo expuesto, se publica fuera de su sitio.

En conclusión, en todo lugar, la colaboración del militar y fino escritor, viene a enriquecer la obra futura del cantor nacional.

"Hace casi exactamente cuatro décadas y dos años, que un ruiseñor enjaulado, gracias al resultado de la batalla de Namasigüe, recobró su libertad.

Ese pájaro canoro, cuyo cautiverio duró muy cerca de tres años, era nada menos que nuestro egregio poeta Juan Ramón Molina......

Pero será preciso recurrir a una aclaración para poner en claro la causa de esa prisión.

Allá por el año de 1903, habían ligado estrecha e inseparable amistad nuestro bardo y el escritor y orador Fernando Somoza Vivas. Se les veía juntos en todas partes y en especial al salir las estrellas. Su centro principal y favorito de acción era la ciudad de Comayagüela.

Un día domingo, poco antes de asomar el alba, pasaban los dos amigos por uno de los barrios apartados de aquella comunidad, y en una casucha de mala muerte, vieron un muertecito tendido sobre una mesa rústica. Su espíritu humanitario y cristiano les obligó a detenerse para incorporarse al velorio; pero se encontraron con que el pequeño muerto estaba completamente solo. Este hecho causó violenta indignación en el ánimo de nuestros héroes y resolvieron adoptar al diminuto difunto y llevárselo consigo para hacerle un velorio que compensara la indiferencia de que había sido objeto por parte de sus progenitores.

Hombres de acción, cargaron con la mesa y el cadáver y lo transportaron sobre sus hombros robustos hasta una habitación cerca del Puente Mallol.

Los deudos del muertecito regresaron de abrir la sepultura y se encontraron sin muerto en casa. Se armaron de palos y machetes y fueron en la búsqueda del infante. Siguiendo la pista, dieron con el cuerpo del delito y se armó la gran trifulca entre los dueños legales del cadáver y los dueños de hecho. Intervino la policía, y a base de justicia salomónica, las cosas quedaron en paz.

Todos quedaron satisfechos, menos el Presidente, que lo era don Manuel Bonilla. Informado por don Fausto, que era hombre madrugador, de lo ocurrido, mandó llamar a Juan Ramón y le notificó personalmente, orden de arresto en el Palacio Nacional, que era entonces la residencia habitual del Presidente de Honduras.

Nuestro gran poeta era Coronel y Sub Director de la Academia Militar recién fundada entonces, y quedó alojado en una pieza del Palacio Viejo, sobre el corredor que conduce al Palacio Nuevo, y por el cual el Presidente pasaba, por lo menos, cuatro veces al día.

El General Bonilla se constituyó, en esa forma, en centinela de vista, parcialmente, y clavaba su mirada experta en el poeta cada vez que por su jaula pasaba.

Estaba prohibido al genial cantor salir de Palacio, sino era pidiendo y obteniendo permiso directamente de su Jefe.

Estaba el gran Juan Ramón por ese tiempo herido de amor. La Obertura Sentimental fue para Ella. Una vez por semana se presentaba uniformado, perfumado, bello, ante su Comandante General; se cuadraba, saludaba militarmente y solicitaba permiso para salir. Siempre le era concedido; pero advertía que la muralla se cerraba a las 9 p.m. en punto. Jamás llegó tarde. Estaba encantado de aquella disciplina militar.

Fuera de las livianas obligaciones que le exigía su puesto en la Academia Militar, dedicaba su tiempo a cantar. Eso era, precisamente lo que se deseaba, esa era la razón de su arresto, ese era el objetivo perseguido al enjaular al ruiseñor.

Durante esos años cantó sus mejores cantos en Honduras y leyó mucho. No tenía en frente ninguna de las preocupaciones materiales de la vida. Vivía, como le era grato, en las altas esferas de la política y de la sociedad. Asistía a las suntuosas fiestas de aquella fastuosa época. Fue el Poeta del Salón de Retratos.

Viajó en esos tiempos por Europa y América; conoció pueblos, conoció hombres.

Después vino el desastre de 1907. La última vez que le vimos, iba montado en mula pasitrotera, junto con las tropas que evacuaron Tegucigalpa a las órdenes del General Saturnino Medal.

Iba formando parte de la retaguardia. Algunos cadetes de la Academia Militar que lucharon tan valientemente en Maraita, le acompañaban. Se cuadraban y lo saludaban militarmente. Contestaba él, siempre arrogante como un castellano; siempre elegante como un Beau Brummel, profundo y frívolo.

Picó espuelas y lo vi alejarse. Iba hacia la emigración eterna. Cruzó las fronteras patrias y las fronteras de la vida.

Ahora nos lo hace ver, nuevamente, Arturo Oquelí, al lado de nuestro caballeroso don Fausto Dávila, gran amigo y gran señor.

Y nosotros, en una divagación seudo—filosófica, especulamos acerca de la influencia que la batalla de Namasigüe, que liberó a nuestro ruiseñor, tuvo sobre las letras y la poesía hondureña.

JOAQUÍN BONILLA

CONSULTAS

El presente aporte, como su nombre lo indica, no es más que una pequeña contribución a la Biografía del poeta desaparecido, pero el sencillo tomo ha requerido perseverancia animada de un espíritu acucioso.

No ha bastado el dilatado conocimiento personal que tuvimos de Molina para cristalizar la idea, hemos tenido que recurrir a viejas publicaciones de Centro América, a escritos del historiador Dr. Heliodoro Valle, a la Apología del Dr. J. Castro Blaco, a un trabajo del diplomático mexicano Armando C. Amador, a antiguos amigos del ilustre extinto, a fin de coordinar los propósitos perseguidos.

También, debemos hacer constar los detalles que nos alentaron para glosar este trabajo: fueron los pormenores que en vida nos diera el Dr. don Fausto Dávila, quien con su plática contribuyó de manera decisiva a hacer real el bosquejo que hoy ofrecemos al amable lector.

Queda el libro por terminar a cargo de los hombres que se preocupan por destacar fuera de las fronteras patrias, a los valores nacionales, completando así una obra meritísima para Honduras.

ARTURO OQUELÍ

HABITANTE DE LA OSA

CAPÍTULO I: MÍSTER BLACK

"...El retrato está ahí: erguido el busto, la cabeza con aires de reto, la frente despejada, los bigotes espesos y de alacranadas guías, la flor en el ojal de la levita, en alarde inconfundible de ostentosa elegancia personal......

¿Qué va a sobrevivir de este manojo de poemas escrito al correr de una existencia inquieta, poblada de vagabundeos sin rumbo, de artificiales estímulos, de luchas y de fracasos? Imposible adivinarlo. De un poeta queda un libro, un poema, una estrofa, un verso quizás... Pero en la obra inconclusa y desigual del poeta hondureño hay realizaciones líricas que no han de morir mientras no muera nuestra poesía americana, poemas que han de salvarse del naufragio pavoroso del tiempo. Y ha de sonar por muchos años aquel grito sensual de ansia insatisfecha:

"Péscame una sirena, pescador sin fortuna...!"

ENRIQUE GONZALEZ MARTINEZ[1]

Es casi la media noche, y los pulmones de la ciudad respiran sólo silencio. Con aire propio de reina que va a su trono, la luna sube lenta y gravemente, midiendo los espacios infinitos.

Tras el hechizo del paisaje evocador, en este dos de noviembre saturado de músicas extrañas, se nos viene a la mente la imagen torturada de Juan Ramón Molina. Y, al evocar su numen con emocionada beatitud, desciende de los círculos celestes su figura de contornos imprecisos, que se vuelve tangible a medida que se acerca. Lejos de sentirnos sobrecogidos por la visión ultraterrestre, nos acomete el ansia de interrogar.

Impecable es su vestir. Blanca flor en el ojal condecora su pecho varonil. Arrogante su apostura, y kaiseriano el mostacho seductor. Adelantándose a nuestras preguntas, confiesa:

---

[1] Prólogo al Libro "Tierras, Mares y Cielos", Editorial "Signos", — Imprenta Calderón, Tegucigalpa, Honduras, 1937).

Nací en el fondo azul de las montañas
hondureñas... Detesto las ciudades;
y más me gusta un grupo de cabañas
perdido en las remotas soledades.

Y luego — evaporada su olímpica silueta hasta quedar únicamente
la voz temblando en el éter— va relatando su biografía, su
apasionante biografía, donde el amor, la belleza y el dolor son
ingredientes principalísimos de su yo, "compuesto extraño de azúcar,
sal y hiel.

Esas montañas hondureñas son las mismas que gestaron en su
vientre a José Trinidad Reyes, fundador de la Universidad de
Honduras, autor de pastorelas y poemas diversos, justamente
aplaudidos por la crítica extranjera; a Ramón Rosa, polígrafo y
apóstol de la cultura nacional, y a otros adalides del buen pensar y del
mejor sentir.

Esas montañas vírgenes, otrora desfloradas por el conquistador
para extraerle fabulosas cantidades de metales preciosos; esas
montañas que van desde Talanga hasta San Juancito y desde Santa
Lucía hasta el Cerro de Ulah, producen los claveles más encendidos
y las maderas más finas. Trátase de una comarca encantada, como
hecha exprofeso para uno de aquellos cuentos miliunanochescos
donde los pájaros hablan, los árboles cantan y los poetas se
reproducen por generación espontánea, vale decir, por obra y gracia
de ese ambiente, que es como una pastoral bethoveniana.

Comarca de especial fascinación, donde los pinos ensayan su
vuelo interplanetario y las fontanas rizan su canto con peineta de
luceros, suspirando sus adioses en la verdura de las cañadas, mientras
la orquídea engalana la solapa de los cedros centenarios. Es la tierra
del puma y del tamagás, de la paloma y del venado, —hay una tesis
según la cual Taguzgalpa significa lugar de los venados, y no cerro de
plata, como generalmente se ha admitido[2]; yes, finalmente, la tierra
de las canteras. ¿Habéis tenido ocasión de ver las casas de

---

[2] Otros sostienen que Tegucigalpa viene de la expresión azteca Tectlicicalpan, que
quiere decir Casa del Señor.

Tegucigalpa? Están construidas con una piedra tersa, mórbida y dotada de tal sensibilidad que su contacto nos produce extraños estremecimientos. Su color cubre todo un vasto diapasón que va desde el verde hasta el lila y desde el azul hasta el amarillo, pasando por todos los matices intermedios, lo cual posibilita la preparación de mosaicos y caprichos susceptibles de responder al más acabado refinamiento.

José Joaquín Palma, caballero andante de la libertad, quien recorriera la América del Centro iluminado por su santo ideal, dedicó a Tegucigalpa unos versos que comienzan:

Tegucigalpa allá asoma
bella, indolente, garrida.
Tegucigalpa allá asoma
como nido de paloma
sobre una rama florida....

Allí en Comayagüela —puente Mallol de por medio— nació Juan Ramón Molina el 17 de abril de 1875, del hogar que formaban don Federico Molina, inmigrante español, y doña Juana de Molina. Su infancia discurrió en ese mundo risueño que, ora se manifiesta en trompo y rayuela, ora en captura de nidos o competencia hípica sobre caballos de palo, ora en fin, en pesca y natación entre las entonces límpidas y caudalosas aguas del Río Grande o Choluteca.

En la comarca encantada, el almendro, la jacaranda y el macuelizo son los amos del paisaje. Pero a Juan Ramón le impresionó más el pino por su don musical y generoso. Árbol con alma, que fue, a un tiempo mismo, su hermano, su amigo y su maestro.

En un paraje cercano al Río, a la hora en que el ángelus se empina sobre las barrancas, solía él pasarse largos ratos, dialogando con el viento y las estrellas:

Fue mi niñez como un jardín risueño
donde, a los goces de mi edad esquivo,
presa ya de la fiebre del ensueño
vagué dolientemente pensativo....

159

Tenía apenas ocho años, y ya les volvía la espalda a los papalotes y a los mables para concentrar la atención en asuntos más serios. Nada de pantalones cortos. Todo hacía adivinar en él la presencia de un temperamento rebelde, inquieto y desconforme. Se liaba a pescozones con muchachos de mayor edad, y no fueron pocas las camisas despedazadas y las narices chatas que, en concepto de trofeos, abonaban su récord varonil. No es de extrañar, por lo tanto, que en vista de esas y otras hazañas que preconizaban un carácter fuerte, su padre lo internara, al sólo cumplir diez años, en la Escuela de un señor White, preceptor extranjero que se había hecho famoso por sus procedimientos draconianos y a quien el poeta, tiempo más tarde, había de llamar sarcásticamente Míster Black en página satírica de tanta vibración que bien pudieron suscribirla Hurtado de Mendoza, Mateo Alemán o el mismísimo Quevedo. La sátira aludida no sólo estaba erizada de banderillas contra el Mister de marras, sino que envuelve una cruda censura a los sistemas educativos de ese tiempo.

El cuadro es semejante al que nos pinta Don Ramón Rosa en su "Maestra Escolástica". En aquella Escuela, sucursal de la Inquisición, los instrumentos de convencimiento eran el látigo —nudoso hasta más no poder—, la palmeta. las orejas de burro y otras prendas semejantes. Eltal Mr. Black era un monstruo sin tiempo y sin edad, algo así como aquellos vampiros que anidaban en los viejos castillos medievales.

Corría el año 1888, y él acababa de cumplir trece. Tres amargos años había pasado allí el pequeño cantor. Enjaulado. Oigámosle narrar:

"Creo que si volviera al lugar donde estuvo la escuela de Mr. Black, se despertarían extrañas reminiscencias en mi memoria, tal como sucedió en Londres a Edgar Allan Poe, al volver a visitar la escuela del dómine Bradsby; pero, aunque volviese allí, tendría que hacer un gran esfuerzo mental para reunir los pensamientos que abandoné hace doce años en el vetusto caserón, porque hoy, en el lugar de él, alzase un elegante edificio moderno, donde se oyen sonoras carcajadas femeniles y músicas de instrumentos de cuerda, en vez de los ayes de los párvulos martirizados por las disciplinas del ogro, que durante el día nos enseñaba aritmética, y por las noches, a la luz agonizante de una lámpara de alquimista, nos hacía rezar el rosario, de rodillas sobre las baldosas de la celda que le servía de cuarto. Creo innecesario decir que cuando alguno de nosotros cabeceaba, rendido por el sueño, era agarrado de la oreja por la mano de Mr. Black, y columpiado cerca del techo, donde se despertaba dando alaridos. Poniéndolo en el suelo otra vez, el gigante continuaba su interminable rosario, con voz monótona y pacata, golpeándose el pecho, mientras nosotros nos veíamos a hurtadillas, llenos de terror.

Para figurarse con verdad a Mr. Black, hay que describir el edificio de su escuela, tal como era cuando yo viví en él durante tres años mortales, que no olvidaré ni en la otra vida, con ser que allí se olvida todo.

Imagínense una antiquísima casa, llena de telarañas, con las tejas cubiertas de musgo y con un patio empedrado de guijarros volcánicos, probablemente del periodo paleolítico; patio desconocido de los pájaros del cielo y donde jamás había nacido una sola flor. Horribles paredones negros aislábamos de toda comunicación con las vecinas casas, y sólo de cuando en vez, por una rara casualidad, se asomaba a él, desde lo alto, uno que otro gato perdido, que lo examinaba atentamente lleno de asombro, con los bigotes erizados, huyendo en seguida a grandes saltos. Los murciélagos y las lechuzas, a la luz de la luna, aleteaban en él; los ancianos pilares proyectaban sus sombras y los grillos lo asordaban con sus monótonos chirridos.

En las noches tempestuosas, el viento aullaba sobre el edificio, sacudiendo aquella vieja armazón, cubierta de polvo de cien años, como si quisiera arrastrar su descarnado esqueleto de vigas. El sol, por la mañana, apenas calentaba aquellos corredores húmedos, donde sonaban huecas las pisadas y los ratones tenían sus agujeros. Un fuerte olor a moho, a vejez, a hongos podridos, se ceñía de continuo en aquel ambiente, que, como el agua de ciertas fuentes en las raíces que va mojando, tenía la cualidad de petrificar lentamente las carnes de los niños, dándoles el color de la piedra pómez y cubriéndolas de un polvillo terroso.

A esa maldita escuela fui llevado un día de enero, a las ocho de la mañana, cuando apenas contaba diez años. Al ir a entrar, volví maquinalmente los ojos a la calle, que no volvería a ver más, para despedirme del tibio sol que bañaba las paredes de las vecinas casas; de dos o tres pilluelos, mis amigos, que me habían seguido de lejos con caras tristes: y de dos bueyes, gordos y mansos, que pasaron en aquel momento, repletos sin duda de jugosa yerba y de felicidad. Cuando entré a la sala de clase, completamente desmantelada, varios niños volvieron tímidamente los ojos hacia mí, apartándolos de sus pizarras, donde probablemente resolvían un problema. Eran como veinticinco, sentados en bancos de pino. Reinaba un profundo silencio, apenas interrumpido por el chirrido de los pizarrones al trazar las cifras o por la tos tímida de alguno de aquellos infelices, en cuyos semblantes se pintaba el miedo.

Mr. Black a quien no conocía sino por la terrible fama de que gozaba entre los párvulos de las escuelas, estaba inclinado en ese momento sobre una gran mesa, donde se veían algunos libros de tiempos remotos, una palmeta enorme, un ancho tintero de barro y unas disciplinas de cuero de res, negras, horribles y nudosas que conocían las espaldas de una generación de niños. De lejos se veía únicamente la parte superior de su cabeza puntiaguda, cubierta de un pelo crespo y gris. Como sintiera mis pasos en la puerta, se enderezó, y dijo con una voz seca, que zumbó ásperamente en mis oídos:

—¡Entre!

Yo entré lleno de pavor, aunque cruzó por mi mente la idea de escaparme a todo correr por la calle próxima.

Desde esa hora, después de algunas explicaciones en que se habló de mi carácter fuerte, de los latigazos que debía darme aquel verdugo para domarme, y de otras cosas por el estilo, quedé incorporado a aquella sucursal de la Inquisición, y empecé, para evitar pérdidas de tiempo, a copiar allí mismo el problema que estaban resolviendo mis compañeros de infortunio. Era una maldita resta, por la que se trataba de averiguar cuántos años tenía el maestro. Los números, rígidos y estirados, escritos con tizate por la mano de Mr. Black, se destacaban como enjutas figuras geométricas en el fondo negro del pizarrón. Cada uno de ellos era el retrato del que lo había trazado con los huesosos y largos dedos de su mano, capaz de perforar una mesa de un solo impulso. Si aquellos números, casi misteriosos, parecidos a jeroglíficos egipcios o a fórmulas mágicas, se hubieran juntado por el capricho de un hechicero, indudablemente que la silueta angulosa de su autor habría aparecido de repente en el pizarrón.

Yo no podía imaginarme aquellos guarismos, sin imaginarme a Mr. Black, y viceversa. Entre él y ellos había un lazo invisible, había una relación misteriosa, un parentesco raro. Eran sus hijos, sus esclavos. Parecía que estaban doblegados a su voluntad, que obedecían sus caprichos, que estaban ciegamente a sus órdenes. Si él les hubiera dicho con su terrible voz:

—Números: a la mesa —y los números, desprendiéndose como por encanto de su puesto, irían en seguida a colocarse en ella, respetuosamente inclinados.

Si él les hubiera dicho: "Números: a mi cabeza", los números, subiéndose por sus largos brazos, entrarían en ella por su boca, por sus orejas, por su nariz y por sus ojos: tal homogeneidad existía entre aquel hombre y aquellos guarismos.

Como ninguno de nosotros resolvió el problema de encontrar su edad —cosa del todo imposible, porque sin duda se le había muerto de vieja, o tal vez nunca la tuvo, lo que es más probable— se levantó de su taburete, y después de dar de latigazos a los más grandes, cogió el tizate y se dirigió al pizarrón. Los números, viéndolo acercarse, hicieron una mueca, que era una sonrisa, alineándose gravemente sobre el horizontal.

Entonces pude verlo y considerarlo bien. Era un hombre cerbatana, como el dómine Cabra de Quevedo; una alta osamenta cuyos huesos chocaban a cada instante; una como momia colosal metida en una levita milagrosa, del color de la miseria, cortada por la desgracia, raída por el hambre y empolvada por el tiempo. Sus pantalones de panilla ocultaban unas piernas inverosímiles y temblorosas, que parecían de avestruz, o con más verdad, de alambre, cuyas choquezuelas crujían a cada momento: se temía que los tales órganos de locomoción se quebraran como una caña. Su calzado de suela, con señales de muchos remiendos de zapatero viejo, estaba cortado sobre los dedos, por temor de los callos, que tenía muchos y muy grandes. La pechera de una camisa, o de una mugre que parecía tal, enemiga de lavanderas, desconocida del agua, mal vista por la plancha, se asomaba por entre el chaleco, o centro, como decía él, flojo sobre su abdomen inverosímil, digo, sobre su espinazo, porque lo que es vientre no tenía, ni le hacía falta para maldita cosa. No tenía color su rostro, sino era cuando montaba en ira, que entonces se bañaba del de la muerte, aunque de por sí estaba de pecas y de cicatrices. Terminaban sus flacos brazos en manos más flacas, que terminaban en dedos más flacos aún, de donde salían diez uñas enflaquecidas de tanta flaqueza; cada dedo, así con aquella uña negra, era a propósito para gancho del tridente del diablo; la cabeza, cabo de aquella tranca de hombre, era nido de terquedades, terreno ingrato para retóricas, bosque virgen para los peines, refugio seguro de las pulgas proscritas de su pescuezo.

Bajo sus párpados llenos de fatiga, palidecían sus ojillos miopes, defecto que favorecía nuestras risas desde lejos, aunque a veces, por sólo un culpable, caía el látigo sobre chicos y grandes. Por entre las ventanas de su nariz de lobo, se veía un vello color de tierra, pareciendo que dos arañas tejieran sus telas allí. A los lados, dos patillas anémicas, queridas del desaseo y viudas sin consuelo del jabón, caían melancólicamente sobre su mandíbula inferior, que a veces se doblaba sobre su pecho, digo, sobre sus costillas, que podían doblarse sin duda sobre su espinazo, que a su vez lo haría sobre sus piernas; tal facilidad para ello indicaba aquella armazón de resortes. Sus grandes orejas parecían conchas de ostras; su boca, o mejor dicho, la abertura que hacía de tal órgano, entreabriese y mostraba un colmillo negro y encorvado, semejante a una bruja en el fondo de su cueva: y su pescuezo arrugado, se estiraba como el de ciertas aves de rapiña en dirección del menor ruido. Sentado me pareció un número 4; de pie, un gran número 1; y encogido sobre el pizarrón, un número 7.

Resuelto por Mr. Black el problema de averiguar los años que tenía, salió tal cantidad, que él mismo no dejó de asombrarse, con ser que hacía un siglo que no llevaba la cuenta. Después me dijeron que no tenía edad y hasta que no era hijo de mujer, como todos los hombres: pero esto nunca lo creí del todo. Ni tampoco que tuviera pacto con el diablo: ni que no comía carne de puerco ni de vaca, sino de ratones y alguna que otra lechuza; ni que su levita le creció con los años —y en eso sumaron siglos— como la túnica inconsútil de Nuestro Señor Jesucristo; ni que en un arcón viejo al lado de la tarima donde dormía con un ojo abierto y el otro cerrado, tenía calaveras y canillas de muerto, con unos pergaminos que contenían secretos de cábala.

Todos estos rumores, dichos al oído de los alumnos, contribuyeron a que le cobrara un supersticioso terror a Mr. Black, que se aumentó cuando oí asegurar que había nacido antes del Diluvio, y que se salvó de la catástrofe, escondiéndose en el Arca, entre las jirafas y los camellos, por lo que no llamó la atención de Noé. Algunos dudaban de esto; pero tenían por cierto que varios astrólogos caldeos, según constaba de un ladrillo cuneiforme, encontrado en las ruinas de Nínive, lo vieron con la misma levita en la torre de Babel. No faltaba quienes aseguraron, fundándose en un jeroglífico de una de las galerías de Menfis, firmado por un sacerdote de Isis, que en tiempo de uno de los faraones había tenido la ocupación de envolver y pintar momias; pero la versión más racional, y que merece entero crédito, es la que cuenta que vino a América escondido en el fondo de uno de los buques de Colón, saltando a hurtadillas a tierra de Honduras en Punta Caxinas, y que después, corrido el tiempo, se dedicó con tesón a enseñar las cuatro reglas a los niños, ayudado asiduamente por la palmeta y las disciplinas, que después supe apreciar en su justo peso y valor".

CAPÍTULO II: ENCUENTRO CON DARÍO

"... Pertenece Molina a una casta de hombres casi desaparecidos. Visto al través de nuestras inquietudes actuales, parece un espíritu de postrimería, una de esas almas en que remata y se disuelve una cultura. Sin ser un enfermizo, era, no obstante, un atormentado en quien el artificio literario y la influencia de otra literatura, sobre todo la francesa, derivaba inesperados momentos del ánimo. Molina supo conservar, sin embargo, cierta identidad de fondo y forma que le hacen único en medid de esa paradoja moral y política que se llama Centroamérica. Darío tuvo para él cierta profunda admiración y casi receloso respeto: y Darío mismo no tiene sobre Molina sino el logro de toda una trayectoria, porque éste es un malogrado.

Molina lena por completo a Honduras, tierra de pinares y de caudillos individualistas. El asoma por sobre los riscos de la montaña lluviosa como un genio paternal sobre una heredad mutilada. Como hombre, fue enérgico, amargo y tierno. Su melancolía es casi una actitud, —la negra bilis de los latinos—y por eso es creadora. Pero su dulzura, su poder de maravillarse, son únicos. Hay tanto sol en él que su poesía no admite noche".

RAFAEL CARDONA[3]

Inspirado en el afán de darle una educación completa a su hijo, don Federico Molina resolvió enviarlo a Guatemala para que, una vez convertido en Bachiller, ingresase en la Pontificia Universidad de San Carlos Borromeo, donde otrora se formaran algunos ilustres hondureños como José Cecilio del Valle, redactor de nuestra Carta de Libertad y precursor del Panamericanismo; Dionisio de Herrera, Jefe de Estado de Honduras, de El Salvador y Nicaragua; Marco Aurelio Soto, hombre de profunda huella en las letras y en la ciencia del Estado; Ramón Rosa, pensador y estadista, ya mencionado en anteriores páginas, Manuel Molina Vigil, médico y poeta tronchado

---

[3] Prólogo a la edición de "Tierras, Mares y Cielos", dirigida por Ricardo D. Alduvín, México, D.F. 1929.

en agraz, y otros varios de esa talla. Juan Ramón, en un ambiente oxigenado de cultura y oreado de libertad, con buenos maestros y mejores libros, tomó el estudio en serio hasta llegar al Cuarto Curso de Bachillerato.

A pocos años de ausencia, le vemos en Tegucigalpa, gozando de vacaciones en el seno de su hogar. Pero el ambiente deletéreo de nuestra política lugareña le produjo náuseas, y así lo revela en su poema "Adiós a Honduras", escrito a bordo del vapor "Costa Rica", cuando de nuevo se dirigía a Guatemala. Escuchemos las primeras estrofas:

"Voy a partir: ¡adiós! la frágil nave,
deslizándose suave,
lanza a los cielos su estridente grito;
y el humo ennegrecido que respira,
en colosal espira
asciende a la región de lo infinito.

Las alas de oro, lánguida y cobarde
pliega la mustia tarde
en la insondable cuenca del vacío,
como águila cansada que al fin toca
su nido en la alta roca
y se recoge, trémula de frío.

Quebrándose en el vidrio de los mares
—los destellos solares
las espumas blanquísimas inflaman;
y como hambrientas e irritadas fieras
—mordiendo las riberas—
las bravas ondas estallando braman.

El viejo sol, que su esplendor difunde
desde el ocaso, se hunde
con un nimbo de vivas aureolas:
el alción fatigado el ala cierra.
y se duerme la tierra
al sollozar de las hinchadas olas.

Por qué, por qué con la mirada incierta
sigo, desde cubierta,
la dirección del puerto de Amapala,
si el vapor, con seguro movimiento,
sobre el blando elemento
en busca de otras playas se resbala?

¡Oh tarde melancólica ¡Oh astro
que luminoso rastro
dejando sobre el mar, en él te hundiste!
¡Oh, vagabundas nubes! ¡Oh, rumores:
afanes punzadores
llevo en el alma, dolorida y triste!

No es el amor el que a sufrir me obliga
y el corazón me hostiga
al despedirme de mi tierra ruda:
ni la ciega ambición desenfrenada
que a la mente exaltada
cual venenosa víbora se anuda.

Es un oculto y hondo sufrimiento,
algo como un lamento,
el recuerdo de lúgubres escenas,
el horrible chocar de los cuchillos,
el roce de los grillos.
y el siniestro rumor de las cadenas.

¡Qué triste es ver que el cóndor de la cumbre
al foco de la lumbre
vivífica del sol el ala tienda,
y de repente, al mutilarlo un rayo,
Habitante de la Osa
en tremendo desmayo
en espantosa rotación descienda!

Como ese cóndor del crestón bravío el noble pueblo mío movió a la libertad las grandes alas, y al remontarse a coronar su anhelo un audaz tiranuelo se las ha cercenado con las balas.

Así cual de la flor, rica en esencia, manchan con su excrecencia el purísimo cáliz los insectos, han deshonrado el hondureño solio —con torpe monopolio— mandatarios estúpidos y abyectos.

¡Oh, pobre Patria! El que de veras te ame,
en indolencia infame
no mirará el ridículo sainete
sin que encamine, trágico y austero,
su paso al extranjero,
y a los histriones con las armas rete.
Por eso en tus fronteras montañosas
sobre olvidadas fosas
que baña el sol con sus ardientes luces.
contempla el caminante, entre zarzales
y abruptos peñascales,
alzarse al cielo solitarias cruces".

Le había tocado presenciar el hórrido espectáculo de una guerra civil, podando vidas útiles y sembrando odios fraternos. El caso le afectó profundamente porque, al contrario de Honduras, en Guatemala se vivía una época de florecimiento literario. Era la transición entre el Gobierno de Barillas y la primera administración de Reina Barrios, administración que, como es sabido, se caracterizó por su alto espíritu democrático y por su afán de promover nobles causas humanas.

Pero, sigamos los rastros del poeta después de sus primeras vacaciones. "Adiós a Honduras" es un poema emocionado, bastante bueno para un doncel de diecinueve años. No es original, pero sí vibrante. Tiene reminiscencias de Núñez de Arce, Diaz Mirón, Olmedo, Almafuerte y probablemente de González Prada. Molina asimilaba el influjo romántico en toda su plenitud, y participaba de aquel titanismo que fundara Víctor Hugo, seguido de varios poetas de habla española como Espronceda, Bécquer, Candelario Obeso y Julio Florez; era la pose desafiante del que, en tono imperativo, conmina al sol a detener su marcha; del que cree que primero se seca el mar o se rompe el eje de la tierra antes de que se apague la llama de su amor, y en fin, del que jura que si su amada muriera, él se va hasta el cielo y se la quita a Dios.

Juan Ramón no estuvo exento de esos vapores quiméricos, de esos gases hilarantes que estaban de moda entonces. Oigámosle en Postrera Súplica:

Si muero joven, si el dolor me mata
y en la terrible fosa me derrumba,
te ruego que no vayas, dulce ingrata,
con otro amante a visitar mi tumba.
¡Porque al sentir vuestros iguales pasos
romper la paz que para siempre anhelo,
levantaré los descarnados brazos
para pedirle que me vengue el cielo!

He aquí los versos de un colegial que llora con un dolor prestado; y es de presumirse que estas estrofas jamás habrían figurado en una selección de sus poemas autorizada por él. Pero las hemos recordado porque tienen el valor de un hito miliar en la concepción de su futuro mapa emocional.

Cierto que le halagaba mucho la posibilidad de convertirse pronto en flamante Bachiller, y que ya se soñaba ir —cartón solemne bajo el brazo— rumbo a la Facultad de Derecho, para inscribirse como futuro togado; pero las aguas de su vocación le arrastraban hacia otros cauces:

Sentí en el alma un natural deseo
de cantar. A la orilla del camino
hallé una lira — no cual la de Orfeo—
y obedezco al mandato del destino,

tan ciegamente que mañana—cuando
tránsfuga de la Vida, me deserte—
quizá celebre madrigalizando
mis tristes desposorios con la Muerte.

En 1891 había arribado a Guatemala Rubén Darío, triunfante en la mañana de sus veinticuatro primaveras. Recién tenía publicado en Chile su famoso libro Azul —prologado por Don Juan Valera—, con el cual podó las viejas ramas de la poética española, injertando en el añoso tronco nuevas yemas, gestadoras a su vez, de nuevos árboles y nuevos trinos...

Coronado de mirtos, y laureles, el chorotega genial había retornado a su "Nicaragua natal", pero las condiciones no le fueron propicias, y, casi de paso, llegó por segunda vez a El Salvador, donde recibió la cordial protección del Presidente Menéndez y el abrazo fraternal de Francisco Gavidia, el mismo que le encauzara hacia la lectura de los poetas galos, al tiempo que le enseñaba la técnica de trasladar al castellano el alejandrino francés. Luego de algunos meses de permanencia en Cuscatlán, se vio obligado a dejar el país cuando los hermanos Ezeta asesinaron a su amigo y protector, para adueñarse del Poder.

En llegando a Guatemala, Rubén escribió un reportaje dramático sobre La Historia Negra de Los Ezeta, condenando la traición al Presidente Menéndez, perpetrada por quien era su propio Ministro de Guerra, y, lo que es más grave aún, su protegido de mayor confianza.[4]

Don Francisco Lainfiesta, editor y literato de exquisita cultura, realizó con buen suceso un tiraje de Azul, en tanto que su autor se ocupaba en escribir cuentos y poemas, dejando algunos paréntesis para poder leer a Whitman y hacer versos en francés[5].

La presencia de Darío en Guatemala representó una eclosión. Los literatos jóvenes le rodearon y aplaudieron con unánime voto. Los clásicos hicieron otro tanto, pero con reservas. Los cenáculos alcanzaron un alto grado de combustión, y las figuras que a ellos asistían son las mismas que ulteriormente han colmado los anaqueles de la cultura centroamericana por espacio de medio siglo.

Actuaba como Director de la Biblioteca Nacional el poeta bayamés José Joaquín Palma, a quien se debe la letra del Himno

---

[4] Sobre este particular, Darío afirma en su Autobiografía que el Presidente cayó fulminado, no por las balas de los sublevados sino a causa de un síncope cardíaco producido por la traición.

[5] "Vida y Poesía de Rubén Darfo", Por A. Torres Rioseco.

nacional guatemalteco, y trabajaba como oficial de la misma el costarricense Alberto Brenes Mesén, llamado a ocupar más tarde un sitio prócer en las letras del Istmo. Darío estrechó amistad con ambos.

El estado mayor de la literatura chapina contaba con representativos valiosos: Agustín Mencos Franco, Antonio Batres Jáuregui, Juan Fermín Aycinena, Ramón A. Salazar, Javier Valenzuela, José Vicente Martínez, Salvador Falla, Enrique Martínez Sobral, Pío M. Riépele, Guillermo F. Hall, Domingo Estrada, Ismael Cerna, y tres bisoños intelectuales cuya garra comenzaba a endurecer: Enrique Gómez Carrillo, Máximo Soto Hall y Rafael Arévalo Martínez.

Ese arribo de Darío es un suceso que sólo tiene par en la llegada de José Martí en 1877, cuando era Presidente Justo Rufino Barrios, quien acogió al Apóstol con el mayor beneplácito. Martí, como es sabido, sintió viva admiración hacia la hija del General García Granados y a ella se atribuye el haberle inspirado varios poemas prodigiosos, siendo La Niña de Guatemala el más popular de todos[6]. Pero él —quijote comprometido con la dulcinea de la Libertad —, no pudo unir su destino al de la bella María, fiel trasunto de aquella otra María, ensoñación del Cauca, que cantara Jorge Isaacs.

En poco tiempo Martí había logrado inseminar en las conciencias jóvenes el germen de general simpatía hacia su causa, con el aliento de una nueva modalidad poética, el Modernismo, cuyo máximo portaestandarte iba a ser Rubén Darío, ahorra huésped de Guatemala en 1891 y 1982.

En ese lapso de permanencia, las tertulias sólo sufrieron una pequeña interrupción motivada por el viaje de Darío a Costa Rica, donde el genial chorotega reforzaría su amistad con Aquileo J. Echeverría, máximo poeta nacional, autor de Concherías[7]; con Pio Víquez, Director de "El Heraldo"; con Ricardo Fernández Guardia y otros escritores más de esclarecido linaje. Darío viajó en asocio de su esposa, Rafaela Contreras, hija del gran tribuno hondureño Don

---

[6] Sin embargo, David Vela, polígrafo guatemalteco, en su obra "Martí en Guatemala", niega esta versión

[7] Darío y Echeverría se habían conocido poco tiempo atrás en El Salvador, pues trabajaron juntos en el Semanario "La Unión", de auténtica inspiración centroamericanista, financiado por el Gobierno del General Menéndez

Álvaro Contreras. En San José les advino el primogénito: Rubén Darío Contreras.

Vuelto Rubén a Guatemala en 1892, optó por ejercer el periodismo, editando "El Correo de la Tarde". Ya comenzaba a domiciliarse en la tierra de la eterna primavera, cuando el Gobierno de Nicaragua lo designó Delegado a las festividades del Cuarto Centenario de Colón, que se celebraría en Madrid.

Y así le vemos partir, camino de la culta Europa, es decir, camino del apoteosis.

CAPÍTULO III: DON MORAZÁN

"Juan Ramón Molina (1875—1908) fue, ante todo, poeta. Se incorporó a la corriente modernista, pero a lo largo de su obra perdura el recuerdo de Bécquer y, a veces, el de Díaz Mirón en su primera época. Su vida fue pródiga en inquietudes. Actuó en la vida pública, fue hombre de Gobierno, estuvo preso por causas políticas y hubo un día en que se echó el fusil al hombro como revolucionario".

MAX HENRIQUEZ UREÑA[8]

Hemos dado una idea del medio cultural donde Molina comenzaba a figurar en 1892, cuando dispuso pasarse unas breves vacaciones en Honduras. De buenas a primeras, vino a encontrarse con la gusanera de una guerra civil que hacía su agosto en el cuerpo de la Patria paralítica.

Historiemos brevemente: en noviembre del año anterior, había tomado posesión el Presidente Ponciano Leiva; pero su elección fue considerada fraudulenta por los partidarios del Doctor Policarpo Bonilla, y así sobrevino el caos. Las asonadas cundieron por los cuatro rumbos. Leiva trató de disolver el Partido Liberal, persiguiendo a sus principales dirigentes, y el 8 de mayo de 1892fueron extrañados del territorio nacional los Generales Dionisio Gutiérrez, Erasmo Velásquez, José María Reina y Miguel R. Dávila, junto con los Abogados Miguel Oquelí Bustillo y Enrique Lozano[9]. Estos sucesos dieron motivo al levantamiento del Coronel Leonardo Nuila en La Ceiba, proclamando Presidente al Doctor Bonilla, al tiempo que salían numerosos rebeldes con destino a Nicaragua. Pero Nuila fue batido en Quiebra—Botija y pasado por las armas allí mismo. Idéntica suerte corrieron otros jefes sublevados. El drama tomó entonces los contornos de una carnicería monstruosa. Y se

---

[8] (Breve Historia del Modernismo, Edición Fondo de Cultura económica, México, D.F.,1954).
[9] "Bosquejo Histórico d Honduras", por Rómulo E. Durón N° 1. —Publicación del Ministerio de Educación Pública. — Tegucigalpa, Honduras,1956.

repitió el duelo de siempre: hermano contra hermano y padre contra hijo.

Ya puede uno imaginarse la impresión que esa púrpura dejara en el albo lienzo de un alma sensitiva; el asco que esa podredumbre pudo causar en el poeta que venía de un centro de alta cultura, donde había dialogado con los más conspicuos intelectuales, artistas y hombres de ciencia, sin excluir al propio Rubén Darío, con quien hizo una amistad honda y firme, al grado de que varios años después el Sumo Pontífice Modernista le escribió desde Buenos Aires ofreciéndole oportunidades propicias al desarrollo de su extraordinario talento.

Ese cuadro sangriento, pues, fue el que le inspiró su "Adiós a Honduras", poema que es algo así como un pentateuco de liberación.

Juan Ramón estaba, decimos, con un pie en el Bachillerato y el otro en la Literatura. El de acá, por ser el derecho, pesaba un poco más. Entonces sacó el izquierdo y calzó sandalia errante con rumbo a Quezaltenango, la embrujadora Xelajú de la leyenda. Era a fines de 1893, y llevaba por compañero de aventuras a otro hondureño inquieto: Antonio Cerrato Andino.

Quezaltenango es un poema de piedra y cielo suspenso en la eternidad. Es la patria de la rosa; el altar de la esperanza, la sinfonía del amor. Id por sus calles evocadoras y gustaréis de claveles y sonrisas a granel. Desde los balcones, fulgurantes ojos negros iluminan vuestros pasos; y, en caminando más lejos, hallaréis al indio en su digna serenidad de precursor, al indio que acaricia la nerviosa espalda de su marimba, "el indígena instrumento de teclado de madera —que nos habla de sus tiempos victoriosos—, de Ixinché y de Copán; —de su rey Kikab el Grande, de su gran Balúm Votán—; de sus épicos colosos —de sus héroes de hierro, libres, grandes bajo el sol— que infundieron la pavura, con su arrojo y su bravura en el ánimo aguerrido del intrépido español!" [10].

Quién es aquel que, al visitar Quezaltenango, no se siente subyugado por los hechizos de su encantamiento? Si no, que lo diga Carlos Wyld Ospina, quién, siendo nativo de Antigua Guatemala, se acogió de por vida a la hospitalidad de aquella noble capital altense, a la que él bautizó como La Ciudad de las Cumbres.

---

[10] La Marimba, poema de Francisco P. Figueroa.

Ya en una época muy posterior, hubo de plantar su tienda en Quezaltenango aquel beduino de la melancolía que se llamó Porfirio Barba—Jacob, alias Ricardo Arenales, Miguel Ángel Osorio, Main Ximénez, y quien sabe qué más... ¡Satanás! ¡Satanás! Y aquel antioqueño agregó la llamó La Ciudad de la Estrella, en un poema crepuscular de prodigiosas irisaciones.

En tiempos de la Federación, y por causa de fricciones habidas con el Gobierno Central de Guatemala, esa próvida región se constituyó en Estado libre con el nombre de Los Altos. Su hegemonía data desde antes de la Conquista, pues a la llegada de Don Pedro de Alvarado era un poderoso centro de acción comercial y cultural. Allí radicaba el mejor núcleo de la raza autóctona, cuya sobrevivencia hasta nuestros días ha llamado la atención de historiadores, sociólogos y antropólogos, pues tanto en la propia Xelajú como en pueblos aledaños, —Totonicapán, Zunil, San Marcos, Chichicastenango, etcétera—, subsisten comunidades con atributos muy superiores, en lo racial, lo cultural y lo económico, si se comparan con muchos otros sectores de la América Latina. Este aspecto reviste singular significación aún dentro de la misma Guatemala. El atuendo de cada comunidad, de un colorido estridente, hecho con tela recamada de oro y plata, les diferencia sensiblemente de las demás, aunque disten entre sí una sola legua, o menos.

Ese sector es talvez el único de la Tierra donde el indio no se siente inferiorizado. Por el contrario, vive muy pagado de su condición de tal. Quien busque el escudo de la dignidad autóctona, que vaya a Quezaltenango, pues allí lo encontrará!

Por la belleza de sus construcciones, esta urbe nada tiene que envidiar a las otras capitales. Lo más extraordinario del caso es que sus mejores edificios—Teatro Municipal, Palacio de Gobernación, Palacio Municipal— son obra de arquitectos criollos, de indígenas empíricos que, al margen de las academias, lograron superar sus deficiencias con el fuego de la inspiración creadora.

En 1902, el volcán Santamaría, centinela y padrino de la ciudad, montó en cólera contra ésta, sabe Dios por qué motivos, y comenzó a cañonearla con tal furia que en pocas horas la destruyó. Fue una tragedia cuya conmoción cubrió todo el Continente. ¡Nadie podría creer que un volcán tan pintoresco y tan manso a los besos del crepúsculo —un seno erguido tratando de romper la blusa azul del cielo, como dijera un fino poeta— sea capaz de tan crueles travesuras!

Pero la ciudad, Ave Fénix de este siglo, resucitó de sus propias cenizas, y hoy como ayer sigue pasando por allí el meridiano de la cultura, esto es, el meridiano de las ciencias, las artes y las letras.

Otra característica del pueblo altense es su inquebrantable devoción centroamericanista. Quezaltenango se hace llamar la ciudad más unionista de la América Central; y a fe que es difícil encontrar en el Istmo otra localidad con mayor dosis de la sagrada pasión. El Unionismo allí, más que un ideal es una religión: y después de Dios la figura más venerada es Morazán. También suele pronunciarse con unción el nombre de Justo Rufino Barrios, pero es más en atención a aquella gran cruzada que terminó en Chalchuapa en abril de 1885, que al hecho de tener el Reformador enterrado allí su ombligo. Un hermoso obelisco perpetúa la memoria de aquel bizarro lugarteniente del General García Granados.

Pues bien: la urbe de que se hace mérito es la que recibió en su regazo al brioso aeda, quien ya ejercitaba con buen suceso su pubertad creadora. No había errado el novel arquero, al erigir a Quezaltenango en meca de sus andanzas, pues además de un paisaje susceptible de inspirar, no a un poeta en singular sino a muchas generaciones de poetas, existía la sólida montadura de una tradición artístico—literaria capaz de resistir el parangón con los círculos más cultos de la época. Efectivamente, de la Ciudad de Las Cumbres han surgido finos poetas, delicados artistas y eminentes hombres de ciencia. Bástenos con mencionar tres nombres: Alberto Velásquez, quien en asocio de Rafael Arévalo Martínez, comparte la jefatura del movimiento neo—modernista de Guatemala; Jesús Castillo, compositor no superado aún, y Rodolfo Robles, médico, descubridor del microbio que produce la enfermedad llamada oncocercosis. Mas, amén de tales nombres, es bien dilatado y ancho el registro de valores.

Al tiempo de llegar Molina, circulaban tres periódicos importantes: Diario de Occidente, El Porvenir y El Bien Público, así como dos Revistas mensuales: "El estudiante", de los alumnos del Instituto de Occidente, y "La Escuela de Artes y Oficios", editada por los muchachos de aquel establecimiento. El apolíneo hondureño, muy pagado de sí, encontró propicio ambiente, tanto en lo social como en lo intelectual. Sustituyendo al Poeta Juan Francisco Rodríguez Méndez, quien recién se había suicidado, entró a trabajar como redactor de "El Bien Público", órgano cuya dirección hubo de asumir después, al menos temporalmente.

Por otra parte, el Instituto de Varones, dirigido por Don Tránsito Dávila, le abrió sus aulas para que prosiguiera sus estudios hasta graduarse de Bachiller, logrado lo cual, pasó a ejercer como catedrático de Literatura y Declamación. Era el año de 1894. Al mismo tiempo, se inscribía como alumno en la Escuela de Derecho.

Fue entonces cuando pasó por Centroamérica un filósofo de moda, llamado Ramón Verea, a la sazón en el disfrute de su amplio magisterio. Correspondió a Juan Ramón el honor de saludarlo a nombre de las letras quezaltecas, en una hermosa velada que se preparó al efecto.

Entre las personas que rectoraban la inquietud altense, merecen un recuerdo las hermanas Jesús La Parra—más conocida como La Poetisa Mística— y Vicenta La Parra de la Cerda, precursora del teatro nacional guatemalteco; el sabio Doctor José Antonio Aparicio, quien dictaba algunas cátedras en el Instituto ya citado, y el caballero salvadoreño Don Antonio Grimaldi, panegirista de Morazán, quien se había domiciliado en compañía de su hija María, joven e inspirada poetisa.

Juan Ramón Molina dejó en Quezaltenango una fecunda y trascendente huella. La bienaventuranza de su recuerdo pone todavía hostias de admiración en los labios de hombres y mujeres, de niños y ancianos. Su labor de orientación a través de la prensa se complementó admirablemente con su obra docente. Se le llamaba familiarmente DON JUAN RAMÓN. Aunque por su origen hibuerense, su perfil de corte griego y la barba calzada—estilo prócer— que por entonces usaba, le apodaban cariñosamente DON MORAZÁN.

Sus enseñanzas estimularon el fervor por la belleza, y entre sus discípulos formaban fila bisoños poetas y escritores que, con el tiempo, ganarían merecido renombre. De aquella hornada son: Alberto Rubio, Osmundo Arriola, Enrique de León Rubio, Rodolfo Calderón Pardo, Carlos H. Varela, Emiro Fuensanta, Feliciano Amaya

Espada, y otros. Pero la verdadera proyección de su cosecha vino a aflorar con la generación de Alberto Velásquez, durante el primer cuarto del presente siglo. En esta plana cuentan: Juan José Díaz Manrique, el poeta de "Laureles y Crespones"; J. Alfredo García, Ministro del Señor y servidor de la cultura; Efrén Castillo, periodista y poeta, amigo y compañero de Barba—Jacob; Adolfo Drago— Bracco, dramaturgo y poeta laureado; Daniel Armas, pedagogo notable, autor de bellos cuentos infantiles en prosa y verso; Carlos H. Martínez, Belisario y Antonio Escoto, Alberto Fuentes Castillo — bisnieto de Morazán — Alfonso H. Quetzales, Adela Toledo, etc.

Esa brillante promoción, sirvió de antecedente a la obra de algunos valores contemporáneos, como Víctor Villagrán Amaya, Alfonso Hurtado Espinoza, J. Antonio de la Roca, Flavio Ovalle Manrique, Olga Martínez Torres, Víctor Salvador de León Toledo, Jaime Díaz Rossoto, Orando Vitola, Thelma del Río—golondrina de azul derribada en pleno vuelo —, Jorge Ibarra, Víctor Meléndez y Ara, René Augusto Flores, Humberto Alvarado, Werner Ovalle López, Arqueles Morales y muchos más.[11]

---

[11] Flavio Guillen, periodista, profesor y político chiapaneco, que puso lo mejor de su existencia al servicio de la cultura guatemalteca, nos cuenta de Molina lo siguiente: "...Venciendo la repugnancia que le causaban las ciencias de abstracción y clasificación, logró el grado de Bachiller, cuya etimología latina baccalaureatus, le hacía exclamaren la fiesta: ¡Ya soy un baccalaureatus, o quizá vacalaureada! Formé parte de su tribunal examinador, tal vez a petición de él, que me tenía bastante confianza para rogarme como lo hizo: "Por Dios, no me vaya Ud. a preguntar Álgebra, esa barbarie de la Ciencia. Diga Ud. por favor: ¿A quién ha hecho feliz la Trigonometría? y ¿Qué almas redimió la Geometría?".

"...Una de sus grandes ilusiones de Bachiller —prosigue— era portar la arrogante capa española, como entonces se usaba, pleonástica y redundante, con visibles laterales de peluche azul escandaloso, mitigado con golpes de rojo tímido...La capa fue ganada en buena lid en la ciudad de San Marcos, adonde lo llevó Manuel Ramiro, para propagar por el periódico una candidatura presidencial, entonces afamada. Y de verdad, que arremolinado dentro de su capa, se hizo un retrato que tiene muchísimo del plantaje heroico y la cabeza apolínea de Lord Byron".

Flavio Guillén finaliza su página evocativa con una dedicatoria que Molina le puso a él en un retrato suyo:

Al joven Flavio Guillén,
escritor que se encamina
a la gloria, le destina,

Fue en Quezaltenango donde Juan Ramón Molina comenzó a sacudirle a sus sandalias el polvo de las andadas románticas, enfilando hacia el parnasianismo, actitud que estimulaba el culto a la forma helénica y a la esplendidez ornamental. El periodismo fue su trampolín para poder alcanzar un cabal dominio de la expresión. Las lecturas harían lo demás, y en ese aspecto ya tenía por adelantado valioso material en las tertulias, ya lejanas, de Guatemala, donde, en contacto con clásicos de casa y de Ultramar, le fue dable intuir nuevos acentos para revitalizar el Habla, tornándola más flexible, más fresca y más brillante. Ese fue su pasaporte de ingreso al Modernismo, en la forma que se explicará más adelante.

Los poemas que solía recomendar en su clase de Declamación, eran, entre otros: El Pirata, de Espronceda; Treinta Años, de Núñez de Arce; El Niágara, de Heredia; El Desertor, de Díaz Mirón, y así por el estilo. Ellos nos dan una idea de su momento anímico.

---

para que lo guarde bien,
esto, Juan Ramón Molina.

Miguel T. Alvarado, por su parte, en su interesante relato, dice:

"Apremiantes eran las circunstancias de los recién llegados (Molina y Cerrato Andino). Sin embargo, nada temían porque el espíritu de confraternidad centroamericana estaba arraigado en el corazón de la sociedad quezalteca. El Director del Instituto era Don Tránsito Dávila, pedagogo distinguido y generoso que protegía a la juventud entusiasta y progresista. A Cerrato Andino y a Molina se les dio colocación. Para éste, el señor Dávila creó la plaza de Tercer Inspector, sin embargo de que no lo autorizaba el presupuesto. Los jóvenes eran inteligentes y soñadores. Cerrato Andino ocupaba con frecuencia la tribuna pública, en donde sostenía enérgica y valientemente sus ideas libertarias. Molina se dedicaba con predilección al cultivo de la poesía".

Afirma el mismo autor que Molina escribió allí un drama breve que no figura entre sus obras publicadas. Se intitulaba María, y dizque se basaba en su romance con una colegiala.

Cuentan que el drama fue montado en una de las veladas que quincenalmente solían celebrarse. La narración de Alvarado termina así:

"Se le apreció bastante en los círculos sociales. En el profesorado y en el periodismo ganaba suficiente para llevar una vida sin estrecheces, y allí comenzó sus estudios de Derecho. Pero, tal vez en busca de más amplios horizontes, se trasladó a la capital guatemalteca, en donde recuerdo haberlo saludado por última vez, en 1896".

181

Allá en la Ciudad de la Estrella; allá cerca del cielo, donde las nubes duermen apersogadas en los postes del telégrafo; en aquella altura olímpica, el bardo de las Hibueras exaltaría su complejo de superioridad, mirando por sobre el hombro a los demás mortales. Fue entonces cuando esbozó los trazos de su gran poema "El Águila", al tiempo que escribía una página de prosa, grandilocuente y optimista, bajo el título de "Excelsior", donde refleja la tónica del hombre que ha nacido para la lucha y para la Victoria.

"Vuela siempre hacia arriba, hacia la cúspide del monte coronado de águilas, hacia la gloria de la luz. No lleves en tu garra de hierro las piltrafas de las carnes de tu enemigo: ni en tu ojo rutilante el fuego del odio que sientas por él; ni en tu pico, hecho para partir las viscosas víboras, el rastro de la sangre de su corazón. Vuela a lo alto, limpio el plumaje de la ciénaga de la vida. No seas el buitre de ningún Prometeo"...

"Sube, sube, sube; y si bajas, si quieres bajar, baja prendido a la crin de los huracanes. Vive con dignidad bajo el sol. Vuélvete a los ocasos y salúdalos también. En tu roca no deben crearse musgos raquíticos, ni yerbas venenosas ni cactus enconados. Abate el vuelo en las selvas clásicas y en los bosques románticos. Forma tu nido con laurel y encina. Bebe luz a torrentes. Domina desde tu altura todos los horizontes, sigue la dirección de todos los vientos, estremécete bajo todos los soplos del cielo. Pon el oído a los rumores de la muchedumbre, a las palabras del abismo, a la voz de los espíritus"...

"Hazte olímpico. Endiósate, si puedes. De pura tu miserable barro. Porque en verdad te digo, que el que quiere ser superior, el que aspira a subir a las encumbradas regiones del Arte, el que siente que tiene alas en los hombros, debe olvidarse de las infinitas miserias humanas, de las injusticias de la suerte, de las burlas del destino y debe esperar, con el ánimo del justo, aunque el dolor le tienda su arco, la hora cierta del triunfo de la razón, la hora de Dios; hora que ha llegado, que está llegando, que llegará siempre aunque los réprobos y los malvados se multipliquen como los peces del mar y los insectos de la tierra".

Otra prosa de igual o mayor belleza es la llamada Mística, inspirada por una damita quezalteca. Comienza así:

"En los brillantes candelabros de plata, los cirios de cera pálida formaban como un bosque armonioso donde florecían las llamas, semejantes a rosas de fuego. El órgano sollozaba, se lamentaba, gemía larga, ronca, profundamente, enviando su música grave bajo los arcos de piedra del templo del Señor. Sobre el altar, en la eminente cúpula, en un fondo de azur constelado de astros de oro, los Padres de la Iglesia alzaban, en beatitud extática, los brazos y los ojos al cielo, en ademán de implorar al Omnipotente. En el fondo del altar, en un círculo de querubines, de rosas y de ángeles blondos, en una apoteosis de palmas de plata y de pendones místicos, en un incendio de luces y de resplandores, estaba la Virgen María, atravesado el corazón por un puñal resplandeciente; y a sus pies, en las primeras gradas de la capilla, veíanse las ofrendas, las coronas de laurel, los ramos de esmalte, todo un jardín irisado y artificial: y, más abajo, sobre las frías baldosas, y más allá, bajo las arcadas, en la claridad de las grandes puertas, estaban humildemente de hinojos los ancianos creyentes, las viejas devotas, los niños pensativos, la numerosa grey, el rebaño místico, todos los fieles a las banderas de Cristo: y por sobre esa multitud en adoración, luego que calló el órgano y que pasaron los rezos y las letanías, volaron dulcemente, alzándose a lo lejos como una bandada de alondras, los cánticos de un coro de vírgenes, cánticos claros, puros, cristalinos, como si hubiesen resucitado los buenos tiempos en que la Fe Terrible fortaleció las almas de los hombres!...".

Fue entonces también cuando redondeó su soneto A una Virgen, como ofrenda a la misma musa, que lo tenía hechizado:

Yo adoro tus dos trenzas magníficas y oscuras,
tu frente sin mancilla, donde el pesar se ve;
tus grandes ojos tristes poblados de ternuras,
que con mis labios trémulos y ardientes cerraré;

Tus pálidas mejillas de pálidas alburas,
tu boca en cuyo aliento la gloria beberé;
tu cuello que envidiaran las vírgenes más puras,
tus hombros y tu talle, tus manos y tu pie.

Amo también tu espíritu frágil y visionario,
frágil y visionario, dulce y extraordinario
que se encarnó en tus formas tranquilas de vestal.

Y llegaré a tus brazos, a mi pasión abiertos,
como las naves llegan a los ansiados puertos
venciendo los escollos del piélago fatal.

Por ese tiempo, vientos de libertad sacudían el alma de Hispanoamérica. La independencia cubana era la tea de Martí, y por doquier insurgían voces airadas contra la opresión, ya política, ya económica o social.

En México bramaba el verbo ronco de Salvador Díaz Mirón y su poesía —nuevo Caballo de Atila— quemaba como plomo derretido. Muchos polluelos siguieron tras la estela diazmironiana. Amén de Altamirano en México y Almafuerte en la Argentina, montaron rojo corcel González Prada y Chocano en el Perú, e igualmente Blanco Fombona en Venezuela. Los pujos de este titán sumieron en constante pesadilla a Juan Vicente Gómez, y la ternura de sus endechas adormecía de amor a muchas evas de América y Europa.

La América Central no estuvo sorda a esos reclamos. Mientras desde la cárcel de Guatemala Ismael Cerna apostrofaba, en candente endecasílabo, a Justo Rufino Barrios, —"¿qué? Ya ves que ni moverme puedo— y aún puedo desafiar tu orgullo vano. A mí no logras infundirme miedo —con tus iras imbéciles, tirano—. José Antonio Domínguez, en Honduras, a través de su soneto "La Musa Heroica", instaba a los poetas a erguirse altivos "en la social pelea". Juan Ramón Molina, haciendo lo propio desde su tribuna de Quezaltenango, le decía:

A UN PERIODISTA

Que una tizona en tus valientes manos
la noble pluma con que escribes sea,
para entrar indignado en la pelea
a herir traidores y a matar tiranos.

Haz que muerdan el polvo los vilanos:
a áulicos y serviles pisotea,
infunde a aquel que tus escritos lea
fuerza de acción y alientos soberanos.

Que tu rotunda y magistral palabra
tocando cráneos en la plebe estoica
agujeros de luz en ellos abra;

y de allí surja hermosa y fulgurante
la libertad, como Minerva heroica
de la cerviz de Júpiter tonante.

Como se verá después, Domínguez y Molina fueron muy buenos amigos y a ambos les estaba reservada la gloria de compartir la jefatura del movimiento modernista hondureño, aglutinando de esa manera al más brillante grupo de literatos que ha dado la Patria de Lempira, desde la Independencia hasta nuestros días.

CAPÍTULO IV: VUELA CON EL ÁGUILA

Nueva Presencia en Ciudad Guatemala. —Mal de Patria. —"El Águila".

I

Yo lo recuerdo por su modo
y por su orgullo de gran señor;
porque cuando hablaba, todo
irradiaba en su derredor....

Porque vivió siempre beodo
de ideales, de ensueño y de amor:
y sobre su cuerpo de lodo
su cerebro era un gran fulgor.

Y unió con fuerza y con ira
al arco de oro de la lira
la espada del Conquistador.
¡Y sólo prestó acatamiento
a los príncipes del talento
y a las marquesas del amor!

II

Vuelves trayendo cual Sigfrido
la espada Victoriosa y fuerte:
y si el laurel se ha estremecido
tu ceniza en luz se convierte....

Pero, cuánto tiempo sin verte!
Oh, el bienamado y bienvenido!
¡El rey que triunfa de la Muerte
y del Dolor y del Olvido!

Te dice el río: ¡hermano mío!
los montes ebrios de rocío
brindan su miel a tu león;

y con dolorosa alegría
la alondra canta: ya es de día,
¡Juan Ramón! ¡Juan Ramón!

RAFAEL HELIODORO VALLE.

Después de una ausencia de casi cuatro años, Molina se reintegra a Guatemala, dispuesto a saturarse de las duras disciplinas de Justiniano y a hacer la digestión de códigos, pandectas e institutas. Pero al sólo poner el pie en los umbrales de la Universidad, una mano poderosa le da el halón misterioso que lo lanza a media calle, sumiéndolo en el remolino de la pasión poética. Era la mano del Destino, de su propio destino, glorioso y trágico a la vez.

David Vela, en breve ensayo intitulado "Rastros de Juan Ramón Molina", refiriéndose a esta parte de su vida, dice: "En 1896 está de nuevo Juan Ramón Molina en Guatemala, y vive con pobreza de estudiante y mal ocultas aspiraciones de gran señor. El dos de abril pronuncia un discurso ante el monumento del General Justo Rufino Barrios, cuyo texto editó después la Tipografiá Nacional, tratando de preferencia el problema de la Unión Centroamericana y la necesidad de reintegrarnos a una Patria más grande y digna. En ese mismo año colabora en "La Ilustración Guatemalteca", publicando Plenilunio, soneto en que se advierte su novedoso pincel de gran paisajista...".[12]

El soneto en mención es éste:

Pálida luna: tu fulgor de plata
que tras las noches lóbregas vacila,

---

[12] David Vela. Rastros de Juan Ramón Molina. Revista Cultura, Ministerio de Educación de El Salvador.

187

por la callada inmensidad tranquila
en impalpables rayos se dilata.

Te toca el ruiseñor su serenata
desde la rama que en el bosque oscila,
y, en tu redonda y mágica pupila,
una mortal tristeza se retrata.

La impenetrable lobreguez alegras,
cuando surges —ciñendo tu aureola—
tras las montañas ásperas y negras;

Y ronco te saluda con sonantes
salvas el mar, al remontarte sola
sobre sus vastas aguas palpitantes.

Su producción de esta época es copiosa y sólida. Ya ha sacado su
carta de ciudadanía modernista y su patente de precursor. De entonces
dala su soneto A la Exposición Centroamericana, en que condena el
error de la desunión y considera llegada la hora de que las cinco
hermanas se sienten a la mesa familiar, iluminadas por un solo
pensamiento y cohesionadas por una sola voluntad. Tanto su poesía
como su prosa van experimentando una especial transfiguración.

"Diario de Centroamérica", fundado allá por 1880 y que entonces
dirigía Don Alberto Beteta, le ofrece sus columnas, y allí publica por
primera vez su gran poema El Águila, que pronto habría de figurar en
"Honduras Literaria", antología de prosa y verso preparada en
Tegucigalpa por Rómulo E. Durón. Otro trabajo suyo de gran valor es
un artículo que se refiere al Nuevo Mundo.

En verso buriló un recordatorio para Julián del Casal, aquel
cubanito atormentado por "el mal del siglo", autor de Nieves y
Bustos, de Rimas y de Hojas al Viento, iniciador como Martí; y quien,
un año antes de su muerte, tuvo el agrado de conocer a Rubén Darío
en La Habana, cuando éste caminaba rumbo a Europa.

La producción de Molina avanza cada vez hacia planos
superiores. La "Ilustración Guatemalteca" le publica ciertas

estructuras líricas bajo el nombre genérico de "Intimas", que llaman la atención por su finura y originalidad. Atisbos de tal atrevimiento no hacían su aparición desde las célebres "Rimas", de Béquer, y las "Doloras y Humoradas", de Campoamor:

Mi corazón se volverá una rosa,
mi cerebro azulada mariposa
y mi cuerpo un trigal;
y con la miel que mis entraña crispa
en el ramaje formará la avispa
dulcísimo panal.

XXX

Tan apasionado y vivo
fue el beso que de repente
te dí sobre el labio esquivo
que con ese beso vivo
besándote eternamente!

XXX

Yo conozco también el cuervo lúgubre
que viera Poe, el soñador maldito,
en su morada entrar:
y ha contestado con su voz sarcástica
a todas las preguntas que le he hecho:
¡Jamás! ¡Jamás! ¡Jamás!

Hay base para creer que se han quedado sin publicar varias de estas composiciones, primas hermanas de la endecha, de la balada y del madrigal, por más que algunas aparecieron como hojas del "Libro del Alma":

Al expirar la desgraciada niña
ni un lamento se oyó,
sólo una golondrina en un alero
muy triste se quejó.

Ni una lágrima tierna al enterrarla
fue la tierra a mojar,
sólo la aurora derramó en su huesa
su llanto matinal.

Ni una corona, ni una flor sencilla
en su tumba se ve.
sólo, quizá arraigando en sus entrañas.
ha brotado un ciprés.

Todos han olvidado ya a la huérfana
que yace en el panteón,
sólo, para que viva en este mundo,
nunca la olvido yo!

XXX

Al contármelo, en el alma
sentí una pena infinita
y llorando te maldije,
te maldije, vida mía;
pero al mirar en tu rostro
tu casta y dulce sonrisa,
dije con voz temblorosa
que la indignación subía:
¡No es posible lo que cuentan!
¡lo que cuentan es mentira!

XXX

Dicen que rompes en burlonas risas
cuando te hablan de mí,
y yo también me suelto en carcajadas
cuando me hablan de ti.

De esta manera no se sabe a fijo
quién tiene la razón,
más, si quieres saberlo, pon la mano
sobre tu corazón.

XXX

Aunque alevosamente
me insultas por detrás con voz airada
cediendo al aguijón de tus enojos,
bien sabes que si clavo en esa frente
un momento siquiera la mirada,
¡pálida y triste bajarás los ojos!

Después de una nota consagrada a Pérez Escrich, Molina publica
finalmente su poema Anhelo, no tan importante por sus esencias
líricas cuanto por encerrar el germen de una prematura melancolía
que en breve tiempo irá debilitando el penacho de sus inveteradas
rebeldías. De ese mismo tiempo data La Calavera del Loco, poema
que el autor dedicó a Flavio Guillén, el ilustre educador chiapaneco,
quien años después ocuparía la Gobernación de su Estado natal, que
forma parte de los Estados Unidos Mexicanos.

El licor y el sexo le hacían ya, con más frecuencia "sus misteriosas
señas", invitándole a degustar hasta límites exhaustivos la rubia miel
de refinados paraísos. Y él obedecía dócilmente. porque traía la flor
de lis del suplicio tatuada en la viva piel. Ya se encargarían de todo lo
demás las lecturas de Poe, Baudelaire, Nórdau, Wylde, Silva, Herrera
y Reissig, Vargas Vila y Compañía....

En 1897, víctima del "mal de patria", dispone regresar a
Honduras. Su situación financiera es en manera alguna halagüeña;

pero sus hermanos guatemaltecos lo apoyan una vez más para que pueda realizar el viaje. Llega a Tegucigalpa y da a conocer varios de sus mejores poemas. En el tomo en verso de "Honduras Literaria" hacen su aparición definitiva: "El Águila", "Después que Muera" y "La Hora Final", así como una serie de sonetos finamente cincelados: "Al Sol", "La muerte del León", "La Caída de Luzbel", "Vino Tinto", "La Ola", "Viendo el Mar", "La Selva", "El Jardín", "Nerón", "La Fragua", "Ante el Espejo" y "A Una Virgen".

CAPÍTULO V: DETENIDO Y HUMILLADO

"...Nació este poeta en Tegucigalpa, Capital de la República de Honduras, en nuestra Pentápolis centroamericana. Quiere decir que es el hijo incubado en las entrañas de la patria chica. Estamos aquí frente al caos doloroso, entre otros, de Juan Ramón Molina. Su gran numen, con una atracción fatal hacia el terruño, fue su condenación. Rubén Darío y Gómez Carrillo, obedeciendo al mandato imperativo de predestinación, se amarraron la sandalia a tiempo y dejaron atrás, en el éxodo glorioso, a las beocias repúblicas maternales. Molina, en cambio, vivió circunscrito a la aldea natal, y la aldea natal, que no podía perdonarle la superioridad de su genio, se vengó de él, crucificándole el numen primero, y enclavando después al hombre en el madero de la miseria y haciéndole apurar en el instante final toda la acritud de su fracaso...

Molina, dicho está, no fue, no pudo haber sido lo que se llama un poeta temperante. La mediocridad y la temperancia son a menudo dos cosas unidas por un signo de identidad. Sólo los poetas mediocres se preocupan de ser castos y temperantes, para defender lo que ellos llaman "la virginidad de su numen". Molina era un poeta desaforadamente dionisíaco. Cuando le conocí —lo recuerdo bien— sus borracheras cotidianas eran el escándalo de su parroquia. El alcohol, este hermano de los grandes poetas malditos, fue su ángel bueno, su más constante Cirineo en el dolor y el infortunio. Él no bebió absintio en las mesas de los cafés ilustres. Como Paul Verlaine, bebió en sospechosos fondines un néctar blanco, más terrible todavía que el de las negras visiones poeneanas. Pero el aguardiante, aquel alcohol de vergüenza y de infamia que él ingería en compañía de bandidos y prostitutas, fue para él como un seno mágico que le nutrió las más acerbas y hermosas canciones...

SALATIEL ROSALES.

En regresando a Honduras, Juan Ramón intenta una vez más continuar sus estudios de Derecho, convencido de que las bellas letras, si bien proporcionan honor y nombradía, son incapaces de asegurar por sí solas un nivel mínimo de bienestar. Sabe bien que el poeta de su siglo es una especie de paria, obligado a vivir a salto de mata, hasta que un día lo crucifican en contra madero de la incomprensión.

Si a la luz de nuestro tiempo los artistas tienen que andar las de Caín para cubrir las exigencias de una vida medianamente aceptable, ya podéis imaginaros la edad aquella en que al poeta se le consideraba como un ente espiritual, divino casi, que vivía del aire, ajeno, por lo tanto, a las necesidades de los demás mortales. Al aedo se le rendía una genuflexión, o se le colocaba una flor en el ojal, pero jamás se le ofrecía una oportunidad material por el temor de lastimar su dignidad ultrasensible...

No obstante la vigencia de aquel criterio paradojal, el Gobernante de turno, Doctor Policarpo Bonilla, hombre de ancho miraje y profunda ilustración, llamó al recién llegado para ofrecerle la Sub Secretaría de Fomento y Obras Públicas. Y Molina aceptó el cargo porque éste, amén de ser un medio de servir a la Nación, le representaba el chance de asegurarse una subsistencia decorosa.

"Molina, no siendo filósofo como Reyes (el Padre José Trinidad, autor de Las Pastorelas) no se contentaba con reír cuando el estómago lloraba...".[13]

Pero al poco tiempo de actuaciones, su espíritu reacio a complacencias y compadrazgos, sufrió fuerte desengaño al constatar cuánta ropa sucia flota en las aguas pestilentes de la política criolla. Por eso, sintiendo verdadera lástima hacia aquellos funcionarios que, según su decir, se pegan como ostras a la roca oficial, interpuso la renuncia para volver a su arena favorita: el periodismo.

Ahí sí, el calamar estaba en su tinta. Actuando. ¡Y qué actuación!

Atacando y aguantando. Nuevo Quijote contra el molino de los intereses creados. ¡...Cómo había de malandrines y follones, gordas las posaderas de tanto exprimir las ubres presupuestarias!

De este modo le vemos fundar el diario independiente "El Cronista" cuyo primer número vio la luz el 28 de agosto de 1898,

---

[13] Humberto Rivera Morillo: Juan Ramón Molina", Panorama das Literaturas das Américas, Vol. II. Edicoes do Municipio de Nova Lisboa, Angola,1958.

habiéndose mantenido hasta el 15 de julio del año siguiente. Dos días después, o sea el 17 de julio de 1899, El Cronista se fundía con El Diario, formándose El Diario de Honduras, bajo la dirección del propio Molina y fungiendo como Gerente el General José María Valladares, propietario de la "Imprenta Popular".

Víctor Cáceres Lara, historiador y poeta de aquilatado prestigio, reconstruyendo las huellas de Juan Ramón Molina, al tocar este pasaje, nos relata: "Durante este tiempo el poeta realizó una labor múltiple y de muy valioso contenido. En algunas oportunidades ejerció con magnífico éxito la oratoria. Otras veces, con el seudónimo de Don Diniz escribió artículos de crítica literaria, más bien terribles invectivas contra elementos que no escribían como él deseaba que se escribiera, o que le caían mal por algún motivo. Muy raras veces publicó poemas suyos en la columnas de su periódico; pero sí en una ocasión y por primera vez en Honduras, su gran poema El Águila. También por ese tiempo el pueblo hondureño leyó numerosas poemas suyos en el tomo en verso de Honduras Literaria, afirmándose, de manera definitiva, su prestigio de príncipe de las letras nacionales...

En 1898 intervino en la política vernácula, ayudando a la candidatura del General Terencio Sierra, de quien se consideraba amigo personal. Por desgracia, la misma noche en que se celebraba la transmisión pacífica del mando, el 1° de febrero de 1899, el autócrata lo hizo echar de palacio porque se permitió sugerirle ideas de Gobierno en un brindis que hizo. El 14 de abril de 1900, Molina insertó en Diario de Honduras un apólogo de Benjamín Franklin llamado "Un Hacha qué Afilar", y a consecuencia de este acto que el gobernante consideró hostil, fue puesto en prisión y se le mandó a trabajos forzados sin la más mínima consideración a sus grandes méritos; a su alta investidura de sumo pontífice de las letras nacionales. Es necesario decir, para que se comprenda hasta dónde eran de espesas las sombras de este tiempo, que no hubo una voz, una tan sola, que públicamente denunciara el atropello que se hacía a la persona de Juan Ramón Molina y la violación de principios contenidos en la Carta Fundamental que había suscrito el mismo Terencio Sierra como Diputado por Tegucigalpa.

El propio "Diario de Honduras" se hizo el disimulado y se concretó sólo a publicar una gacetilla hablando del retiro de Juan Ramón de la dirección del Diario...".[14]

La relación anterior contiene dos aspectos que ameritan comentario: las invectivas de Molina contra personajes e instituciones de Honduras y del exterior, y su prisión acompañada de trabajos forzados.

Son dignos de mención los ataques virulentos contra don Agustín Mencos Franco, historiador y poeta guatemalteco, de filiación conservadora; contra don Antonio Batres Jáuregui, también historiador de gran prestancia, amén de diplomático y lingüista; contra la Real Academia de la Lengua; contra el mismo Ramón Verea, cuyo panegírico hiciera él, años atrás allá en Quezaltenango, y, en fin, contra todo lo que hallaba por delante cuando el demonio de la destrucción se le metía en el cuerpo.

Es también famosa su polémica con el periodista Ricardo Contreras, quien en su órgano El Avisador publicó una serie de artículos acerca de Justo Rufino Barrios, juzgándolo superior a Morazán. Hay que ver cómo reacciona Molina, castigando semejante herejía. Y lo hace en una prosa que no por comedida es menos fuerte, reconociendo capacidades en el periodista Contreras y excelentes atributos en la persona del Reformador. Llama la atención este comedimiento, bastante desusado por cierto en sus tácticas de lucha. Pero es que él mismo sentía admiración hacia don Justo Rufino Barrios, tal como lo probara el 2 de abril de 1896, en Guatemala, en aquel discurso que le comisionó el Presidente Reina Barrios, sobrino de don Justo Rufino.

Él no olvidaba las atenciones de Reina Barrios, quien siempre le honró con su especial estima. El cinco de septiembre de 1897 —para

---

[14] (Honduras literaria, Septiembre Octubre 1963, Tegucigalpa, D.C.), afirma que el cautiverio del Poeta se debió a ciertas injurias contra una recua de palaciegos que se autodenominaban "intelectuales". Dice, además, que el encarcelamiento duró sólo tres días, pues al saberlo el Gobernante, dio orden de que lo pusieran en libertad. Torres Ramos atribuye a "la maledicencia periodística" el incidente originado en la reproducción del apólogo de Franklin.
No obstante la seriedad que caracteriza al autor del referido artículo, siempre tendremos como válida la versión aceptada en el cuerpo de este libro, mientras no se aduzcan probanzas de mayor peso.

el caso— el Gobernante lo había sentado frente a él en un banquete donde figuraban notables intelectuales como el novelista Enrique Martínez Sobral, el preceptista Francisco Castañeda, el orador Rafael Spínola, el historiógrafo Aguirre Cinta, y otros.

Pero, volviendo a lo de las invectivas, reproduzcamos algunos trozos de las mencionadas, dejando para mejor oportunidad la arremetida brutal contra el poeta colombiano Julio Flórez, y contra sus compatriotas hondureños Ramón Rosa, Álvaro Contreras y Adolfo Zúniga, a quienes él mismo había elogiado en anteriores ocasiones.

En su artículo intitulado Mencos (1902), dice: "He leído casi todo lo que los escritores untramontanos de Guatemala han dicho desde que Mencos soltó la pluma para siempre. Unos le han llamado periodista insigne; otros, concienzudo historiador; muchos, inspirado poeta y brillante literato, y los demás, talento de primer orden, gloria de las letras centroamericanas, etcétera. Sobre el ataúd de Mencos, que era una inteligencia mediocre, todos han ido a arrojar sus prosas vulgares y sus espuertas de ripios. La verdad: no quisiera ser el muerto... Mencos, —ya lo dije—, era una inteligencia mediocre que vagaba en el tránsito de una vida inferior a otra superior. Su morbosa afición por el polvo de los archivos coloniales; su odio africano por todo lo nuevo; su prurito de atacar a los jóvenes porque eran jóvenes; su fanatismo recalcitrante y su estética, contemporánea del megaterio, todo indica que era un tipo retardado en el nuevo movimiento intelectual, que nunca comprendió ni pudo comprender porque no lo permitió su organismo psico—biológico....

Y, saltando varios párrafos del mismo tenor, leemos:

"Yo creo, de muy buena fe, que no fue poeta, ni historiador ni crítico. Como poeta, sus composiciones son pedestres, vulgares y sin inspiración; como historiador, su ensayo sobre Morazán es una urdimbre de embustes y calumnias: y como crítico no tuvo el talento de adivinar que ya no se juzga a los escritores y versificadores con un texto de gramática en la mano, sino con un procedimiento psicológico, del cual Mencos no tuvo idea... Y después de esto, pueden seguir llamándole insigne e ilustre los que no tuvieron un elogio para el admirable Domingo Estrada, el exquisito traductor de Hugo y Poe, el brillante estilista, uno de los más finos intelectuales de la América Central… Pero Estrada no escribió para que lo leyesen las amas de huéspedes, ni elogió a los clericales para que le cantasen responsos a su muerte, ni hizo nada por su gloria… Entregado al nirvana de sus dolores, cuando llegó la muerte, se abandonó en sus brazos como en los de una querida, importándole poco que arrojaran sobre su sepulcro ramos de elogios marchitos, ni que Mencos le calumniase como lo hizo…

El periodismo recalcitrante de Guatemala ha perdido con la muerte de Mencos a uno de sus más sombríos apóstoles, y la crítica valbuenesca a uno de sus mejores discípulos. ¡El arte humano no ha perdido nada!".

Al Doctor Antonio Batres Jáuregui, por un artículo en que este escritor aboga por que se incorporen al léxico castellano algunos términos autóctonos extraídos del quechua, del quiché, del aimara, del azteca y demás lenguas americanas, le hace una violenta réplica encabezada por ataques al autor, de quien dice que no obstante ser tenido en Guatemala como escritor muy competente, no faltan los que afirman que es más el ruido que las nueces y que su erudición es postiza.[15]

Y a propósito de la elección hecha por la Real Academia para llenar la vacante de don Emilio Castelar, elección en la cual, a pesar de las intrigas, obtuvo mayoría el joven novelista Jacinto Octavio Picón, Molina apunta que este mismo hecho da idea del estado decadente de la célebre institución.

"Claro está —prosigue— que los conservadores de la Corporación, que desgraciadamente son los más, intrigaron para que la candidatura de Picón saliera vencida, y hasta faltaron algunos a la sesión; pero, a pesar de sus esfuerzos, el novelista obtuvo el triunfo por un voto, y al fin ha logrado sentarse entre los viejos mochuelos de la Calle Valverde, lo que, por cierto, no es honra mayor… Si no fuera que en ellos hay algunos ingenios distinguidos —Valera, Menéndez y Pelayo, Núñez de Arce, Pereda, Galdós, Campoamor, Echegaray— la tal asociación no valdría nada porque los demás son escritores

---

[15] Tiempo después—en 1906—Batres Jáuregui y Molina se encontraron en Nueva York, rumbo a Rio de Janeiro; y merced a la feliz intervención de un amigo común, el Doctor Fausto Dávila, departieron cordialmente durante todo el viaje, haciéndose buenos amigos.

dogmáticos, sin estilo propio, zurcidores de prosas indigentes y de sonetos arcaicos, o son sabios de pega, chapados a la antigua, atiborrados de una ciencia metafísica y falsa"...

"Así se explica la parcialidad con que las Academias proceden siempre a la elección de algunos de sus miembros, lo mismo que su torpe conducta con hombres de grandes méritos. Así se explica que la Academia Francesa haya postergado hipócritamente a Descartes, Moliére, Rousseau, Balzac, Flaubert y Zola, dándole su voto a cualquier medianía como ha tenido en su seno, desde que el viejo Richelieu la fundó con el propósito de extender la influencia de la lengua francesa en las cortes europeas"...

"La conducta incorrecta de las Academias poco a poco les ha merecido el desprecio de la gente de talento y la rechifla del público, hasta el extremo de que poetas y escritores han ridiculizado cruelmente a sus miembros, haciéndoles blanco de sus sátiras y epigramas... En vista de lo dicho, algunos han pedido y siguen pidiendo que se supriman las tales Academias por inútiles, nocivas... dispendiosas..."

Este era Juan Ramón Molina metido a censor: Catón finisecular.

Menos mal que, desde fuera, el peligro de una represalia era lejano e improbable. Pero usar el mismo termocauterio para las llagas locales, eso sí era coger el toro por los cuernos. Aquí el peligro, cierto e inmediato, estaba en razón inversa del cuadrado de la distancia. Pero él le daba espaldas a la realidad; y si no, leamos la caricatura que hace de Tegucigalpa, esa misma Tegucigalpa que antes y después de él ha sido fuente de inspiración para intelectuales y artistas, nacionales y extranjeros.

"Los domingos tegucigalpenses son un bostezo sin fin. En algo deben asemejarse a los de Londres. Por la mañana, los bronces parroquiales, sonados desapaciblemente, llaman a misa. Se ve por las calles alguna devota asmática o alguna niña en sus floridos abriles, luciendo todos sus alfileres. Concluida la función religiosa, los gomosos locales, verdaderos lechuguinos echados a perder, flirtean en la puerta del templo, con bocas de simio. Da ganas de suicidarse de las doce a las tres de la tarde, tal es la fúnebre desolación de las calles. Cerrados herméticamente los almacenes, donde babeaban soñolientos, tras el mostrador, los mozos aspirantes a mercanchifles, la vida comercial se estanca.

Como son los últimos días de la estación seca, el paseante se expone a caer muerto sobre el empedrado, que parece, lamido por la luz cenital, un deslumbrador reguero de ascuas. No queda más remedio que meterse en las cantinas a beber cerveza o copas de whisky malísimo. O que colarse en el barullo de la tradicional gallera, a hacer, en una atmósfera de tabaco y de macho en celo, apuestas ridículas por el melcocho o el giro. Por la noche, la faz del domingo se espiritualiza. La juventud del día, estirada, con lo mejor de su guardarropa encima, se pasea en el Parque Morazán, en rebaño, fuma detestables pitillos o plebeyos cigarros puros, haciendo la corte a las muchachas lindas, meticulosas y mal trajeadas, todo al son de los cobres de la banda marcial.

A las nueve y media, Tegucigalpa duerme el pesado sueño de las ciudades vegetativas. A pesar de su ligero baño de modernismo, es una población a la antigua, melancólica y bostezante, y sin tráfico ni vida. Quitándole los prestigios del Gobierno, esto se convertiría en un camposanto. Faltan el ir y venir de los carruajes, el rumor de los tranvías, la premura de las gentes ocupadas, el susurro de la colmena humana, inquieta y laboriosa; en fin, todo lo que da carácter a las capitales modernas, arrolladas por los rugidos de las locomotoras y máquinas de vapor. Cuando uno llega a esta población, después de haber vivido en otro país por mucho tiempo, se atedia lastimosamente, casi se ahoga en estas calles torcidas, jibosas, estrechas y empedradas de mal humor.

Pero el ambiente, letárgico y asfixiante, secuela adentro como una pulmonía. El repatriado concluye por echar grasa, andar con paso de plantígrado, hacerle a todo bicho la zalema de reglamento y meterse en las hablillas del vecindario, que es como meterse en un catre con chinches o en un zarzal con garrapatas. Tan cierto es que el hombre tiene que adaptarse a todos los medios, so pena de morirse o de que lo maten".

Hasta aquí la sátira, que por su forma es perfecta, como arrancada de un libro escrito en el Siglo de Oro. Pero en cuanto a su contenido, aun admitiendo que fuese verdad lo dicho, ¿no es capaz de ampollarles la piel a tanto lechuguino, a tanta devota asmática y a tanto gomoso impenitente?

A lo mejor, cualquiera beata de aquellas pudo habérsele acercado, espetándole:

— "Pero, m' hijito, ¿y por qué tantos tufos?... ¿Y diónde sos vos?".

Para retirarse luego, mentándole a la familia hasta su quinta generación.

Este estilo, a veces violento, a veces mordaz —disolvente siempre— le granjeó muy pronto al joven periodista una atmósfera de general antipatía. Las gentes admiraban su talento, pero censuraban su arrogancia y engreimiento. Sufrió provocaciones e insultos a granel, y se vio envuelto en repetidos incidentes de palo y puño, como el escenificado con Rómulo E. Durón en el Parque Morazán. Es el caso que este notable investigador acababa de publicar (1904) un interesante libro sobre la Provincia de Tegucigalpa en el Gobierno del Alcalde Mallol, por el cual Molina lo atacó groseramente, no obstante que Durón le había prodigado a él amplios elogios en su Honduras Literaria. Como ya se explicó, la cosa vino a desembocar en un intercambio de bastonazos y pescozones, ante la alarma del público, justamente impresionado por la alta nombradía de dos protagonistas.

De otro lado, ya el alcohol comenzaba a erosionar su voluntad, debilitándole los frenos inhibitorios y permitiéndole —por ende— cometer muchos actos fuera de orden. Si en estado de abstinencia era Molina de suyo soberbio y desafiante, ya puede tenerse idea de un Juan Ramón ardiendo al soplo de los nepentes![16]

---

[16] Arturo Oquelí, sabroso narrador terrígena, nos hace de Molina estos recuerdos: "A cortos pasos de la casa de mi madre, Isabel Oquelí, y en la residencia de doña Dominga V. de Cuéllar, vivió por espacio de muchos años el gran Juan Ramón Molina, entonces joven, lleno de vida, soltero. En aquella época yo era un adolescente, adorador ferviente del Poeta. Molina, al comprender mi devoción por su estro, de la noche a la mañana me estimuló nombrándome su principal mandadero. Yo tenía el privilegio de ir a comprarle aguardiente al estanco de Joche Lanza...!". De aquellos lejanos días aún recuerdo la apostura gallarda del poeta y su amor a las hembras que, encabritadas por el macho, se disputaban sus brazos... "Molina era un poeta admirado por sus compatriotas, pero no era un hombre querido: pagado de su tipo griego, del corte de su sastre y de su verbo, se gastaba una pedante prosopopeya; a la mayor parte de la gente la veía como a trasto viejo. Una de las personas que le dispensaron cordialidad sin cortapisas fue doña Aurelia de Vives Monjil. Doña Aurelia estimaba a Molina, no como a un simple amigo, sino

En su olímpico desdén hacia todos los intelectuales de entonces, apenas profesaba estimación por una estrecha minoría de compatriotas. Entre otros gozaban de este privilegio los juristas Rafael Alvarado Manzano, Pedro J. Bustillo y Policarpo Bonilla; los literatos: Esteban Guardiola, Froylán Turcios, José Antonio Domínguez, Adán y Augusto Coello, Jeremías Cisneros, Luis Andrés Zúñiga y algún otro. Al General Manuel Bonilla lo consideraba como el Mecenas de Honduras; y a fe que no podía ser de otro modo, pues a este gobernante debía él su pomposo nombramiento de Sub Director de la Escuela Militar, nombramiento puramente ornamental, pues su única función era cantar. Para ese fin, el General Bonilla lo mantenía prácticamente enjaulado en Casa Presidencial, debiendo pedir

---

como a un miembro de su familia y las puertas de su casa siempre estuvieron abiertas al vate hondureño. Recuérdese que doña Aurela era una brillante pianista; tal vez por su espíritu sensible y educación artística comprendía y quería a Molina. El Responso al Padre Reyes escrito el 16 de septiembre de 1905 y cantado el 20 del música. Más tarde Molina escribió su Himno al 15 de Septiembre con música del Doctor Vives Monjil, profesional y compositor de cartel, muy alabado en sus destacadas actividades. Es muy sensible que tan bello canto sea desconocido por la generalidad de la juventud escolar".

El sitio predilecto de Molina para sus disipaciones —prosigue Oquelí—era la Poza de Gaspar, formada por el curso del Río Grande al pie del Cerrito de La Moncada. En sus cuchipandas se hacía escoltar por gente disímil. Varias veces le ví seguido del pendenciero Próspero Bambita, del guitarrista don Cruz Managua y del pescador Benito Pelusanga. Al concedérseles el honor de brindar en el pico de la misma botella, se agigantaban y habrían dado la vida por el hombre que los trataba de potencia a potencia. Al terminar con los fondos, no paraba en seco: a fin de continuar las libaciones, mandaba a uno de los compañeros de parranda a vender o empeñar por cualquier cosa, objetos personales como ser anillos, prendedor de corbata, reloj, etc. Cuando Molina suspendía la copa, había que verlo! Primero ordenaba a su estado mayor un aseo general de su vivienda y el arreglo de las cosas tiradas al azar. Después con buenas maneras, despedía a los amigos ocasionales. Si una hora más tarde los encontraba en la calle, no se dignaba mirarlos: ya no era el Molina que habían conocido; ahora era un rey, tal la arrogancia y el desprecio que transpiraba por todos los poros, al caminar sobre las calles y plazas coloniales de Tegucigalpa...". Don Nicolás Urquieta fue un mexicano que tuvo buena aceptación en los planteles de enseñanza de la capital, por su competencia como Profesor de Dibujo y Pintura. Pero empinaba el codo más de lo razonable. En los días de festejo, festejo a Baco que podía ser cualquier lunes, casi siempre "hacían causa común", prolongando las horas amenas. Al concluir con los fondos disponibles, echaban mano de los enseres de la casa, como ser sillas y mesas. Por último, cuando todo se había agotado, se les ve llevar el catre de dormir, Molina de un extremo y Urquieta del otro, rumbo al estanco de Chón Funes".

permiso cada vez que iba a salir, y sin excederse de las nueve postmeridiano. Con dicho régimen se pretendía evitar... ¡O que siempre resultaba inevitable...!

También profesó amistosa devoción al Doctor Alejo S. Lara, a quien dedicó su poema "Águilas y Cóndores", así:

"Para ti, gran inteligencia y gran corazón, que —en el augusto silencio de la amistad— enfloraste mi lira y me tendiste la mano. Mi espíritu augur, a través de la diaria vida mediocre, hace un signo a tu alumna patricia —véneta o florentina —triplemente capaz de amar, sentir y comprender".

El desfavor en torno suyo fue creciendo más aún con sus alardes de paganismo teatral y su ausencia de fe católica en un medio donde, no obstante venir separados la Iglesia y el Estado desde ya lejanos años, los resortes de la religión ejercían un control incuestionable.

En efecto, su literatura de ese tiempo se encuentra saturada de blasfemias y apostasias. Aquel complejo de superioridad, imbíbito en su espíritu desde los propios días de la niñez, la devoción por Federico Nietzsche y su pasión hacia ciertas lecturas orientales, lavaron totalmente —así lo decía él — su fe en la palabra de Cristo, que es mansedumbre y amor. Glosemos:

"La crítica histórica del Cristianismo, hecha magistralmente por Strauss, Fuerbach, Bauer y Renán, ha dado en tierra con el edificio fantástico erigido pacientemente desde el Concilio de Nicea. Hoy la gente ilustrada ya sabe a qué atenerse sobre las verdaderas fuentes de la religión nazarena; no ignora a qué manipulaciones se debe el imperio de los cuatro evangelios canónicos, escogidos entre un montón de manuscritos contradictorios y falsificados que databan de los primeros siglos; y atribuye —más que a Cristo y a sus pobres discípulos, ninguno de los cuales, en cuenta el Maestro, dejó escrita una letra por la fácil razón de que eran analfabetos del todo— la Victoria de la Doctrina de Pablo, el más ilustrado y belicoso de sus propagadores, que, como hijo de griego y de judía, reunió en sí la poderosa dialéctica de los helenos y la desordenada, deslumbradora y agresiva imaginación de los semitas, única capaz de crear ese poema llameante que se llama La Biblia. San Pablo ha hecho más por el Cristianismo que todos los discípulos de Jesús, y pagó la broma con su vida, puesto que —si no me trabuco—, Nerón, que tenía ocurrencias peregrinas, lo envió al cielo del Taumaturgo del Gólgota...".

Y en una crónica sobre los horrores de un terremoto acaecido en San Francisco de California, inserta:

"Vayan ustedes a buscar a Dios: bueno, justo y misericordioso, en este enredo de apetitos, pasiones y bajezas! A Dios, al dios de las religiones que hoy privan en el mundo, hay que darle licencia indefinida, si es que él no se la ha tomado, desde el tiempo inmemorial, aburrido de estar de balde, en un cielo que ha desacreditado el telescopio".

Así como las anteriores, podrían hacerse otras tantas acotaciones. Y huelgan los comentarios.

Con tales antecedentes, Molina estaba catalogado como ateo, como una amenaza social, como l'enfant terrible cuyo castigo revestía la urgencia de una obra de utilidad pública. He ahí por qué El Tamagás de Coray[17], consideró que era el instante de caerle encima, condenándolo a esa Siberia criolla que era la Carretera del Sur. Así lo hizo. Y si en verdad no recibió el beneplácito de ciertas gentes ilustradas, por lo menos contó con su silencio cómplice, mientras los titulares de la mediocridad ensayaban su sonrisa de triunfo. El episodio de su apresamiento se desarrolló como sigue: A eso de las once antemeridiano, Molina fue citado para que compareciera al cuartel San Francisco, donde lo esperaba el Comandante y Gobernador Departamental, Coronel Guadalupe Reyes:

— ¡Estoy dispuesto a pegarte tu jodida por esos ataques al Gobierno!, —rugió el castrense.

El Poeta rechazó el cargo de ataques al Gobierno, explicando que únicamente había hecho reproducir el apólogo de Franklín para llenar un espacio de su periódico, pero sin ánimo de molestar a nadie.

Mas, como el Comandante insistiera en que se estaba aprovechando la libertad de imprenta para atacar a los funcionarios públicos y subvertir el orden, Molina replicó airado, y entonces se trabó una acalorada discusión, preludio de la tormenta que ya se estaba gestando.

---

[17] Apodo del presidente Terencio Sierra.

Pasado el incidente, Diario de Honduras narraba los hechos en un artículo de dos entregas, bajo el título de "Un Atentado Inaudito", el cual finalizaba con una acre censura al Presidente Sierra por no haber tenido escrúpulo en violar la Constitución Política que él mismo suscribiera como Diputado Constituyente el 14 de octubre de 1894. "La libertad de imprenta —decía— no es una concesión sino garantía constitucional; no es un obsequio que hacen los gobernantes sino una conquista que han alcanzado los pueblos después de ir cayendo y levantándose tras la sombra de la civilización. Ningún Gobierno ha caído por haberla respetado, sino precisamente por lo contrario".

Esto era más que suficiente para exasperar al Tamagaz de Coray. pero lo que más le ardió fue saber que Juan Ramón, en rueda de amigos ebrios, burlándose de su ignorancia, —que de paso, no era tal—, contaba:

— No saben ustedes la última? ¡Pues que el bruto de Sierra mandó capturar a Benjamín Franklin!

Era en 1899, en verano, justo cuando el sol patea recio, hasta sacarnos la lengua por cansancio. Molina compartía su celda con Rubén Núñez Romero, un mestizo de su edad, musculoso como toro de las llanuras sureñas y cabal en el culto de la amistad; lo que se llama en Honduras "hombre de una sola pieza". A fuer de copartidarios, se hicieron buenos amigos al sólo conocerse. Dormían juntos, los pies atados con grilletes de tres arrobas, sin poder hablar con nadie, excepción hecha del Semana, un cancerbero exprofesamente preparado para ser la pesadilla de todos los que han sed y hambre de libertad. Cada mañana los grilletes les eran sustituidos por una cadena de peso ídem: el pie derecho de Juan Ramón en un extremo y el izquierdo de Rubén en el otro. Y luego…¡a trabajar!

Las manos principescas sufrieron el primer día su más amarga experiencia. Acostumbradas al contacto del guante y de la pluma, mal podían familiarizarse con el pico y con la azada. Pero a Núñez Romero le sobraban energías para hacer el trabajo de los dos, toda vez, por supuesto, que el guarda se descuidara, lo que ocurría a menudo para irse a buscar agua o sestear bajo los árboles.

El trabajo era de sol a sol, picando piedra, escarbando o botando tierra. Cada pareja de prisioneros estaba vigilada por un soldado con fusil, pistola, machete y cuchillo. La deficiente alimentación y el pésimo trato menguaron muy en breve la resistencia del poeta. La insolación no se hizo esperar, y un día en que el guarda lo sorprendió acezando, acurrucado a la sombra de un carao, se llegó hasta él, baqueta en mano:

— ¿Ajah, puñetero, y vos qué corona tenés pa no trabajar?

Y antes de que el otro respondiese, le descargó dos, cuatro, seis latigazos: y habría seguido de buena gana si Rubén, en ese mismo instante, no le barre los dientes de un trompón. Y de nada le valió al castrense el arsenal que llevaba encima. Se conformó con chismear, para que hundieran por varios días a los dos prisioneros entre las sombras del calabozo.

Algún tiempo después, y libres ya, Molina y Núñez Romero habían de girar alrededor de una figura, la más apasionante tal vez, de la política hondureña en los comienzos del siglo: Manuel Bonilla. Al triunfar la candidatura presidencial de este gran caudillo, Juan Ramón mereció distinciones acordes con su excelsa condición de literato, mientras Rubén se convertía en Ayudante Personal del Mandatario, esto es, en su hombre de mayor confianza. Pero aquel auge político sólo le sirvió al Poeta para exaltar su arrogancia y ampliar el radio de sus escándalos.

El 7 de abril de 1902, un diario capitalino informaba: "Motivos de índole personal dieron margen el sábado a las tres de la tarde a un desafío entre los señores Juan Ramón Molina y Enrique Pinel, el cual debía verificarse en las afueras de Comayagüela, cerca de la falda occidental de Sipile. Llegados al sitio indicado, después de haber caminado juntos, el señor Molina trató de medir la distancia dentro de la cual debían dispararse, lo cual le fue impedido por un terciazo que el señor Pinel le descargó sobre la cabeza, terciazo que en vano pretendió el otro esquivar. Al recibirlo, Molina sacó su revólver y disparó sobre Pinel, causándole una herida en el bajo vientre. Al notar Molina los efectos del disparo, y considerando a Pinel gravemente herido, le dio un brazo para que se apoyara, hasta conducirlo a una casa próxima. Allí mismo fue capturado Molina y conducido a la Policía, de donde pasó a la Penitenciaría. Pinel inmediatamente fue trasladado al Hospital General, donde los Doctores Firty Hernández, por medio de una hábil operación, lograron extraerle el proyectil, el cual no interesó ningún órgano importante. Contra Molina se ha instruido ya el correspondiente proceso, y, dadas las buenas relaciones existentes entre los protagonistas, se estima que el asunto se resolverá favorablemente".

"En el año 1902 —prosigue Cáceres Lara en sus interesantes comentarios— Molina se afilió al partido político que postulaba la candidatura del General Manuel Bonilla y acompañó a éste en la lucha armada de 1903 que culminó con la caída de Tegucigalpa en manos de la Revolución, el 13de abril de ese año. [18]Al mes siguiente, contando con la ayuda del Gobierno, fundó el diario semioficial El Día, y en octubre del mismo año fue elegido Diputado al Congreso Nacional por el Departamento de Colón, cona la mala suerte de que tal Congreso fue disuelto violentamente por el Presidente Bonilla el 8 de febrero de 1904. Después recibió el nombramiento inaudito de Sub Director de la Escuela Militar —un nombramiento parecido al de aquel hondureño que, al venir graduado de Ingeniero Electricista, se le designó Director del Instituto Nacional—, y ambas ciudades lo vieron pasar, vestido de uniforme de guerra, confeccionado por el sastre don Juan Manuel Girón, montando brioso corcel, arrogante como un semidiós y desdeñoso con todo mundo...

En 1905 el Ateneo de Honduras promovió, bajo el auspicio del Gobierno del General Manuel Bonilla, unos juegos florales en los cuales resultó triunfante el gran Luis Andrés Zúniga con su poema Poeta y Aldeano. La noche en que se coronaría la Reina de los Juegos, señorita Mercedes Agurcia, escogida por el aeda triunfador, se daban cita en el Salón de Retratos los elementos más prominentes de Honduras: El Presidente de la República, los exponentes de la intelectualidad, miembros de las esferas sociales, Cuerpo Consular, etc.., etc. En el acto se hizo presente Juan Ramón Molina, vistiendo flamante uniforme, y después del discurso de orden pronunciado por el Doctor Carlos Alberto Uclés, y de la declamación, por Luis Andrés, de su poema premiado, leyó las soberbias estrofas de Río Grande

---

[18] Jesús Villela Vidal, en su folleto intitulado "Los Fundadores de la Antigua Ocotepeque", (Imprenta Ariston, Tegucigalpa, 1963), da fe de haberlo visto en Occidente, luchando entre las fuerzas comandadas por el General Maximino Mondragón.

captándose la ovación más enorme de que fuera objeto a lo largo de su vida atormentada".

Ese poema "Al Río Grande", en el que González Martínez encuentra influencias de Altamirano, fue comenzado en Guatemala y retocado en Tegucigalpa, al reanudar su diálogo con el titán acuático que lo meció en sus brazos bajo el milagro de la tarde ingenua.

CAPÍTULO VI: EL ACECHO DE LA MUERTE

La Generación Tronchada. —El Comando Supremo del Movimiento Modernista.

"Buen poeta, fuerte poeta; pereció víctima de aquel medio matador de todo anhelo intelectual que apaga el alma de Centroamérica. Lo poco que pudo ser, lo fue con el machete en la mano, en guerras de su tierra. Apenas una vez pudo ver un mundo propio para su talento, cuando lo enviaron como Secretario de la Delegación de Honduras a la Conferencia de Río de Janeiro…"

RUBÉN DARÍO. (París, 1908)

Al retornar Molina de Guatemala, solamente dos diarios circulaban en Tegucigalpa: "La Unión", dirigido por Rómulo E. Durón, y "El Diario", mencionado ya, el cual, fundado por el Doctor Adolfo Zúniga, estaba ahora en manos de Alejandro Miranda.

Los de la joven generación, —brillante como la que más —, contaminados de grave mal, se iban tronchando en flor, siguiendo a Manuel Acuña, a Julián del Casal, a José Asunción Silva ya tantos otros convencidos de que, si no apuraban el viaje, los dioses en el olimpo, les harían muy mal recibimiento...

De esta manera se nos fueron en plena matinal los númenes preclaros de Manuel Molina Vigil y Ramón Reyes, como heraldos, marchando a continuación Jesús Torres Colindres, Julio César Fortín y Félix A. Tejeda.

Cierta melancolía tóxica impregnaba el ambiente. Se respiraba un aire de desengaño, y sus emanaciones, por un proceso de ósmosis, circuían el corazón, debilitándolo hasta su aniquilamiento.

La figura más recia de ese tiempo era José Antonio Domínguez, olanchano que alentaba en sus creaciones el potencial de sus llanuras feraces. Más, a pesar de su acertada orientación, Domínguez era un cóndor herido bajo el ala.

En efecto, desde mucho tiempo atrás, el bardo juticalpense sufría los efectos de una neurosis terrible. El revolucionario aquel de la Universidad; el feliz autor de tanta estrofa homérica; el que, trabuco al hombro, se enrolara en las filas de la revuelta armada para entrar Victorioso en 1894; el que reuniera atisbos de vidente en su poesía social, ése, filando el siglo, era un desajustado emocional en la medida exacta que pedía Max Nordau.

Aunque ya había publicado su "Himno a la Materia", poema que es el acta emancipadora de su generación; no obstante haber recibido el reconocimiento que le otorgara el Comando Supremo del Movimiento Modernista, él se debatía bajo la noria de una aplastante melancolía, sufriendo el crudo acecho de una negra psicosis, que, como buitre, le devoraba las entrañas, mientras él, encadenado, sólo pensaba en la única salida: el suicidio, solución que es, por cierto, de puro corte romántico.

De nada le valieron las hermosas oportunidades a que tuvo acceso: Sub Secretario de Educación Pública y Justicia; Diputado a una Asamblea Centroamericana que se celebró en Managua en 1898; Magistrado de la Corte Suprema, etc. Su vida fue un permanente tributo a la soledad. En el barbecho de su aislamiento, mano alguna de mujer sembró rosas de amor, porque Domínguez era tímido como Amiel, con la diferencia de que éste, por fin, a los cuarenta y cuatro años, tuvo su experiencia, su única experiencia erótico—sexual, mientras que Domínguez ni siquiera tuvo el chance de llegar a los cuarenta... En 1902, cuando apenas cumplía treinta y cuatro, se entró por la ventana del suicidio a hacer su noche, su larga y tibia noche con la muerte....

A Molina, quien ya sentía muy dentro la comezón fatal, la muerte de Domínguez le produjo fuerte impacto. El hecho en sí tuvo el contorno de un estremecimiento en los círculos intelectuales de América Central. Pero para el cantor de "El Río Grande" el caso era particularmente impresionante, pues él había visto en Domínguez no solamente a un compañero de letras, sino a su par, comprometido como él a salvar de la carcoma a los titulares de la naciente generación, la cual, "desnuda y con puñal al cinto", se lanzaba a campo traviesa y debía salvarse, no solamente porque Dios es bueno, sino por el reclamo de un destino más sensible a las solicitaciones de su momento histórico.

En una prosa escrita a raíz de tal fallecimiento —digámosle así, por eufemismo, fallecimiento—, Molina hace el recuento de los factores determinantes de ese fenómeno, destacando: a) medio circundante; b) carencia de horizontes definidos; c) asimilación mental deletérea, y d) naturaleza de los ideales políticos y religiosos de Domínguez. El análisis, aunque bastante superficial, puede servir como premisa de una futura indagación acerca de la curva de Molina, quien a la sazón se hallaba en el cenit:

"En un ambiente como el nuestro, de sorda agresión o de indiferencia, el intelectual de veras tiene dos escapatorias para librarse de la muerte por asfixia. O se aísla soberbiamente en su cima, envuelto en su nube, de tal modo que no se digne ver a los genios municipales, acaparadores de la gloria barata y al por menor, o les degüella como si fuesen carneros de un holocausto propiciatorio al Arte, sobre su altar de ripios pacientemente acumulados. Domínguez era demasiado humilde para tomar las actitudes de un Dios, y profundamente altruista para hacerle mal al prójimo, aunque éste fuera un abominable letrado.... Tuvo las alas del gran pájaro de rapiña, más no el pico ni las garras. Ni el grito, ni tampoco el ímpetu. Grave debilidad en un país de caracteres duros, en donde no existe más que una piedad relativa, y donde el mérito, en lo general, se mide por el buen éxito logrado...".

Desde el mediodía de su existencia altiva, ebrio de altura y con la frente al sol, Juan Ramón habla con lenguaje pontifical. El aire de sus montañas hondureñas, inflándole el aliento, le hace sentirse dueño de mensajes superiores, cual un Moisés de fuego dictando los mandamientos de la liberación.

Pero en ese grito de águila, ya salpica una molécula de silencio; en ese penacho férreo, ya hay un principio de enmohecimiento; en esas llamas que ciegan, está implícita la consabida sombra...

Sin embargo, el titán no da su brazo a torcer. Él es un maestro, y está solo. Solo, altivo y rumoroso como el pino aquel de sus lontanos días:

A UN PINO

¡Oh! pino. oh viejo pino de mi tierra.
que del monte en la cima culminante
alzas tu copa rumorosa y verde
meciéndote al impulso de los aires.

¿Cuántos años hará que no se atreven
los rayos de las nubes a tocarte,
como a los compañeros de tu infancia
que calcinados por el suelo yacen?
Al descorrer la aurora en el Oriente
de su balcón los rojos cortinajes,
vio que los pinos que a tu lado estaban
no eran más que pavesas humeantes.

Mientras que tú, de la mortal catástrofe
testigo fiel, erguido te quedaste
lleno de savia y robustez y vida
bañado por las luces matinales.

Más, adherido a la infecunda roca,
con la invencible garra de tus raíces
cual si te hubiese vuelto aquella prueba
más fuerte, más viril y más pujante...

AUTOBIOGRAFÍA

¡Todos cayeron en la fosa oscura!
Fue para ellos la vida un triste dolo,
Y —el corazón preñado de amargura—
me vi de pronto inmensamente solo.

¿Qué se hizo aquel cuya gentil cabeza
era de sol? ¿El jovencito hercúleo
que burlaba en la lucha mi destreza?
¿El dulce efebo de mirar cerúleo?

¿El que bajaba el más lejano nido?
¿El más alegre y mentiroso? ¿El zafio?
¡Para los tristes escribió el olvido,
en el nómade viento, un epitafio!

¡Hada buena la suerte fue para ellos!
No conocieron el dolor. La adusta
vejez no echó ceniza en sus cabellos
ni doblegó su juventud robusta!

Y hablando de generaciones, ¿quiénes formaban la nueva fila de iluminados?

Ocupaba el primer puesto Froylán Turcios, escritor olanchano de la misma edad de Molina, recién reintegrado a la tierruca, después de algunos años en Guatemala, donde hizo vida fraterna con Arturo Ambrogi, Flavio Guillén, Rafael Piñol y otros integrantes de la Sociedad Literaria "José Batres Montúfar". Obtuvo premio con su libro Mariposas, y después hubo de pasar a Costa Rica, en calidad de Secretario de la Legación de Honduras, que recién se le había confiado al General Terencio Sierra. Actualmente Turcios era Sub Secretario de Gobernación y a él se debía el haber fundado el "Ateneo de Honduras", la más conspicua institución de entonces. Desde tempranos años, Froylán se manifestó como un activo publicista, habiendo dirigido algunas revistas de corta duración, como "El Pensamiento" y "El Álbum", en Guatemala, y "La Juventud Hondureña", "El Heraldo", El "Ferrocarril" y otras en la tierra natal, sin que hasta fin de siglo hubiese experimentado la menor inclinación hacia las nuevas corrientes. Toda su producción anterior estaba rotulada old fashion.

La vanguardia contaba con un grupo bisoño, de corta edad y mucho brío: Luis Andrés Zúñiga, Julián López Pineda, Adán y Augusto Coello, Jerónimo J. Reina, Adán Canales, Alonso A. Brito y algunos más. Y aunque procedentes de una camada anterior —sobrevivientes de la Generación Tronchada—, se sentaban también a la tertulia: Juan María Cuéllar, Inés y Miguel Ángel Navarro, Juan Bustillo Rivera, Valentín Durón, Carlos Alberto Uclés, Carlos Cáceres Bustillo y el mismo Rómulo E. Durón.

Miguel Ángel Fortín, Doroteo Fonseca, Juan Ramón Valladares y muchos aedas más, se habían expatriado hacia otras playas centroamericanas.

Era el fin de siglo, y los que, años más tarde, integrarían el batallón Neomodernista —Francisco P. Figueroa, Jorge F. Zepeda, Alfonso Guillén Zelaya, Manuel Zúniga Idiáquez, Rafael Heliodoro Valle, Ramón Ortega, Manuel Escoto, etc.—, armaban por entonces el bullicio en las bancadas del kindergarten.

Justo es también consignar un voto de reconocimiento a un notable literato mexicano que brindó valiosos estímulos al desarrollo de las letras hondureñas. Era el General Manuel Gutiérrez Zamora, a la sazón Cónsul General del hermano país azteca, compañero de Díaz Mirón, Ignacio Mariscal, Gutiérrez Nájera, Ignacio M. Altamirano y Justo Sierra.

La amistad entre Rubén Darío, máximo apóstol del Modernismo, y Juan Ramón Molina, comenzó en Guatemala, como ya se dijo, y estuvo vigente hasta la muerte del segundo, acaecida en noviembre de 1908. Darío siempre mantuvo activa correspondencia con las figuras señeras de las letras centroamericanas: Gómez Carrillo, Soto Hall y Arévalo Martínez, de Guatemala; Gavidia y Ambrogi, de El Salvador: Molina y Turcios, de Honduras; Azarías H. Pallais y Mayorga Rivas, de Nicaragua: Aquileo J. Echeverría y Brenes Mesén, de Costa Rica. Igual tratamiento daba a los representativos del Modernismo en las otras regiones de la vasta comarca, la comarca hispanohablante en cuyo cielo jamás se ponía el sol.

Ya Darío, después de una batalla más o menos fuerte, se había tomado la plaza por asalto. 1888, año en que aparece "Azul". poemario éste debía ser el punto de partida; pero como su evangelio encontrara serias resistencias en España, se vio obligado a ir personalmente para rendir la fortaleza y clavar allá la bandera en señal de posesión. La operación se consumó al salir "Los Raros", en 1893, y, más definitivamente, "Prosas Profanas", en 1896.

Es oportuno recordar que muchas de las figuras consagradas de la Lengua habían puesto el grito en el cielo ante las nuevas modalidades impuestas por Darío, modalidades que no eran otra cosa que la sistemática elaboración realizada por un grupo de poetas hispanoamericanos que, con antecedencias en Salvador Díaz Mirón,

José Martí, Manuel González Prada, Carlos Guido Spano, Rafael Pombo y Antonio Pérez Bonalde, alcanzó una más nítida expresión en Gutiérrez Nájera, Silva, Herrera y Reissig, Casal, y el centroamericano Francisco Gavidia.

La técnica dariana, santo y seña de la nueva generación, sufrió reiteradas interferencias y tentativas de sabotaje por parte de quienes, llevados de su misoneísmo exacerbado o de su orgullo local, se obstinaban en desconocer las excelencias de su mensaje, y, lo que es más grave aún, su etiqueta decididamente americana.

Algunos afirmaron que el legítimo precursor del Modernismo era Salvador Rueda, quien con su libro "El Tropel", —1892—, trasplantó a la sensibilidad española las sutilezas y los ritmos de la poética francesa. Otros, más acres todavía, como Hurtado y González Palencia, tratando de restar todo prestigio al nicaragüense, hacían afirmaciones de esta laya:

"La última evolución de las escuelas liricas francesas del Siglo XIX, parnasianismo, simbolismo y decadentismo, fue introducida en el castellano por el poeta de Nicaragua Rubén Darío: el amor a lo extranjero, que caracterizó especialmente a la llamada generación de 1898, encontró muy a propósito para su afán innovador las nuevas tendencias y de aquí surgió el Modernismo. Las principales características de los poetas modernistas son: uso de metros poco rítmicos y antimusicales y a veces preferencia por versos largos; consagración de lo raro y estrambótico; insustancialidad; falta de ideas, sustituidas con frases coloristas y sonoras; oscuridad para que la interpretación subjetiva de los textos permita a cada lector encontrar cualidades diferentes; inspiración en el amor femenino, bien artificioso —amanerado y petrarquista—, bien fuerte, voluptuoso, concupiscencias, melancolía, pesimismo, escepticismo; irreligiosidad; eclecticismo candoroso, endiosamiento de Rubén Darío y egolatría, y tendencia de dirigirse a un grupo de intelectuales, no al pueblo, como lo han hecho siempre los grandes poetas....".

De entre ese cúmulo de tendenciosas aserciones, sólo dos son verdaderas: la ascendencia francesa del Modernismo y el liderato de Rubén Darío. En efecto, nutrido con leche simbolista y vestido con atuendo parnasiano, el Modernismo concretó en sí las dos máximas corrientes de aquel romanticismo agonizante que murió con Hugo en

215

1885 y que tuvo prosélitos en todas las lenguas, habiendo irrigado las praderas peninsulares a través de Zorilla, Espronceda, Campoamor, la Gómez de Avellaneda, quien allí se encontraba por entonces, Núñez de Arce y Bécquer, en España, y Eugenio de Castro en Portugal.

Aunque siempre es duro clasificar la producción literaria y artística por reinos, familias o especies, como suele procederse en tratándose de seres naturales, no está fuera de orden señalar como antecesores del simbolismo francés a Charles Baudelaire, muerto el año en que nació Rubén Darío, al cubano—francés José María Heredia, a Lecomte de Lisle y, principalmente a Mallarmé, quien ejercía en París una especie de rectorado, pues a su fina sensibilidad aunaba una monumental cultura, con cuyo auxilio solía dictar charlas semanales sobre movimientos de otras lenguas y otras tierras, particularmente Inglaterra, Alemania, Italia y los Estados Unidos. Tuvo numerosos seguidores, por más que muchos de ellos, al adquirir mayoría de edad, se independizaron, buscando nuevos caminos. Entre sus discípulos están Arthur Rimbaud —quizás el simbolista más tipificado—, Albert Samain, Jean Lorrain, Paul Verlaine, más tarde guía del Modernismo, George Rodembach, Remy de Gourmont, Villiers de L'isle Adam y algunos jóvenes hispanoamericanos: José Asunción Silva, Julio Herrera y Reissing y Leopoldo Lugones.

Los simbolistas reaccionaron contra sus inmediatos predecesores, los parnasianos, pues mientras éstos, con El Parnaso de Gauthier como arquetipo, preconizaban la hegemonía de la forma, el retorno al culto helénico, la vigencia del color y la pasión por la estatuaria, aquellos abogaban por una poesía menos desnuda, menos plástica, donde los tules del misterio insinuaran el encanto, provocando esos entrelineados y puntos suspensivos que hieren la imaginación de quienes la degustan. El simbolismo trabaja con sordina, a media luz, permitiendo que, por la parte que del muslo se entrevé, puedan adivinarse los paraísos de Venus.

Ni qué decirlo dos veces. El comandante de los parnasianos era Teófilo Gauthier, a quien secundaban, amén de Heredia y Leconte de Lisle, Catulle Mendes, Francois Coppée, Sully Prudhome y otros. Mas, no obstante las características diferenciales apuntadas, es bien difícil tirar una guardarraya separándolos, y por esa razón no es extraño ver que se dan sus apretones de mano en el cruce de los caminos que regulan el tiempo y el espacio.

"Revolucionarios y libres, místicos y musicales, los simbolistas cultivaron muchos de los temas preferidos por los románticos, sumándole algunos novedosos e impresionantes: el dolor, la soledad y el tedio; el desprecio de las muchedumbres y la búsqueda de paraísos artificiales; la confesión sincera de todas las flaquezas humanas; la ironía, el recuerdo y la nostalgia de una vida mejor; el lujo, el pecado, el ansia de aniquilamiento, y el anhelo de beatitud en la belleza".[19]

Francia, a fines del pasado siglo, —el siglo de las luces—, era el gran taller. Los poetas españoles pusieron el oído atento al frémito de la maquinaria que trabajaba al otro lado de su pared, y no faltaron los que se llegaron hasta allí para afilar sus herramientas. Pero, a decir verdad, todavía no lo conseguían, pese a los esfuerzos de Salvador Rueda.

Sólo a Rubén Darío, hijo de América y nieto de España, poseedor de una antena ultrasensible, le fue dado percibir el intimo secreto para poder dirigir la orquesta en un movimiento que estaría llamado a una gloriosa plenitud.

Pero ya se dijo que Darío no iba solo. Antes de él estaban todos aquellos que levantaron el andamio del edificio. La poética rubeniana era el puente, el eslabón dorado entre el ayer y el mañana. Y muy pronto iban a seguir su huella los mejores aedas españoles y americanos. En efecto, los primeros bandeirantes fueron: Enrique Diez Canedo, Guillermo de Torre, Juan Ramón Jiménez y Antonio y Manuel Machado. Estupor rayano en parálisis causó luego la entrada de don Ramón del Valle Inclán, el de las barbas de chivo. Y tras esa raizosa y patriarcal figura se desprendieron del viejo tronco muchos efebos como Emilio Carrere, Ramón Pérez de Ayala, Eduardo Marquina, etc. Algunos terminaron apartándose; pero la mayoría quedó formando parte del que hoy damos en llamar Comando Supremo del Modernismo, cuyos componentes, a principios de siglo, estaban distribuidos más o menos así: Leopoldo Lugones, Arturo Capdevila, Enrique Larreta y Leopoldo Díaz, en la Argentina; Julio

---

[19] "Poetas Modernistas Hispanoamericanos", Carlos García Prada.

Herrera y Reissig, José Enrique Rodó, Florencio Sánchez y Horacio Quiroga, en el Uruguay: Amado Nervo y Luis G. Urbina, en México; Manuel González Prada, José María Eguren, José Santos Chocano y Ventura García Calderón, en el Perú; Francisco Gavidia, Máximo Soto Hall, Juan Ramón Molina, Enrique Gómez Carillo, Arturo Ambrogi, Azarías H. Pallais, Aquileo J. Echeverría, Froylán Turcios y Roberto Brenes Mesén, en la América Central: Fabio Fiallo y Pedro Henríquez Ureña, en la República Dominicana; Manuel Diaz Rodríguez y Rufino Blanco Fombona, en Venezuela; Ricardo Jaimes Freyre y Franz Tamayo, en Bolivia, y Guillermo Valencia, Víctor M. Londoño, Baldomero Sanín Cano y Antonio Gómez Restrepo, en Colombia.

Gutiérrez Nájera, Martí, Silva y Casal, viajaban ya sobre la ruta de las magnolias eternas.

Si se analiza la producción de escritores y poetas hispanoamericanos de ese tiempo, fácil resulta constatar su factura modernista, porque esta orientación era el común denominador. Ese era el aire que se respiraba, y todos los del oficio, quien más quien menos, utilizaban en sus laboratorios los materiales e instrumentos en boga, únicos de que se disponía. El Romanticismo quedó como una antigualla por la que nadie preguntaba, y ningún distribuidor iba a jugarse carta alguna para surtir a las minorías, compuesta por gente como los Álvarez Quintero, Juan de Dios Peza o Julio Flórez, para el caso.

Y es que, bien visto, el Modernismo, más que una escuela es una edad; más que un sistema, es una constante artístico—cultural; más que una corriente, es toda una cuenca hidrográfica llamada a fertilizar todos los campos de la actividad espiritual. Por eso su acción renovadora ensanchó el mapa de la lengua y dilató los horizontes de la civilización. Perenne es su vigencia y ubicua su actualidad. Es, en función de espacio y tiempo, una categoría concomitante del Clasicismo.

Carlos García Prada señala como "principales características del Modernismo, el cosmopolitismo, el individualismo y con éste la originalidad, la libertad creadora y el retorno a la libertad individual como fuente suprema del pensamiento y la expresión; el eclecticismo filosófico y la audacia en las ideas; la tristeza y la nostalgia; la inclinación hacia el paganismo, dentro de las normas de un cristianismo más sentimental que teológico; la sensualidad refinada, a veces mórbida, y la exaltación de la sensibilidad sobre la razón; la evasión del mundo material, y la consecuente busca de lo remoto, lo antiguo, lo raro y aún lo extravagante: la aristocracia del sentimiento y el desdén hacia lo feo, lo sórdido y lo vulgar; la elegancia y la exquisitez, el amor místico de la belleza, como fin de un arte despreocupado de la moral y de la ciencia positiva; la sinestesia de sonidos, colores, imágenes e ideas; el culto de la forma, plástica y colorista a veces, y casi siempre musical".

Merced a esa envergadura ecuménica, a esa capacidad de polarizar y concretar en sí las corrientes que le dieron vida, sin destruirles sus elementos originales; merced a esa frescura, elasticidad y aptitud para replegarse a las exigencias normativas de cada época, es que el Modernismo —así lo entendemos nosotros— alienta y edifica todavía. Todos los ismos que han sobrevivido a lo largo de este medio siglo, no pasan de ser simples poses y amagos.

Apenas puede admitirse, como hecho operante y válido, la revisión que el Modernismo ha venido sufriendo, esto es, cierta poda exterior acompañada de fertilizantes y antibióticos frente al peligro de enfermedades o avitominosis.

Esa revisión, proceso permanente cuya eficacia nadie pone en duda, fue iniciada por Enrique González Martínez y Porfirio Barba—Jacob, seguidos por un equipo de precursores como Gabriela Mistral, Carlos Pezoa Velis, Víctor Domingo Silva y Ángel Cruchaga Santamaría, en Chile; Francisco Luis Bernárdez, Alfonsina Storni y Ricardo Rojas, en Argentina; Ricardo Miró, en Panamá; Ramón López Velarde y José Juan Tablada, en México; Rafael Arévalo Martínez, Alfonso Guillén Zelaya, Alberto Velásquez, Carlos Bustamante, Rafael Heliodoro Valle, Alfonso Cortés, Ramón Ortega y Julio Enrique Ávila, en Centroamérica; Juana de Ibarbourou, Carlos Sabat Ercasty y Delmira Agustini, en Uruguay; Rómulo Gallegos y Andrés Eloy Blanco, en Venezuela; César Vallejo y José Carlos Mariátegui, en el Perú; Medardo Ángel Silva, en Ecuador; Max Henríquez Ureña, en República Dominicana; Vicente y Luis Palés Matos, en Puerto Rico; Luis Carlos López, León de Greiff y Rafael Maya en Colombia; y la lista sería larga, muy larga.

Preguntaréis ahora por algunos poetas—guias de nuestro tiempo, como Pablo Neruda, Jorge Carrera Andrade, Jorge Luis Borges, Nicolás Guillén, Miguel Ángel Asturias, Roberto Ibáñez, Luis Cardoza y Aragón, etc. ¿Qué palco le está reservado, tanto a ellos como a sus seguidores?

Si toda clasificación envuelve serios riesgos, la de esos exponentes extraordinarios representa una aventura que, hoy por hoy, no emprenderemos. Preferible es dejar que el tiempo haga su obra pues es fundado esperar el advenimiento de una total transformación en el orden artístico—literario, y ojalá entonces, prescindiendo de toda rotulación provisional, podamos obtener fórmulas de permanente e irrecusable validez.

CAPÍTULO VII: TRILOGÍA DE DOLOR

"Entre los astros más brillantes del firmamento literario de Centroamérica, tenemos a José Batres Montúfar, de Guatemala; Rubén Darío de Nicaragua, y Juan Ramón Molina, de Honduras…"
J. WILLIAM CHANEY.[20]

En 1905, a los treinta años cumplidos, justo cuando el talento comienza a dar sus mejores frutos, Juan Ramón Molina, en su radioso mediodía, sentía ya los aletazos de un crepúsculo inminente. La explicación resulta bien sencilla si se trae a la mente el caso de aquellos personajes que pueden vivir tres vidas en una sola.

Los absintios y las lecturas de abracadabra abrían profundas grietas en su voluntad; y aquel orgullo, que era el escudo puesto en el pórtico de su existencia, se desteñía sensiblemente. En ese ambiente propicio se fue desarrollando el virus de su melancolía, del mismo modo en que pueden desarrollarse los bacilos de Koch al amparo de lo que en Medicina se conoce como un estado de menor resistencia.

Es la edad de su vendimia dorada. Ha alcanzado la posesión de una técnica certera. A cada golpe de cincel, salta una chispa, vibra una nota, surge un perfil. El fuego del dolor le va purificando su metal hasta alcanzar la santidad de la expresión. Su obra maestra, la entelequia de su sino emocional, grana y madura por fin en su poema elegíaco Una Muerta, escrito el año de nuestra referencia, vale decir, 1905. El asunto amerita un poco de retrospección.

Dijimos que al sólo volver Molina al solar nativo, sus actitudes poco amistosas y su aire petulante y bravucón le acarrearon la antipatía del pueblo entero, excepción hecha de dos sectores: el de los poetas jóvenes, a quienes él estimulaba y dirigía con amplitud y buena fe, y el de las niñas casaderas, que lo soñaban su príncipe.

Los poetas, en ese lejano entonces, eran más admirados que en los días actuales. Las mujeres refinaban su gusto por el Arte, al tiempo que rezaban el padrenuestro o hacían su labor de aguja cabe los tiestos

---

[20] De Juan Ramón Molina, ensayo Colorado College, U.S.A.

floridos. En cambio, hogaño, los poetas han venido a menos, porque la era de crudo materialismo los ha obligado a dejar su torre de marfil, a cortarse la melena y a prescindir del ajenjo, so riesgo de perecer. Como si esto no bastara, la competencia en afamar se va haciendo más difícil con el aparecimiento en escena de otros especímenes, tales como actores cinematográficos, toreros, boxeadores, bailarines, gánsteres, cantantes, aviadores y pachucos, quienes, amén de ocupar la primera plana de los diarios, manejan con largueza el material que enloqueciera a Midas. El pasaje siguiente puede dar una idea más cabal sobre el asunto: 1947; en una ciudad sudamericana, famosa por su cultura; viajaban en el mismo avión un ilustre poeta y el señor Joe Louis, entonces Campeón Mundial de boxeo. Apretujada en el aeropuerto, una inmensa multitud esperaba y aplaudía. Era fácil suponer que el recibimiento sería para el émulo de Hugo o de Darío; pero, ¡qué va! a éste casi lo pisotea la mesnada, en su locura por congraciarse con el pesado pugilista de ébano...!

Concluida esta digresión, observemos a Molina convertido en el epicentro de rosadas ilusiones. Las más hermosas mujeres sentían hacia él una atracción irresistible, porque, además de su privilegiado numen, concurrían en torno de su figura los dones de una belleza apolínea y de un continente dominador. Esta última faceta de sul personalidad se le había acentuado cuando volvió de la montonera en 1903, usando distintivos de Teniente Coronel.

En el cielo social capitalino reinaba una estrella que era el norte de todo espíritu selecto. Su nombre: Dolores Inestroza, y pertenecía a una distinguida familia con ancestros de ultramar. Los más exquisitos poetas habían escrito en su álbum primorosos madrigales, rindiendo pleito homenaje a su ternura, su belleza y su virtud.

Verla Juan Ramón y enamorarse perdidamente, fue todo uno. La misteriosa abeja picó certera en el corazón, como otrora les aconteciera a Petrarca y a Dante, a Espronceda y a Bécquer. Y el amor, con sangre de lira joven, escribió dos nombres más en la antología de los jardines nupciales.

No obstante ser él correspondido por ella, se presentaron resistencias familiares, fundadas en la poca seguridad que podía ofrecer la vida disoluta del poeta, abiertamente incompatible con la cristiana misión de constituir un hogar serio, armonioso y digno.

El matrimonio, pues, hubo de efectuarse a espaldas del consentimiento paterno, habiendo vivido felices durante algún tiempo, con la bendición de Dios traducida en dos preciosos retoños.[21] Mas las zarzas del ambiente no se hicieron esperar: odios políticos, dificultades económicas, enfermedades y problemas por el estilo, golpearon rudamente el alma del varón, mustiándole la fe. Y el drama culminó con la muerte de Lolita, muerte suave, lánguida, musical, como un suspiro de luna: libelular.

La despedida tuvo en el hombre todo el efecto de un huracán. Recién abrió los ojos para medir la hondura de su dolor y la magnitud de su soledad. Hasta entonces había vivido como sonámbulo inmerso en la maraña claroscuro de un orgullo sin brújula, así, de perfil, negándole concesiones a la luz. Pero ahora la rosa del dolor, de aquel dolor que devoró la entraña de Edgar Allan Poe, de Manuel Acuña, de José Asunción Silva, de Amado Nervo y de los grandes desesperados, le dio el perfume definitivo y la color perfecta.

En su elegía "Una muerta", Molina alcanza semidivinas instrumentaciones. Y a esa altura resulta muy curiosa su vida de retruécano: ayer no más, el cuerpo que pedía alas no podía volar porque el espíritu rastreaba entre jardines poco aromados; y hoy, ese mismo espíritu toca círculos celestes mientras el cuerpo se acopla al ritmo de las cosas pedestres. ¿En qué pueden ascender alma y cuerpo al mismo tiempo?

Bajo la misma clave está inspirado el poema "Tus manos", donde el autor plasma con maestría digna del motivo, la visión de unas manos angélicas sobre un lienzo de nítidas evocaciones.

TUS MANOS

Manos liliales. Manos
como hostias consagradas
que en las secretas misas
del amor adoré;
manos en una nieve
radiosa cinceladas,

---

[21] Hijo legítimos de Molina fueron Bertha y Marco, más conocido éste bajo el apodo de "Cara de Hacha". También tuvo dos hijas reconocidas: Ofelia y Aída

que fui el primero y último
que en la vida besé.
Manos lácteas que fueron
más puras que el armiño,
que tantas veces puse
sobre mi corazón;
manos como las manos
de un ángel o de un niño
manos como las manos
de Juana de Aragón.

Manos mías que tuve
entre las manos mías,
en los tranquilos éxtasis
de amoroso solaz;
en cuyas suaves palmas,
en mis horas sombrías,
hundí, desesperado,
la descompuesta faz.

¡Oh, manos imposibles!
¡Oh, inolvidables manos
que calmasteis, tocándome,
mis fiebres de dolor!
¡Hoy en la fosa os comen
famélicos gusanos,
sin que bañaros puedan
mis lágrimas de amor!

¡Oh, manos descarnadas
y amadas! Que mi suerte
a vuestro lado quiera
mi sepultura abrir,
para que así las manos
de la divina Muerte
os puedan con mis manos
eternamente unir!

Fijándose bien en la estructura de este poema, podrá constatarse cómo se resiente la sintaxis en el último verso de la primera estrofa. Sin embargo, parece ser que los críticos han pasado por alto ese detalle, fundándose, tal vez, en que las obras maestras (en pintura, por ejemplo, no deben apreciarse muy de cerca, pues pierden parte de su prestigio, y en que todo lunar, engarzado en rostro o cuerpo de mujer, lejos de afear, encanta, por ser digno de belleza y morbidez.

Estos dos grande poemas forman, con el "Segundo aniversario", la trilogía lírica de Juan Ramón Molina, ofrenda floral en triángulo a la memoria de aquel amor, del gran amor que le arrebató la muerte. Oigamos sus acentos:

SEGUNDO ANIVERSARIO

En junio fue —bien lo recuerdo- en junio,
y en esta fecha, trágica y fatal,
en esta fecha, de funesto signo,
que nunca, nunca lograré olvidar;
porque en mis noches tétricas de insomnio,
—en mis noches de insomnio pertinaz—
esa fecha revive en mi memoria,
que aletargara el opio del pesar.

Porque en mis noches tétricas de insomnio,
pienso en la dulce amada que se fue
a plegar sus dos alas arcangélicas
en un radioso, ultraterrestre edén.
Pienso en la amada que partió a los astros,
que nunca más mis ojos han de ver,
y que —en mi copa emponzoñada— puso
una mezcla de lágrimas y miel.

En junio fue —bien lo recuerdo— en junio,
y en esta fecha inolvidable, sí.
El ángel de la muerte esa mañana
logró en su cuarto penetrar por fin.
Logró en su cuarto penetrar el ángel
sombríamente encantador. Le vi

225

fijos los ojos en los ojos de ella,
próximos a apagarse y a morir.
¡Ah, tus inmensos ojos! ¡Ah, tus ojos,
llenos de celestial resignación!
¡Ah, tus ojos agónicos y ardientes,
irradiando un divino resplandor!
¡Tus tristísimos ojos desolados
como dos plenilunios, como dos
plenilunios vertiendo sus congojas
sobre una extraña y gélida región!

Mi alma salió temblando de su cárcel
a combatir al ángel funeral,
mas fue vencida en el terrible duelo,
en aquel duelo, lúgubre y tenaz,
que trabaron —a todos invisibles—
junto a la dulce moribunda, cual
si fuesen dos demonios enemigos
batiéndose en el reino de Satán.

Entre los cirios lacrimosos, bella
yacías en tu casta flacidez
con las manos en cruz sobre tu seno
modelado en la copa de Thulé;
sobre tu seno —donde tantas veces
puse, afligido, la convulsa sien—
cuando mi corazón manaba sangre
y era mi boca crátera de hiel.

La noche lentamente envejecía.
Sentado en la mortuoria habitación,
mudo, como la boca de un abismo,
me sumergí en la fiebre del dolor;
en tanto que la noche envejecía
sobre el planeta miserable, y yo
le preguntaba al cielo indiferente
en dónde estaba la piedad de Dios.

Una lámpara humilde sus reflejos
fantásticos trazaba en la pared,
y un aire —con olor de sepultura,
de pócimas y ramas de ciprés—
frío, cual si viniese de algún páramo,
o de la anciana luna de Astarté,
o de las negras olas de la Estigia,
como una espada penetró en mi ser.

¡Caía de las cósmicas alturas,
de la radiante faja zodiacal,
sobre el espanto mudo de mi espíritu,
una solemne irradiación de paz,
en tanto que la noche envejecía,
—noche de junio, lúgubre y fatal—
poblada de delirios infernales,
que nunca, nunca lograré olvidar!

Reanudemos nuestro diálogo con la generación modernista hondureña. Es a principios de 1906, y Froylán Turcios dirige El Tiempo, periódico adalid de campañas cívicas y de nobles afanes literarios.

Turcios está llamado a prestarle grandes servicios a la causa modernista, no sólo con el aporte de sus creaciones —novelista, poeta, cuentista—, sino mediante una amplia difusión de las bellas letras por intermedio de Revista Nueva, la cual, girando el tiempo, reencarnará después en Esfinge y en Ariel, dos de las mejores revistas que ha tenido Centroamérica.

Julián López Pineda, Secretario Privado del Presidente Sierra en 1899, había tenido que emigrar a la caída de este gobernante, yéndose primero a Nicaragua (1902), donde fundó Vida Nueva, y más tarde a El Salvador, habiendo terminado aquí sus estudios de Abogacía. En Tegucigalpa había dirigido y redactado los semanarios La Luz y El Demócrata. Colaboró en El Diario de El Salvador, llegando después a dirigir El Diario de Occidente, en la ciudad de Santa Ana. López

Pineda será con los años un jurista de sólida complexión y uno de los más recios periodistas centroamericanos.

Augusto y Adán Coello también hacen poesía y periodismo, dotados de un fino temperamento. Augusto triunfará ampliamente en la política, la diplomacia y las letras. Adán... está signado para un destino trágico, no obstante haber dado muestras de un numen fuera de serie.

Luis Andrés Zúñiga, por su parte, trabaja con paciencia y cuidado. Escribe, y espera que pase un lapso para entrar a pulir. No se desespera por publicar; su viñedo madurará con ayuda del tiempo; por cierto que este consejo se lo ha dado Juan Ramón Molina, a quien conoció una tarde pronunciando una oración sobre la tumba de Manuel Molina Vigil. Para más señas, fue el 2 de noviembre de 1897. Ya ve que el consejo le ha surtido, porque va camino de ser un notable poeta, un dramaturgo de grandes recursos, y, sobre todo, un fabulista magistral.

¿Y Jerónimo J. Reina? Este personaje rige actualmente —1906— el Departamento de Comayagua en calidad de Gobernador Político. Tiene un periódico —La Nueva Época— donde colaboran escritores nacionales y extranjeros. Reina está plasmando fuertemente sus rastros en la poesía y en el Derecho.

Finalmente, Adán Canales es dueño de un exquisito temperamento. Su poesía es de alto linaje; pero él se ocupa más del periodismo. En todo caso, su vida será corta, y su obra, como la de Schubert, quedará inconclusa.

Bien claro está que, por encima del tiempo y la distancia, el grupo sigue compacto. Con los citados heraldos colaboran otros intelectuales de significación: Timoteo Miralda, Vicente Mejía Colindres, Ángel R. Fortín, Salvador Turcios Ramírez, Alonso A. Brito, etc., cuya producción aparece en la Revista Nueva, órgano del Movimiento, con amplia circulación, tanto en América como en Ultramar.

Esta, que es la generación del Centenario, dio notables rendimientos, tanto en verso como en prosa, y su aporte a la cultura nacional no ha sido superado por ninguna otra promoción. Los pocos que sobreviven se mantienen en plena actividad, pensando, —como Casona—, que los árboles mueren de pie. Y ellos son árboles con suficiente grandeza para formar el bosque de los inmortales.

CAPÍTULO VIII: VIAJES POR EL MUNDO

"...Juan Ramón Molina no era el poeta blando y acomodaticio que con el pretexto de no entender la política, cierra los ojos ante la realidad de su país. Él, que tenía en el alma encendido el trino; él, que conocía los caminos que parten de los conos estelares de los pinos, abandona su clámide y viste uniforme de soldado, que con la pluma y el fusil lucha por la libertad, en una revolución que para él termina en el exilio antes de su prematura muerte..."

MIGUEL ÁNGEL ASTURIAS[22]

Del 23 de julio al 26 de agosto de 1906 hubo de celebrarse en la capital carioca la Tercera Conferencia Panamericana. El Gobierno de Honduras, presidido entonces por el General Manuel Bonilla, integró la correspondiente Misión así: Doctor Fausto Dávila, Delegado—Jefe: Froylán Turcios, Delegado—Asesor, y Juan Ramón Molina, Secretario. Era ésta, pues, una Delegación brillante, a la altura de las circunstancias, encabezada por un internacionalista y reforzada por dos literatos de renombre, los más conocidos allende las fronteras nacionales.

Y así tenemos a Juan Ramón, sobre cubierta de un flamante buque, camino de Nueva York, respirando los aires yodados del Golfo de México, en concierto de nereidas, sirenas y tritones. El contacto de las aguas le había hecho revivir sus dos viajes por mar, aquellos a Guatemala cuando muchacho —1888 y 1892— sobre el dorso ondulante del Pacífico. Con tales motivaciones él había escrito una bella prosa: "En el Golfo de Fonseca" y su famoso "Adiós a Honduras" poema de aguas salobres y encrespadas.... ¡Ah! y quedaba también otro vestigio: "La Ola", un soneto de perfecta arquitectura, capaz de resistir el examen del más adusto antólogo.

Pero la lente de los años cambia el enfoque de las cosas, y, "nosotros, los de entonces, ya no somos los mismos", como dijera

---

[22] Del Prólogo a la Antología de Juan Ramón Molina. Ministerio de Cultura de El Salvador. 1958.

Neruda. Por eso ahora, bajo la fascinación del Mar Caribe, ha redactado un poema en prosa — "Copo de Espuma"— que comienza:

"Voy sobre el mar, sobre el vasto hervor oceánico, cantado por todos los poetas, desde el grave y trágico Esquilo hasta el rebelde y ardiente Byron. Voy sobre él, de pie en la cubierta del buque de vapor, de una gran máquina negra, aspirando con deleite la brisa salitrosa y siguiendo con la mirada melancólica el vuelo de las nubes errantes o el perpetuo desfile de las olas... El azul, un azul profundo, domina en el fondo. Grandes celajes, como si fueran los jirones del opulento manto púrpura de un rey, flotan al Sur; y al Occidente, sobre la infinita línea lapiz lázuli del horizonte, se suspende un millar de nubes, semejando una maravillosa bandada de palomas que volaran hacia el sol, el cual se hunde, enrojecido, redondo, soberbio, lentamente, entre las grandes olas palpitantes, coronadas de reflejos de plata...".

En llegando a Nueva York, no disimula su asombro. ¿Y quién que se toma por asalto la gran urbe no acumula sorpresa tras sorpresa, de las cuales sólo nos reponemos con el tiempo? Es el mismo asombro de Rubén Darío: "Casas de cincuenta pisos, —servidumbre de color...". ¡Y el mismo asombro que, muchos años después, experimentará García Lorca, aquel gitano genial.

La Babel de Hierro era, ayer como hoy, el gran laboratorio de la civilización occidental. En ella se dan cita la grandeza y la ruindad, el esplendor y la sordidez, el placer y el dolor. Ella es el ágora de nuestro tiempo donde se congregan los hombres de todos los credos, razas y lenguas para reír y para llorar. Es, en fin, el más grande manicomio universal.

Sensitivo y responsabilizado con los problemas de su hora, Molina busca en toda faceta humana, la proyección social de esa vida feérica y artificiosa cuyos polos son: Wall Street, de un lado, y la Muerte, del otro.

Pocos días después está el poeta nuevamente en el mar. La nao, hendiendo su pesado vientre en el líquido elemento, desmota millas y millas de un algodón nervioso y fugitivo. Hacia los lados, un escuadrón de delfines; y hacia arriba, el cielo claro, pecoso de gaviotas.

El Caribe, circundado por un harén de islas, levanta alegremente su copa de paisaje. Es allí donde Juan Ramón, sintiendo, como Pan, que por el muslo le crece el vello de una pasión pagana, abre los ojos desmesuradamente y es todo oídos ante el insólito espectáculo:

— Las sirenas! ¡Las Sirenas!... ¿Qué no las habéis visto?

Y sólo él pudo mirarlas, porque los demás pasajeros dormían; mejor dicho, ellos jamás habían despertado.

Y esa visión le ha de tatuar el alma, hasta hacerlo implorar:

Péscame una sirena, pescador sin fortuna,
que yaces pensativo del mar junto a la orilla.
Propicio es el momento porque la vieja luna
como un mágico espejo entre las olas brilla.

Han de venir hasta esta ribera, una tras una,
mostrando a flor de agua su seno sin mancilla
y cantarán en coro, no lejos de la duna,
su canto, que a los pobres marinos maravilla.

Penetra al mar entonces y coge la más bella,
con tu red envolviéndola. No escuches su querella
que es como el llanto aleve de la mujer. El Sol

la mirará mañana, entre mis brazos loca,
morir bajo el divino martirio de mi boca,
moviendo entre mis piernas su cola tornasol.

¡Cuántas sugerencias y evocaciones le florecen en la mente al influjo de un paisaje como aquél! Es fácil imaginarse al gran Cristóbal Colón, agarrado a la crin de la tormenta, centauro enamorado de imposibles; y a Sir Francis Drake, jugando al escondite entre archipiélagos de jade y de coral. Y saber de la estrella que adelgaza su violín, y de la ola que revienta en un coro de notas wagnerianas...

Y en ese sonambulismo vamos pasando ya Barlovento y Sotavento. De lejos nos tremolan su pañuelo Curacao y Martinica, "las papiamentosas Antillas del ron" ... Y los marineros que cuentan sus leyendas de tesoros escondidos y de milagros de la fe cristiana:

—¿Sabía usted que Curacao es una voz portuguesa que significa curación? Fue el Descubridor quien bautizó con tal nombre a esa isla, en voto de gratitud a la Divina Providencia por haberle salvado a treinta hombres de su tripulación...

—¿Cómo así? Explique...

—En aquel tiempo se ignoraba que la causa de esa terrible enfermedad llamada escorbuto es la falta de alimentos frescos

—¿...?

—Los hombres de Colón, con tres meses de mar y cielo, alimentándose únicamente de galletas y conservas, comenzaron a sufrir los efectos más atroces y en su agonía le pidieron que los abandonara en dicha Isla para morir en paz con Dios. Y en efecto así se hizo. Pero grande fue la sorpresa del Descubridor cuando, al regresar de tierra firme, los halló sanos y salvos merced a las frutas y verduras de ese paraíso terrenal.

Poco nos falta ya para llegar a Recife, capital de Pernambuco, Estado septentrional de la tierra brasileña. Molina no puede resistir el embrujo de ese mar con matiz "verde botella" y plasma allí un soneto parnasiano, muy hermoso aunque de poca originalidad.

La eclosión de su deslumbramiento está en Río de Janeiro, la encantadora bahía descubierta por Gonzalo Coelho, que se mece con real compás entre dos columnas pétreas: el Pan de Azúcar, de un lado y el Corcovado del otro.

La belleza natural de esa bahía es un alarde de cinemascopio y no se precisa de ser un Juan Ramón Molina para sentir el transporte de una elevada inspiración. Todo ser humano puede comulgar allí ante el altar de la Creación, vivir el hechizo de ese paisaje fulgurante, del cual se ha dicho con propiedad que no puede ser contemplado por una sola persona: ¡Siempre necesitamos de alguien que nos ayude a mirar!

No hay duda de que Dios, en esa obra. pudo mostrarse todo lo artista que Él es. Por eso el pueblo carioca, agradecido y devoto, le ha levantado una estatua en la más alta corcova del famoso Corcovado. ¡Gloria a Dios en las alturas y paz en la tierra a los hombres de buena voluntad!

El hombre de la campiña hibuerense escribe con el índice en el viento el acta de su llegada, así:

Bajo el bruñido azul del hondo firmamento
musita dulcemente la mágica bahía;

atrás quedó el Atlántico, magnífico y violento,
con sus espumas acres y su monotonía.

Cien naves que columpia un melodioso viento
prenden sus férreas áncoras entre la arena fría
y la ciudad ondula, como ciudad de cuento.
en una tremulante y extraña lejanía.

De algún genio plutónico el imponente trono,
el Pan de Azúcar alza su gigantesco cono
augusto y solitario, como un solemne duelo...

¡Peñón que los rebeldes e indómitos titanes,
desde la tierra —haciendo terribles ademanes—
lanzar quisieron contra los pórticos del cielo!

El pueblo brasilero es cordial en grado sumo. Ama la paz, y. obviamente, odia la guerra. Por eso sus grandes batallas las ha librado en la Diplomacia, campo en el cual ha llegado a desarrollar niveles extraordinarios. Nombres de prestigio universal son —entre otros— los de Río Branco (padre e hijo), Ruy Barbossa, Epitacio Pessoa y Joaquín Nabuco, siendo este último un apóstol del evangelio panamericanista, preconizado desde comienzos del pasado siglo por Juan de Egaña, Simón Bolívar y José Cecilio del Valle.

Rio de Janeiro, pues, se hallaba de fiesta; mucho decir por cierto, pues la capital carioca es de por sí una perpetua fiesta. Se celebra nada menos que la tercera gran cruzada en pro de la solidaridad continental.

A ese cónclave glorioso asistieron representaciones de todos los países americanos, incluyendo Cuba y Panamá, Estados que, en virtud de su reciente emancipación, no habían concurrido a las dos Conferencias Panamericanas efectuadas con anterioridad: la primera en Washington (1889—90), y la segunda en México (1901—2).

Junto a los grandes estadistas y diplomáticos del Hemisferio Occidental, como los paraguayos Manuel Gondra y José Segundo Decoud, el chileno Joaquín Walker Martínez, el colombiano Rafael Uribe y Uribe, el guatemalteco Antonio Batres Jáuregui y otros, tomaron asiento los más esclarecidos literatos, comenzando por

Rubén Darío, Guillermo Valencia, Ángel de Estrada y Samuel Blixen, en representación de Nicaragua, Colombia, Argentina y Uruguay, respectivamente, habiendo participado también Román Mayorga Rivas, nicaragüense, y Álvaro Melián Lafinur, argentino.

Los hondureños Molina y Turcios —ya lo dijimos— eran bastante conocidos en las esferas intelectuales del Continente por su activa colaboración en la prensa extranjera y particularmente por su labor en "Revista Nueva", órgano del movimiento modernista centroamericano, de profusa circulación en los medios literarios de América y Europa. Esa Revista había nacido en Tegucigalpa el año 1901, habiendo recibido el aplauso de propios y extraños por el lujo de su presentación y la riqueza de su contenido, pues publicaba, con carácter exclusivo, producciones de Blanco Fombona, Valencia, Nervo, Lugones, Urbina, García Calderón y otras firmas de semejante prestigio.

Don Fausto Dávila, por su parte, gozaba de alta estimación entre juristas, diplomáticos y poetas, merced a su cultura aquilatada en Universidades del Viejo Mundo, y esos contactos del Jefe de la Misión Hondureña fueron en extremo valiosos para los jóvenes literatos. Es así cómo, en una recepción ofrecida por la Embajada Argentina, Juan Ramón recitó su poema elegiaco "Una Muerta", electrizando de emoción a aquella numerosa y selecta concurrencia.

Molina, recordemos, había conocido a Rubén Darío en Guatemala, quince años atrás, y desde esos mismos días el bisoño cantor entró a rotar en la órbita del Bardo—Rey. Cuando Rubén le dispara su Oda a Roosevelt, condenando la acción imperialista con el mismo tono de José Enrique Rodó, Manuel Ugarte y Rufino Blanco Fombona, he ahí que el efebo hondureño arranca de su huerto un fresco laurel y lo coloca sobre la frente de su maestro: es un tríptico soberbio, donde el motivo homérico corre parejas con la dulzura instrumental:

A RUBÉN DARÍO

I

Amo tu clara gloria como si fuera mía,
de Anadiomena engendro y Apolo Musageta,
nacido en una Lesbos de luz y de poesía
donde las nueve musas ungiéronte poeta.

Grecia en sus astros de oro tu nombre grabaría:
en ti, el pagano numen renace y se completa;
más —con los ojos fijos de Jesús en la meta—
gozas el pan y el vino de tu melancolía.

El Águila de Schylo te regaló su pluma.
el pájaro de Poe lo vago de su bruma,
el ave columbina su corazón de miel.

Anakreón sus mirthos, azucenas y rosas,
Ovidio el misterioso secreto de las cosas,
Pitágoras su ritmo y Scopas su cincel.

II

Liróforo de triste mirada penetrante
que al son órfico ajustas la gama de los seres,
que sabes los secretos pristinos del diamante
y conoces el alma sutil de las mujeres.

Délfico augur, hermético y sacro hierofante
que oficias en el culto prolífico de Ceres,
que azuzas de tus metros la tropa galopante
sobre la playa lírica y argéntea de Citeres;

Tu grey bala en las églogas del inmortal idilio,
tu pífano melódico fue el que tocó Virgilio
en la mañana antigua, de alondras y de luz;

Tu azur es el radioso Safir del mito heleno,

tu trueno wagneriano, el olímpico trueno
y tu congoja lúgubre la que gritó en la cruz!

III

Es hora ya que suenen los líricos clarines
saludando el venir de la futura aurora
de paz. A los cruzados y nobles paladines
que hacen temblar la tierra: es la propicia hora.

Tu lira pon a cuello de la pujante prora,
para que así nos sigan sirenas y delfines;
y que tus versos muestren su espada vengadora
asida por los dedos de airados serafines.

Verbo de anunciaciones de nuestro Continente,
vate proteico, noble, magnífico y vidente,
que tiene de paloma, de abeja y de león;
la gloria te reserva su más ilustre lauro:
¡humillar la soberbia del rubio minotauro
como el divino Jorge la testa del dragón!

La Tercera Conferencia Panamericana fue fecunda en
recomendaciones, resoluciones y declaraciones encaminadas a
perfeccionar el sistema de acción continental.

Es célebre el alegato que llevó hasta el seno de aquel cónclave el
jurista argentino Luis María Drago, a la sazón Ministro de Negocios
Extranjeros de su país, condenando el cobro compulsivo de todo título
de la deuda pública —práctica impuesta por las grandes potencias en
perjuicio de las naciones débiles— y abogando por el establecimiento
del arbitraje obligatorio, para casos de esta índole, como medio de
salvaguardar el honor y la integridad soberana de los Estados
deudores.

La voracidad de algunas potencias europeas se había manifestado
en Venezuela en 1902, y se hacía imperativo detener aquel empuje
mediante la adopción de normas de derecho. Aceptada en principio la
tesis del ilustre Canciller, pasó a la posteridad con el nombre de
"Doctrina Drago", como uno de los más sólidos pilares del Derecho
Internacional Americano.

Ese período, en que Turcios y Molina visitaron el Brasil, era de viva actividad creadora. "Os Sertoes", obra sociológica de Euclydes Da Cunha, que es uno de los más apasionantes libros que ha dado la literatura brasilera, gozando de tremenda actualidad, comenzaba a desfilar entre las obras consagradas.

Aún brillaba en su ocaso aquel potente sol que se llamó Manuel María Machado de Assis, quien había venido ejerciendo un magisterio incuestionable desde su sillón de Presidente de la Academia de Letras.

Los movimientos reinantes en esa vasta comarca que es casi un continente, eran el Parnasianismo y el Simbolismo, con idéntico proceso al de los movimientos franceses, esto es, que ambas corrientes provenían del Romanticismo, representado allí por Goncalves Días, Casimiro de Abreu, José de Alencar, Luis Delfino dos Santos, Álvarez de Acevedo, Fagundes Varela y Cruz e Sousa, poeta negro este último a quien se ha considerado como el primer simbolista de aquellas latitudes.

El Modernismo, aunque parezca extraño, no había invadido por ese tiempo la sensibilidad de los cantores brasileros, y aún precisarían largos años para que tal advenimiento acaeciese. En efecto, no fue sino hasta 1920, más o menos, cuando el Modernismo echó pie a tierra en esas vírgenes posesiones, pero las varias modalidades de que estaba afectado lo hacían diferir notablemente del Modernismo Hispanoamericano.

Figuras señeras al tiempo de efectuarse la Tercera Conferencia eran, entre otras: Alberto Oliveira, de copiosa producción parnasiana; Raimundo Correia, que tenía publicados sus Primeros Sueños, Sinfonías y Poesías; Olavo Bilac, quien ya gozaba de justa fama por su libro Poesía, compuesto de tres partes (Panoplia, Vía Láctea y Zarzas de Fuego), a las que hubo de agregar otras tres: "Alma Inquieta", "Los Viajes" y "El Cazador de Esmeraldas"; y Vicente de Carvalho, quien, casi olvidado después de publicar "Ardentías" y "Relicario", recién resucitaba con su "Rosa, Rosa de Amor", seguida de "Poemas y Canciones".

Manuel Bandeira, Alphonsus Guimeraes, Ronald de Carvalho, Augusto dos Anjos y José de Abreu Albano, esgrimían su pubertad luminosa, tocada por el dedo del destino para torcerle el cuello al cisne algunos años más tarde.

Es oportuno aclarar que si bien los poetas brasileros no quemaban por entonces la mirra del Modernismo, sí conocían ampliamente la obra de Rubén Darío, a quien rendían los honores de ley. Prueba de este aserto es que desde el momento mismo de su llegada a Río, el genial chorotega recibió numerosos homenajes por parte de sus colegas, y tan gratas ocasiones fueron aprovechadas por él para introducir a sus compañeros y discípulos hispanoparlantes, ensanchando de este modo los horizontes de la confraternidad.

Sobre ese particular, "El País", importante diario carioca, en su edición de 23 de julio de 1906, comentaba la presencia de los intelectuales centroamericanos, así:

"Quien leyendo las notas biográficas publicadas por El País, de los Representantes de las Repúblicas Americanas en la Tercera Conferencia, se fije en que los gobiernos hicieron recaer su elección, principalmente, en jurisconsultos, literatos distinguidos y en diplomáticos de comprobada competencia, podrá decir que las repúblicas americanas tienen en el Congreso legítimos representantes de su más alta intelectualidad.

Esa preocupación de los Gobiernos, honrosísima para el Brasil, acentúase en la designación de los Secretarios de las Delegaciones.

Para no citar otros nombres, basta recordar que los Secretarios de las Delegaciones Centroamericanas, señores Rubén Darío, Román Mayorga Rivas, Juan Ramón Molina y Froylán Turcios representan la excelsa mentalidad de aquellos países, y el hecho de su designación significa que la América Central conoce el gran progreso intelectual del Brasil y que así procura establecer un medio de comunicación con nosotros, enviándonos verdaderos delegados de su literatura y de su periodismo.

Ellos son hombres de influencia en la América Central y tienen una reputación ya hecha en los países hispanoamericanos.

Nuestro compañero de redacción conversó con uno de ellos, y nos es grato poder decir que conocen nuestra literatura y que tienen por ella cariño y admiración.

Es natural, pues, que quieran conocer personalmente a nuestros escritores y periodistas, y que al mismo tiempo que los Delegados a la Conferencia, establezcan las bases de una mutua aproximación comercial y amistosa entre los países de América, para lo cual se reunirían con nuestros periodistas y literatos, procurando una vinculación de ideas que complete la acción de los Delegados.

El País" acoge calurosamente esa digna idea de Darío, Mayorga Rivas, Molina y Turcios —tratémosles así—, y la entrega a la publicidad, a nuestras academias, a nuestras instituciones literarias y a nuestros cofrades de la prensa, seguros de que el noble pensamiento de los distinguidos literatos y periodistas centroamericanos encontrará eco simpático en nuestro medio intelectual".

Al clausurar las sesiones de trabajo, el Presidente de la Conferencia, Doctor Joaquín Nabuco, obsequió a las Delegaciones con espléndido banquete. Cuentan que allí leyó Molina su "Salutación a los Poetas Brasileros", poema que es como un salmo a la hermandad panamericana. Excusando, por la urgencia con que fue escrito, alguna nota desafinada, ese canto épico es una joya de ustoria pedrería. Medulada de signos augurales y estremecida de voces arcangélicas, esta pieza es algo así como la marcha oficial del Panamericanismo:

Con una gran fanfarria de roncos olifantes,
con versos que imitasen un trote de elefantes
en una vasta selva de la India ecuatorial,
quisiera saludaros —hermanos en el duelo—
en las exploraciones por la tierra y el cielo,
en el martirologio de los circos del mal.

Mi Pegaso conoce los azules espacios.
Su cola es un cometa, sus ojos son topacios,
el rubio Apolo y Marte cabalgarían en él;
relinchará en los céspedes de vuestro bosque umbrío,
se abrevará en las aguas de vuestro sacro río,
y dormirá a la sombra de vuestro gran laurel!

Venir pude en la concha de Venus Citerea,
sobre el áspero lomo del león de Nemea,
en el ave de Júpiter o en un fiero dragón;
en la camella blanca de una reina de Oriente,

en el cuerpo ondulante de una alada serpiente,
a bordo de la lírica galera de Jasón.

O en la fornida espalda de un genio misterioso,
o envuelto en la vorágine de un viento proceloso,
o de una negra nube en el glacial capuz;
en la marea argentina de una luna de mayo,
asido del relámpago flamígero de un rayo,
o con los duendes gárrulos que juegan en la luz.

Mas en Pegaso vine desde remotos climas,
—señor, príncipe, rey o emperador de rimas —
sobre el confuso trueno del piélago febril:
¡Salve al coro de Anfiones de estas tierras fragantes!
¡A todos los Orfeos del país de los diamantes!
¡A todos los que pulsan su lira en el Brasil!

Tal digo, hermanos míos en la prosapia ibérica:
Saludemos la gloria futura de la América,
que todas las espigas se junten en un haz.
Unamos nuestras liras y nuestros corazones,
que ha llegado el crepúsculo de las anunciaciones,
para que baje el ángel de la celeste paz!

Augurio de ese día se ve en el horizonte.
Hoy tres aves volaron desde un florido monte;
yo las miré perderse en el naciente albor:
un cóndor —que es el símbolo de la fuerza bravía—
un búho —que es el símbolo de la sabiduría—
y una paloma cándida —símbolo del amor.

Dijo el cóndor, gritando: la unión da la Victoria,
el búho, en un silbido: el saber da la gloria,
la paloma, en su arrullo: el amor da la fe.
Yo —que escruto el enigma de nuestro gran destino—
ante el casual augurio del cielo matutino,
siguiendo a los tres pájaros en éxtasis quedé.

.Pero Pegaso aguarda. Sobre su fuerte lomo
gallardamente salto en un instante, como
el Cid sobre Babieca. Me voy hacia el azur.
Acaso os interesa mi suerte misteriosa?
¡Buscadme en mi magnífico palacio de la Osa,
o en mi torre de oro, junto a la Cruz del Sur!

Como en muchos pasajes de la vida y obra molinianas, hay en la génesis de estos versos cierto claroscuro que aún yace inexplicable. En efecto, algunos escritores sostienen que la Salutación resultó vencedora en un concurso de los poetas hispanoamericanos reunidos en Río de Janeiro, concurso en el cual también tomara parte el propio Darío. Otros afirman que al Bardo—Rey le tocó únicamente actuar como árbitro del aludido certamen y que en tal carácter adjudicó la más alta nota a los versos del panida catracho[23]. Froylán Turcios, escritor serio, contemporáneo y amigo de Molina, afirma, por su parte, que la célebre pieza fue escrita en Tegucigalpa algunos meses después de haberse reintegrado su autor al seno de la Patria.

Max Henríquez Ureña, refiriéndose al tema, dice que "como no eran pocos los poetas (entre ellos Rubén Darío y Guillermo Valencia) que concurrían también como Delegados de sus respectivos países, se convino en que alguno de ellos debía, en nombre de todos, hacer una salutación en verso a los poetas del Brasil. La composición elegida fue la que al efecto escribió Juan Ramón Molina. En esa composición están amalgamados muchos recursos de la técnica del Modernismo, y no pocos de su temática…"[24]

Entre esas varias versiones nos parece más ajustada a la verdad la de Juan Felipe Toruño, crítico y antólogo nicaragüense, quien al enfocar la obra de Molina, relata: "En la capital carioca, (Molina) se encuentra con Rubén Darío, Román Mayorga Rivas y otros altos valores del pensamiento. Él iba con Froylán Turcios. En el momento de escoger quién debía pronunciar un saludo a la intelectualidad

---

[23] Catracho; el apodo del hondureño; natural de Honduras.
[24] Max Henríquez Ureña: "Breve Historia del Modernismo". Ediciones de Cultura Económica, D.F.

brasilera, para él que se presentaron trece trabajos, Darío, el "liróforo de triste mirada penetrante", decidiría: —Y Darío da su fallo en favor de la Salutación a los Poetas Brasileros, escrita por el bardo hibuerense. Decide, y destruye lo que él había escrito. ¿Condescendencia? ¿Forma de corresponder al que le había elogiado en un tríptico? Se desconoce lo que Darío escribió. Lo cierto es que la Salutación de Molina es un poema de trascendencia continental, de visión al futuro, de alejandrinos resonantes y de anchura oceánica, aunque un poco fatua..."

La salutación de que se hace mérito está dedicada a Fabio Luzy Elysio de Calvalho, dos nombres completamente desconocidos hoy en el mundo literario del Brasil, pues no figuran en ninguna antología ni hay gente que les recuerde como poetas de alguna trayectoria.

Esta circunstancia ha dado motivo para que algunos malquerientes de Molina, celosos de su gloria, chismorrearan diciendo que el augusto artífice, desde el momento de llegar a tierra firme, se dio a la farra en compañía de algunos seudo—poetas, borrachines de postín que se tornaron sus áulicos a cambio de los tragos que podían extraerle a su faltriquera diplomática, panzuda de monedas en esos fugaces días...

Pero se ha comprobado que Molina no escanció licor en la Ciudad Maravillosa, y en tal caso la explicación más aceptable es que tanto Fabio Luz como Elysio de Carvalho pertenecieran al batallón de los llamados poetas oficiales, esto es, cierta especie de bichos de la fauna burocrática que prosperan a la sombra de todos los regímenes. A fuerza de masturbarse el pensamiento y de gastar toneladas de un papel que no les cuesta, se la pasan redactando empalagosas loanzas y disparates sin cuento, hasta adquirir su "consagración", o sea el efímero reconocimiento que ciertas gentes aprovechadas suelen hacerles para llenarles la cabeza de humo. Al volver a la llanura los inflados personajes, cae sobre ellos, piadosamente, la sombra del anonimato. ¡Y un nuevo regimiento de poetas oficiales se levanta con el gobierno de turno!

Esos meteóricos panidas, esos fuegos fatuos de la literatura— Fabio Luz y Elysio de Carvalho—no serían por ventura funcionarios o empleados de tercera clase, de esos que suelen contratarse ad—hoc para reuniones como la de 1906? Claro: para ellos, pobres bohemios quizá, la amistad de un poeta vestido de frac representaba bonanza y fama, y a fe que lograrían ambas cosas: beber glotonamente de la viña moliniana y pasar a la posteridad agarrados a un poema de fulgor inmarcesible.

Vísperas de clausurar la Conferencia —en la cual, según Darío, algunos Secretarios valían más que los Ministros—, el representante del gran diario "La Nación", de Buenos Aires, que lo era el mismo bardo chorotega, nombró a Juan Ramón Molina corresponsal en Centroamérica. En aceptando aquella honrosa designación, nuestro poeta envió al día siguiente su primera crónica, que por cierto fue también la última, pues al regreso de su misión le esperaban el exilio, la miseria y la muerte para sellar de una vez el capítulo final de su vida atormentada.

CAPÍTULO IX: ANNABEL LEE

"...Parto yo este soneto para decir la pena que me trae la muerte del cacique sonoro cuya maza de roble, cuya flecha de oro un eco despertaron que todavía suena...".

JOSÉ SANTOS CHOCANO
(Soneto Póstumo en loor a Molina).

El raudo esquife zarpó de Río con destino a Europa, a la culta y refinada Europa, cuya potestad como centro rector del mundo civilizado, aún persiste con teñido acento.

Era un trasatlántico de lujo llamado EL ARAGÓN. A bordo también iban Guillermo Valencia y el novelista argentino Ángel de Estrada, —autor de "Formas y Espíritus", "La Voz del Nilo", "Alma Nómada" y otras obras de alto mérito—, con quienes los poetas hibuerenses trabaron sólida amistad. Después de dos semanas de navegar sobre la zona infraecuatorial llegaron a las islas de Cabo Verde y Madeira, siguiendo de allí la línea de las Azores, la misma por donde El Descubridor, en sentido inverso, hubo de penetrar el Mar Desconocido, en su primera exploración en 1492.

Pasaron luego por las Islas Canarias, "donde el mar era vasto, fosforescente y misterioso. Monstruosas sombras abrían sus fauces negras delante del vapor, a ras de la líquida superficie, mudas, enmarañadas, hoscas, llenas de vagos pliegues de casi invisibles estremecimientos, como si gozaran de vida real sobre la gran palpitación de las aguas. Y arriba seguía el centelleo de los astros. Y abajo el ruido de las olas. ¿Cantaban? ¿Reían? Lloraban? A veces nos hería los oídos uno como canto triste, tristísimo; después risas femeniles brotaban del abismo del mar, y luego sollozos vagos, contenidos, desgarradores, que se llevaba la brisa, la brisa húmeda y fresca... Y en esto el viento, batiendo las alas con más furia, apagó aquellas voces, en tanto que el vapor seguía rompiendo las aguas con su traqueteo sordo y monótono".

El 12 de septiembre de 1906, EL ARAGÓN fondeaba en la bahía de Lisboa. Nuestros viajeros pernoctaron allí, siguiendo después hacia Madrid por Ferrocarril.

En España, Molina y Turcios encontraron magnífica acogida. El Modernismo estaba en su apogeo. Darío había llegado días antes, vía Buenos Aires, y preparaba por entonces su viaje a Las Baleares; pero siempre tuvo tiempo de ofrecer a sus amigos todas aquellas atenciones susceptibles de depararles una grata permanencia. Igualmente recibieron el abrazo de José Santos Chocano, a la sazón en Madrid.

La Condesa de Pardo Bazán, que había simpatizado en un todo con la buena nueva modernista, solía reunir en sus tertulias a los jóvenes poetas, áulicos de Rubén. Don Jacinto Benavente dirigía La Vida Literaria, y en esos mismos días, don Miguel de Unamuno, después de cordial palique con Darío, había dado su pase al Movimiento. Don Miguel, como se sabe, era un pontífice en las altas esferas del idioma, y su gesto de asentimiento hubo de repercutir en Europa, América y las Filipinas.

Sobre este particular se contaba por ahí que el sarcástico Unamuno, antes de hacer amistad con Darío, había dicho que a éste se le salían algunas plumas por debajo del sombrero.

Los dos bardos hondureños gozaban ya de algún crédito en la Madre Patria, pues su Revista Nueva llegaba regularmente a manos de intelectuales españoles.

De gran provecho les fue la presencia en Madrid de don Alberto Membreño, sabio jurisconsulto y lingüista, y del señor Ramírez Fontecha, quienes representaban a Honduras ante S.M. Alfonso XIII, en el asunto de límites con la hermana República de Nicaragua, sometido al arbitraje de aquel monarca. Pero el más valioso auxiliar de ellos fue quizás el pintor Carlos Zúniga Figueroa, quien estudiaba por ese entonces bajo la dirección de los mejores maestros españoles.

En unión de tan ilustres amigos, nuestros jóvenes turistas presenciaron el espectáculo de una corrida de toros. Mientras la dura lidia produjo en Turcios repugnancia y rabia, en Juan Ramón despertó, no el indio crudo como alguien dijo, sino la media sangre hispana que le hervía entre las venas; y en un arrebato de inspiración taurina, escribió un hermoso soneto, conocido hoy como Apoteosis Final, dedicado a Turcios y Chocano.

Como en el circo, — entre el gritar sonoro
del pueblo entusiasmado y vocinglero,
ante los pies del pálido torero
de chaquetilla recamada de oro,
Muere temblando el furibundo toro
que fatigó el audaz banderillero,
o el picador, en su embestida artero
entre entusiasta y resonante coro—.

Tal morirá, tras nuestra heroica lidia,
la bestia ciega y torpe de la envidia,
doblando la cerviz a nuestras plantas;

y coronado de encendidas rosas
nuestro triunfo las plebes clamorosas
saludarán con todas sus gargantas.

Después salieron a conocer algunas ciudades españolas, particularmente Toledo, Granada y Sevilla, donde la historia, primero, y la leyenda después, amontonaron maravillosas revelaciones.

Después de breve estancia en la Villa del Oso y del Madroño, nuestros compatriotas se dirigieron a París, no sin antes tomar parte en las tertulias de los famosos Cafés, de esos cafés madrileños cuya vida incomparable nos relatan Eduardo Zamacois y Pedro de Répide.

No debemos olvidar que tanto Molina como Turcios manejaban el arte de la charla con gran soltura y animación, magnetizando a sus oyentes. En esa oportunidad, ellos dieron a conocer, no solamente sus propias composiciones, sino también la de muchos poetas hondureños y centroamericanos.

Molina recitaba sus poemas Río Grande, El Águila, Tus manos, Una Muerta y su reciente Salutación a los Poetas Brasileros. Entre sus sonetos, LA OLA le era favorito:

Ora dormida en la extensión serena
del polífono mar que el orto dora.
parece, a veces, que a lo lejos llora
o que canta cual pérfida sirena.

Inquieta luego, de temblores llena,
se enarca como sierpe silbadora,
o apagándose rueda arrulladora.
con un grave susurro de colmena.

Otra vez surge con furor insano
llevando en sus entrañas escondida
la amarga bilis del revuelto océano.

Y de pronto, en un vértigo violento,
estalla en la ribera, sacudida
por el foete de ráfagas del viento.

Con una voz de actor, finamente impostada, y con una presencia que calaba hasta muy hondo, Molina daba a sus versos un acento subyugante. Sabía escoger los poemas adecuados a cada oportunidad. Y se echaba —como él decía— lo mejor de su guardarropa encima. Claro: la apoteosis no se hacía esperar.

Algunos años antes había fallecido don Emilio Castelar, llevándose consigo la edad de oro de la oratoria castellana. Molina le era deudor de aquel espaldarazo consagratorio, pues el excelso tribuno, al leer "El Águila" en 1898, exclamó: "Quien escribió ese gran poema, águila él mismo tiene que ser!" Molina siguió, pues, a París, con el pesar de no haber conocido a quien, desde ultramar, le había estimulado en forma tan generosa y con tanta autoridad.

Filando el novencientos, las corrientes parnasiana y simbolista, bifurcadas en Francia durante la segunda mitad del Siglo XIX, se abrazaron de nuevo en un movimiento caudaloso y fuerte, con características muy semejantes a las del Modernismo Hispanoamericano. Este movimiento tuvo como iniciador y jerarca máximo a Paul Verlaine —"Salve, maestro mágico, liróforo celeste!"—, participando también Mauricio Maeterlink, Jules Laforge, Charles Guérin, Paul Claudel, Pierre Louys, André Gide, Francis James, Paul Valery, Henri de Regnier y otros de igual o parecida talla.

En ese juego de construcción ideo—sensual tuvieron carta activa muchos intelectuales latinoamericanos, como Amado Nervo, Rufino

Blanco Fombona, Francisco y Ventura García Calderón, Alejandro Sux, José Enrique Rodó, Eduardo Carrasquilla Mallarino, Leopoldo Lugones, y los centroamericanos Enrique Gómez Carrillo, Luis Andrés Zúñiga, Arturo Ambrogi y Aquileo J. Echeverría. Y henos ya en el primer cuarto de la actual centuria.

Es octubre de 1906, cuando Turcios y Molina hacen su ingreso en París, la colmena de la luz. Don Frausto Dávila ha ido a Berlín en busca de un especialista que le trate cierta dolencia. Permanecen pocos días. El otoño entumece de nieve la ciudad. El paisaje es trasunto de un cementerio recién blanqueado, y a Juan Ramón, que ya lleva sobre los hombros la cruz de una fatal hipocondría, no le hace pizca de gracia. Decide entonces aprovechar su tiempo para cumplir un ofrecimiento, cuál era el de ponerle prólogo a la novela "Annabel Lee", de Froylán Turcios. Este, en cambio, fascinado, recorre en un "sigthseeing" la ciudad funambulesca, cuya vibración se manifiesta de las paredes hacia adentro: el hechizo de tales impresiones ha de impelerlo a volver años más tarde, ejerciendo la representación diplomática de su patria.

De regreso en París, don Fausto le comunica a Molina que tiene instrucciones del Presidente, General Bonilla, de dejarlo como Cónsul General de Honduras en el sitio de Europa que él tenga por conveniente; pero el poeta, que sigue siendo "un salvaje huraño y silencioso a quien la urbana disciplina enerva", declina el ofrecimiento. Don Fausto viaja entonces a Ginebra para solicitar los amistosos oficios del poeta Leopoldo Díaz, Cónsul de la República Argentina, pero la actitud de Juan Ramón es igualmente negativa.

Fue por entonces cuando Molina y Turcios conocieron personalmente al escritor colombiano José María Vargas Vila, quien habitaba, —según refiere Turcios—, en un hotel de la Rue Lafayette. Vargas Vila actuaba como Secretario de la Legación de Nicaragua en Madrid, compartiendo el trabajo y las parrandas con Darío. A la sazón hallábase pendiente ante S.M. Alfonso XIII la controversia de límites entre Honduras y Nicaragua. Al mencionar Vargas Vila el asunto limítrofe con cierta intención hiriente, Molina se le fue encima esgrimiendo su bastón y por poco se arma el lío, de no haber mediado oportunamente Froylán junto con otros amigos.

Por causas que aún se desconocen, Anabell Lee permanece inédita. Ante la curiosidad, insidiosa a veces, de muchos escritores nacionales y extranjeros, Turcios, a título de explicación, enfatizó que había resuelto no publicarla por motivos de carácter personal. El entrelineado de la misma explicación da a entender que la novela retrataba a personajes fácilmente identificables en el ambiente local, y que los parecidos no son mera coincidencia, como rezan las películas de hogaño.

Son muchos los que en Honduras han propalado la especie de que esa obra no salió a la estampa porque la esplendidez del prólogo la eclipsó de golpe. Infundio de tal jaez sólo puede apoyarse en cualquiera de estas dos razones: liviandad de juicio o prurito de zaherir. Porque, sin negar uno tan solo de los méritos que consolidan el aludido prefacio, pieza digna de la mejor antología, estamos en condiciones de afirmar que Froylán Turcios es uno de los más finos y acertados narradores de la lengua de Castilla.

En prosa helénica, tersa, armoniosa. Turcios le dejó a la posteridad, novelas, cuentos, memorias y relatos que evidencian la fuerza descriptiva y el equilibrio y fulgor que sólo pueden hallarse en las obras maestras de la Literatura. ¿Habéis leído "El Fantasma Blanco", "Salomé" y algunas páginas de sus "Memorias", para sólo citar tres, vía de ejemplo?

No ocurre lo propio en tratándose de su producción poética. Quien compare los versos de Froylán con los de Juan Ramón, encontrará un notorio desnivel, porque a los del primero, —no obstante su mejor arquitectura, vale decir, su construcción formal—, les falta ese soplo misterioso capaz de iluminarlos, remontándolos hasta los limbos nutricios del pegaso moliniano. Este extremo puede comprobarse a satisfacción en la poemática general de ambos, y, más específicamente, en poemas que, bajo el mismo título, dejaron ellos al juicio de las generaciones: Madre Melancolía, Tus Manos, Primera Cita. En suma: tratándose de poesía, la batalla es desigual; pero en cuanto a otras categorías literarias el parangón procede de derecho, porque Turcios exhibe títulos de irrecusable validez. Es muy probable que Molina, de haber vivido allende la edad de Cristo, habría esculpido verdaderos monumentos en prosa, pero la muerte le sorprendió con el cincel en la mano. Turcios en cambio, sobreviviendo en muchos años a su amigo, dispuso del tiempo suficiente para afinar, iluminar e impostar su obra, su obra que es un concierto de forma y de luz, de color y movimiento, de música y de perfume.

Nada tenía, pues, qué envidiarle el insigne olanchano al glorioso apolonida de "Tierras, Mares y Cielos". Y debe desterrarse, desde luego, por hueca y antojadiza, cierta conseja de que Turcios sentía celos de Molina. En primer lugar, quienes conocieron personalmente a Froylán saben que él tenía de sí un concepto muy elevado; casi puede afirmarse que sobrestimaba su poder creador, ya que solía tratarse en un pie de igualdad con las figuras mundiales de su tiempo; y en segundo lugar, la mejor prueba de su nobleza de alma es la edición que hizo de los poemas de Molina en 1913, tras ardua búsqueda en revistas y periódicos, donde aquéllos se encontraban dispersos. Hay que pensar en lo que significa un esfuerzo de tal naturaleza, cuando todo ese material estaba diseminado dentro y fuera de la América Central. Esa primera edición es la que ha servido de matriz a todas las realizadas con posterioridad.

El ya célebre Prefacio, que es por sí solo capaz de perpetuar la memoria de su autor, no podría faltar en este ensayo. Comienza así:

I

...Es en Parlas, en un cuarto de hotel, mientras la gran Cosmópolis ilumina férricamente sus calles, realzadas por los simulacros de los héroes del pensamiento y de la acción, donde trazo el prólogo de este idilio de amor. De amor y de dolor. Si comprimís el libro en vuestras manos, en una hora de meditaciones, quizá tomaría la forma de un corazón, tan enorme cantidad de ternura y de amargura hay en sus páginas. No os imaginéis que su autor tiene esos dolores ancestrales, producto de secretos atavismos; ni que ha sido atormentado por esas penas vergonzantes de las razas envejecidas y empobrecidas por una larga serie de crímenes y locuras. El libro es un desbordamiento de lágrimas sinceras: las veréis correr en algunas de sus páginas, más a veces son tan dulces y a veces tan amargas, tan salidas de los más profundos pozos del espíritu, que no hay mujer que, en la primavera de su existir, no quiera abrevarse lentamente en ellas, como una corza sedienta en las frescas aguas de un manantial perdido en el riñón de las sierras.

Llora el poeta sobre sus enfermas ilusiones; pero su llanto no os quemará como un ácido corrosivo, ni os envolverá en una atmósfera de melancólicas añoranzas. No es su tristeza la de Leopardi, cuando, en una tarde de fiesta, oía a lo lejos la canción del artesano que le recordaba las alegrías de un paganismo remoto; ni la de Byron, sentado a popa, frente al mar turbio e inquieto, sin más consuelo que los ojos vidriosos de su mastín, mientras se alejaba, entre la bruma llena de gaviotas, de las costas hostiles de Inglaterra, donde se quedaban su mujer y su hija, que jamás volvería a ver; ni es la del Dante de la VITA NUOVA, en su fresca y sonrosada mañana poética; ni la de ninguno de esos grandes poetas malditos que, renegando de la vida, o emborrachándose de tinta o de alcohol, se entregan a una muda desesperación que les consume como una fiebre, o se escapan dela vida por la puerta falsa del suicidio. Honda, ciertamente, es la tristeza de Turcios; más si tenemos un poco de imaginación y de espíritu, es imposible que no nos conmovamos profundamente al ver desarrollarse ante nuestros ojos uno de los idilios más frescos, y, sobre todo, más verídicos que ha tenido por cuadro el fragante edén de la naturaleza de los trópicos. Porque tal idilio no puede suceder más que en un país de sol, de corrientes y de perfumes. Ponedo, verbigracia, en una gran ciudad, en Nueva York, en Londres o en París, y tendréis una historia de amor como muchas, digna de una novela por entregas o de las columnas folletinescas.

Es necesario, pues, para comprender ese idilio, imaginarse la naturaleza que le ha servido de marco, las circunstancias ambientes que han rodeado a la pareja de enamorados, el medio local y hasta el carácter íntimo de los protagonistas. En ninguna de esas ciudades puede verificarse lo que se narra en estas admirables páginas de amor; de ensueño. La lucha terrible por la vida, el doloroso refinamiento de la civilización, el estado morboso de supersensibilidad del hombre y de la mujer, son óbice para concebir un poema semejante, que necesita de un medio bien diferente del trabajo por los siglos y las razas. Para que Lamartine pudiese escribir GRAZIELA, tuvo que ir a buscar una isla de coral, un caliente rincón madrepórico en el fondo del radioso Golfo de Nápoles, sembrado de islas de fábula y de leyenda, como aquellas en que se estrellaba el barco de Simbad, y donde, entre otros pescadores sencillos y fanáticos, podría encontrarla casta virginidad de su amada, defendida por los frescos azures de los amaneceres y las sales de las brisas del Mediterráneo, que mecieron las naves dóricas y las galeras latinas.

El abate Prevost, por un momento, nos logra conmover con los amores de un petardista y de Manon Lescaut, macerada y envilecida en todos los lechos de alquiler; pero para que su novela no acabe cómicamente con un desenlace de hospital, impregnado de ácido fénico, tiene que enviar a su heroína en el vil cordón de las prostitutas, después de cercenar su cabellera en la fría estancia de un juzgado, a morir en los silenciosos páramos de la Louisiana, sin más sudario que las arenas del yermo. Chateubriand colocó a Atala y René, no precisamente a orillas del Sena, sino a la ribera del Mississippi, arrullado por el gigantesco rumor de las selvas vírgenes, donde las tribus aborígenes, empenachadas de plumas de águila, bautizaron sus hijos y abrevaron en sus cauces. Bemnardino de Saint—Pierre hubiese caído en ridículo cuando, queriendo entretener a la frívola corte de Versalles, harta de minués y de profecías de salón, hubiera compuesto un poema de pastores bajo las umbrías de los Trianones, que cubrieron las meditaciones de Ronsard, y que, muchos años después, evocara nostálgicamente el autor de LA SAGESSE, el infeliz Verlaine, el más ilustre y desventurado de los anfiones de la Francia contemporánea.

Saint—Pierre necesitó, para refrescarlos espíritus atediados de su tiempo, llevarlos a una isla lejana, de grandes árboles melodiosos, poblada de antílopes y de cabras, donde una pareja de niños se besarla bajo un cielo libre y en medio de una naturaleza libre. Pero ¿a qué seguir? No hay poeta en Francia, desde Víctor Hugo hasta Esteban Mallarmé, que no haya aspirado, desde el seno de esta cultura artificial, a esos países remotos de climas templados y muelles, de sangres cálidas y de pasiones violentas, donde el amor no se finge, ni los besos se ponen en almoneda. Todos ellos, desde la mitad del siglo XVII hasta la del siglo XIX, parece que, desde el bufete de su cuarto de trabajo, aspiran con melancolía, bajo la sugestión del ensueño, a esas tierras de ultramar, penínsulas de encantamiento, islas rientes y aromadas, tierras de miel y de leche, donde el amor todavía se presenta como en los tiempos felices del mundo, cuando los refinamientos de la cultura no habían prostituido la sagrada pasión, y los códices no habían puesto un valladar entre los sexos.

Recordad a Víctor Hugo hablándonos de Tahití, de esa dulce, tibia y muelle Thaiti, cuando los europeos no la hablan deshonrado con sus crímenes, sus enfermedades y sus alcoholes; a Mallarmé, harto de bibliotecas y de amores fáciles, sintiendo que le llegaba un soplo de brisa marina, sugiriéndole la visión de una isla remota, perdida en los mares del trópico, coronada de cocoteros y de árboles de pan, en cuya ribera armoniosa canta el agua azul, los mariscos semejan flores vivas y hay grutas de las que salen cascadas diáfanas y dulces. Todos los poetas, y especialmente los de las razas cansadas y viejas, tienden, en ciertos momentos nostálgicos, a esas tierras perdidas en remotas latitudes, donde los árboles crecen monstruosamente, las frutas tienen forma, olor y sabor extraños, los pájaros han salido de un cuento de Las Mil y Una Noches, los lagos parecen copas de lapis lázuli y los ríos, claros, alegres y armoniosos, reflejan las auroras y los ortos de un cielo joyante, que no ha ennegrecido todavía el humo de las chimeneas...

Y así discurre el proemio, con ese estilo lujoso, florido y altisonante, que nos revela a Molina como un prosista de alta prosapia.

CAPÍTULO X: TIERRAS, MARES Y CIELOS

"Yo vine acompañando las cenizas desde San Lorenzo...Y vi en Pespire que una anciana se arrodilló en una puerta al pasar esta caja. Yo vi a los niños de las escuelas con palmas en las manos, alzar la frente para mirar esta caja, oí decir a alguien en Sabanagrande: "Yo fui enemigo de Molina", pero ese alguien llevaba en la mano una corona de laurel que colocó junto a su urna. Esa es la gloria: dominar el tiempo todo.

Hacer que la anciana —símbolo del pasado— se arrodille. Hacer que los niños —encarnación del porvenir— alcen la frente y saluden con palmas al que se fue vivo de la Patria y ahora vuelve inmortal. Esa es la gloria, vencer, ya muerto, al enemigo vivo, y obligarlo a tejer coronas de laurel en vez de la corona de espinas entretejida por el odio".

JUAN RAMÓN AVILÉS
Discurso a nombre del Ateneo
de Nicaragua—1918.

A bordo del barco alemán "GraffWalderse", se encuentran Molina y Turcios de regreso al patrio suelo. Es noche de luna y el mar ejerce un hechizo irresistible. Sobrecubierta, los dos conversan fraternalmente:

—Mi querido Froylán: te repito aquí —y a Dios pongo por testigo— lo que te dije una tarde en Rio de Janeiro: seamos dos hermanos ligados por la inteligencia y por el corazón. Que sean mutuos nuestros dolores y nuestras esperanzas. Unámonos para luchar y vencer, y tendamos a todas las cumbres las alas unánimes.

— Tú sabes bien, Juan Ramón, cuánto te aprecio y admiro.

—Lo sé; pero es bueno hacer énfasis en ciertas cosas. Tal vez antes no hemos tenido del todo buenas relaciones, por haber creído —y en mala hora por cierto— que el uno podía estorbar al otro... Pero hemos comprendido por fin que somos mitades de una sola entidad, que el uno completa al otro, que nuestros nombres vivirán unidos, y que resuminos una época literaria de nuestra Patria: nada menos que los últimos cincuenta años!

—Sellemos, pues, con un abrazo esta amistad que sólo la muerte podrá romper.

Y guardaron silencio. Un silencio solemne, lleno de palabras augurales. Froylán abrió de nuevo el diálogo:

—Juan Ramón: ¿cómo piensas bautizar tu primer libro?

—He hallado un nombre sugestivo, oceánico, total: **Tierras, Mares y Cielos.**

— Me parece espléndido. Te felicito. Brindemos por que aparezca pronto.

Pasaron entonces al bar para hacer un brindis. Y Turcios, abstemio en la total dimensión de este vocablo, alzó su copa plena, quizá por la primera y última vez en su larga existencia temperante.

De nuevo en sus respectivos camarotes, Froylán comenzó a esculpir una de esas reminiscencias que años más tarde publicaría como Páginas del Ayer, mientras Juan Ramón daba los últimos toques a su bello poema náutico: TAHITÍ IDEAL, cuyos primeros tercetos, dicen:

Una tierra olvidada en un cerúleo piélago,
como eslabón perdido de un remoto archipiélago
una tierra olvidada en un cerúleo piélago.

Una isla misteriosa, una feliz quimera,
gozando de una dulce y opima primavera,
una isla misteriosa, una feliz quimera.

Donde jamás anclaron sus carabelas cautas
—en busca de tesoros los blancos argonautas —
donde jamás anclaron sus carabelas cautas.

Ni brillaron las hojas de sus rudos aceros
entre sus platanares y verdes cocoteros,
ni brillaron las hojas de sus rudos aceros.

Ni el eco belicoso de sus claros clarines

turbó la paz eglógica que reina en sus confines.
ni el eco belicoso de sus claros clarines.
Ni vio flotar al viento, sobre su costa brava
un pendón purpurado o una bandera flava,
ni vio flotar al viento, sobre su costa brava.

Una isla misteriosa, una tierra sin nombre,
que nunca han deshonrado los crímenes del hombre,
una isla misteriosa, una tierra sin nombre.

Bajo el follaje umbroso de los llorosos sauces
los manantiales corren dulcemente en sus cauces,
bajo el follaje umbroso de los llorosos sauces.

Extraños caracoles de marfil y de rosa
el mar riega en su playa tranquila y melodiosa,
extraños caracoles de marfil y de rosa.

Antílopes de grandes miradas femeninas.
retozan en los claros de florestas divinas,
antílopes de grandes miradas femeninas.

En marzo de 1907, una revuelta apoyada por el General José Santos Zelaya, Presidente de Nicaragua, derrocó al Gobierno del General Manuel Bonilla.

Zelaya, sagaz y poderoso, inteligente y vengativo, no iba a quedarse con el golpe que recién le propinara el caudillo hondureño, al ganar la controversia limítrofe sometida por ambos países, desde 1904, a la decisión de S.M. Alfonso XIII, Rey de España.

Como es de lato conocimiento, el Laudo Regio, pronunciado el 23 de diciembre de 1906, favoreciendo la pretensión de Honduras, tiene, —al tenor de la Convención Gámez — Bonilla que le dio origen al compromiso arbitral—, el valor de una sentencia perfecta, obligatoria y perpetua contra la cual no cabe recurso alguno. Y esa sentencia le puso punto final a la disputa.[25]

El General Bonilla es el padre de la legislación civil, penal, militar, administrativa, mercantil, diplomática y procesal emitida en 1906. También es acreedor al reconocimiento popular por su decidido amor a la cultura. Tuvo como Ministro de Educación nada menos que al General Sotero Barahona, jurista, militar y hombre de Estado. Actuaban, asimismo, como consejeros del Presidente, los más ilustres hombres de aquel tiempo: Rafael Alvarado Manzano, Fausto Dávila, Presentación Quesada, Alberto Membreño... é ¿para qué más? Y los poetas tuvieron allí su Arcadia y su edad de oro: Turcios, Molina, Canales, Reina, los Coello, en fin.

He hizo el mejor gobierno, de su tiempo, ya que según la filosofía del Partido Nacional, recién fundado por él, todo hondureño capaz y honrado tenía derecho a participar en el manejo de la cosa pública. He ahí el primer ensayo de conciliación nacional que tuvo nuestro país.

Al caer don Manuel, advino una Junta de Gobierno integrada por el General Máximo B. Rosales y los doctores Miguel Oquelí Bustillo e Ignacio Castro. Esta Junta instaló como Presidente Constitucional al Vice Presidente electo, General Miguel R. Dávila, hombre de una probidad sólo comparable a la de Cabañas. Pero los intereses creados se interpusieron en el programa del nuevo Gobernante, y sobrevino el caos.

Juan Ramón Molina ha vuelto de Europa, después de revisar las nociones sustantivas de su cultura y de afinar el cordaje de su lira.

Abríase el nuevo año como rosa de los vientos, cuando, con la caída del Gobierno, se derrumba el edificio de sus más caras esperanzas. No es difícil figurarse el desconcierto que le sobrecoge. Porque el hombre, mientras más arrogante es en la altura, más cobarde se vuelve en la adversidad.

Su derrocado protector se va al exilio y a él no le queda otra alternativa que seguirlo. Está pobre y sin amigos. Pobre porque, pese a sus buenas entradas de los últimos años, jamás ahorró un centavo; y sin amigos, porque él no supo hacerlos ni mucho menos conservarlos.

---

[25]La Corte Internacional de Justicia, en su fallo del 18 de noviembre de 1960, confirmó por unanimidad dicha sentencia arbitral.

Y porque, además, cuando estamos caídos las amistades brillan por su ausencia; se nos esfuman como por encanto.

Y si eso fuera todo, pase. Pero cercaron su noche los chacales y las hienas: los primeros atacando y las segundas revolviendo podredumbre.

El Poeta, hasta entonces combatido por sus ideas pero jamás negado en su virtud creadora, se veía hoy infamado por la envidia y escupido por la cobardía. Ya no era el Príncipe de los Cantores Nacionales, como en sus ratos de euforia le llamaban algunos compatriotas, sino "un simple borrachín que, dilapidando los fondos públicos, cruzó el Atlántico sólo para cambiar de guaro..."

¡Y él, que en regresando de su gira, se sentía revivir, con flores y mariposas aleteándole en el alma!

Como consecuencia de la invasión al patrio suelo, emprendieron el éxodo glorioso, rodeando a su caudillo, muchos esclarecidos hondureños entre quienes figuraban los doctores Mariano Vásquez, Rafael Alvarado Manzano, Rafael Alvarado Guerrero, Augusto C. Coello y Abrahan J. Pinel. También iba Juan Ramón, como un sol en la derrota. De Amapala, los tristes emigrantes pasaron al puerto salvadoreño de La Unión, donde el General Bonilla abordó un barco mejicano con destino a New Orleans.

Los que quedaron siguieron hacia San Miguel, yéndose luego a Berlín, próspero pueblado cuscatleco, donde el Caballero don José Cipriano Velásquez, en unión de su culta y gentil esposa doña Julia Bain —ambos hondureños de origen— les brindaron por tres meses, amplia y generosa hospitalidad en su Finca "La Tegucigalpa".

Don Cipriano Velásquez hizo de El Salvador su segunda Patria, después de haber desempeñado en Honduras varios cargos de importancia, tales como Alcalde de Comayagüela, diplomático en Francia y Guatemala, y Presidente del Banco de Honduras.

Al amparo de ciertas garantías ofrecidas por el nuevo Gobierno, regresaron a la tierra natal todos los exiliados, con excepción de Juan Ramón Molina, Abraham J. Pinel y Augusto C. Coello, quienes enrumbaron hacia San Salvador, buscando más altas cumbres para su vuelo. Allí encontraron a dos de sus mejores amigos: Román Mayorga Rivas y Julián López Pineda, con cuya ayuda proyectaban reanudar la publicación de "Espíritu", revista literaria de la cual ya habían salido cuatro números en Tegucigalpa.

Mayorga Rivas había colaborado en La Revista Nueva, de Turcios y Molina. Allí se publicó un poema suyo dedicado a Juan Ramón. Y ahora rectoraba el Diario de El Salvador, del cual era propietario. Hombre de gran cultura, había viajado mucho. En cierta oportunidad fue Sub Secretario de Relaciones en Nicaragua, su patria. Y con ese caudal de constructoras experiencias vino a fundar, en 1895, el Diario de que se hace mérito, revolucionando con él la técnica periodística en la América Central. Sus columnas ostentaban con frecuencia los nombres de brillantes escritores y poetas hispanoparlantes y allí Molina encontró alero para guarecerse de la tormenta.

Julián López Pineda, recién llegado de Santa Ana, en el Occidente de El Salvador, dirigía "El Diario", fundado por él mismo; y al arribo de Molina, su entusiasmo creció tanto que juntos emprendieron la publicación de Ritos, revista humanística que fue de efímera existencia.

López Pineda fue el compatriota más abnegado y leal con que contó nuestro Poeta en su destierro, en ese corto destierro que a poco más de un año desembocaría en su muerte física. López Pineda no solamente le dio trabajo en su propio Diario sino que, haciendo suya la desgracia del compañero, gestionó para él varios empleos, tales como Examinador en colegios de segunda enseñanza, Corrector de Pruebas y Redactor del Diario Oficial. Por cierto que estos últimos destinos ya no encontraron al "Cantor del Río Grande" en condiciones propicias para tales desempeños.

El hibuerense extraordinario recibió en Cuscatlán la acogida más cordial. Ardía entre los círculos mentales el óleo de la emoción creadora, combustionado por la corriente modernista. El mismo Mayorga Rivas reclutaba para su Diario el concurso de connotados literatos centroamericanos: Alberto Uclés, Salvador Calderón Ramírez, Carlos Gagini, Policarpo Bonilla, Roberto Brenes Mesén. Máximo Soto Hall, Azarías H. Pallais, Froylán Turcios, Enrique Gómez Carrillo, Salatiel Rosales, y así otros tantos por el estilo.

Funcionaba en ese tiempo con éxito halagüeño la Sociedad "Juan Montalvo". Daniel S. Meléndez editaba una magnífica Revista llamada "Centroamérica Intelectual", donde colaboraban Manuel

Quijano Hernández, Francisco Herrera Velado, Juan Ramón Uriarte, Gustavo Solano

Guzmán, más conocido por El Conde Gris, Alfonso Espino, Vicente Acosta, José María Peralta Lagos (T. P. Mechin) y otros intelectuales de semejante cartel, sin excluir la simpática personalidad de Manuel Álvarez Magaña, quien fuera compañero entrañable de Molina desde su arribo a San Salvador hasta el día de su muerte. Fue por cierto en el Parque Bolívar, donde Juan Ramón escribió su Poema "Los Cuatro Bueyes", dedicado a Álvarez Magaña. Es un romance, dolido por el destino de aquellos cuatro animales melancólicos, lamentablemente flacos. Comienza describiendo la tristeza que vive la ciudad a esa hora. El Parque semeja una necrópolis cerrada hace mucho tiempo. Retrata al transeúnte que pasa debajo de su paraguas y al rapaz que camina a grandes saltos; a la mujer miserable que regresa del mercado, al cartero y a la joven con su chal azul y blanco... Y una linda señorita —toda gracia y todo garbo— con música en los tacones y sonrisas en los labios — y en los ojos alegría y un ramillete en las manos...". Y se lamenta de que nadie vuelve los ojos hacia los míseros bueyes que yacen inmóviles sobre el charco, uncidos a sus carretas llenas de cajas y fardos. La parte final dice:

> Sueñan los bueyes. Sus ojos
> se reflejan en el charco,
> llenos de dulzura, con
> las visiones de los campos,
>
> verdes y tibios, a la hora
> sugestiva del ocaso,
> en que un matiz de violeta
> tiñe los bosques y prados,
>
> y los senderos de hojas
> y los arroyos y pastos,
> y el corral, en donde mugen
> con un tono dulce y blando,

llenos los ojos profundos
de toda la paz del campo.
Y, en esta tarde lluviosa,
fijos en el empedrado,

sienten un odio implacable
por su vida de trabajo;
por la ciudad, con sus casas.
llenas de bultos y fardos,

con su rumor de tranvías,
con sus postes telegráficos,
con su trajín y su bulla.
y su mentira y su escándalo,

y el estruendo de sus trenes,
y sus coches charolados,
que no valen lo que vale
la placidez de los campos,

el monólogo del rio,
la dulce flauta del pájaro,
el limpio azul de los cielos
y la libertad del prado.
Habitante de la Osa

Hermano soy en la pena,
miseros bueyes, hermano
de vosotros. Tengo el alma
triste de muerte. Soñando

muero. Soñar es mi culpa
de la vida sobre el charco,
con un existir más dulce,
un mundo más aromático,

lejos de todos los libros
hechos por los hombres vanos,
cuyo veneno corroe
mi corazón lacerado.

Lejos, muy lejos, en un
rincón, risueño y arcádico,
donde la naturaleza
dé a mi cerebro descanso,

y me vuelva como un dulce
manantial, alegre y claro,
y mi alma se torne fuerte
y sencilla como el árbol.

Hermano soy en la pena,
miseros bueyes, hermano;
más es en balde que sueñe
como vosotros. Tirando

siempre estaremos. Vosotros,
de una carreta con fardos,
y yo del orbe sombrío
de mi espíritu fantástico.

El ambiente cuscatleco habría sido, más que propicio, maravilloso
para un Molina de diez años atrás. Pero el hombre de ahora era apenas
una sombra de sí mismo, algo así como una edición envejecida
prematuramente, ya carcomida y sin remiendo posible. El fulgor de
aquellos ojos que a tanta castellana subyugaron en Madrid, se había
opacado sensiblemente. El vigor de aquellos puños que en más de una
ocasión hicieran morder el polvo a tarambanas y lechuguinos,
menguaba a todo galope. Y se esfumaba la elegancia de su
indumentaria, para dar paso a un presencia hosca, amargada y en
proceso de franco deterioro.

Ya le asaltan alucinaciones de tipo alcohólico. Y día a día estas
negras visiones "poeneanas" lo van arrinconando hasta desesperar:

EN LA ALTA NOCHE

En la alta noche, cuando el mundo duerme
en completa quietud;
cuando los foscos genios de las sombras,
sus membranosas alas de murciélago
abren bajo el capuz,
que encierra este planeta miserable
como un ataúd:
cuando el insomnio irrita nuestros ojos
cargados de sopor;
cuando parece caminar muy lenta
la aguja del reloj:
cuando en el aire de repente dice
nuestro nombre una voz;
cuando nos tienta una invisible mano
causándonos terror:
cuando la sangre a la menor sorpresa
golpea nuestra sien,
y contenemos nuestro aliento tímido
ignorando por qué;
cuando una negra turba de recuerdos
nos hostiga cruel,
y anonadarse sin dolor sentimos
nuestro embotado ser:
cuando la orquesta de los grillos lanza
su chirrido sin fin,
y tras la blanda venda de los párpados
mira el ojo febril,
fosfóricos fantasmas y visiones lentamente surgir,
de un abismo confuso y visionario
en enjambre sutil:
he meditado en el amor aciago,
en el amor fatal,
con que ligó nuestras opuestas almas
la ciega adversidad;
en el amor que fue nuestro tormento,

que siempre lo será;
en el amor que tan variable te hizo,
que me hizo tan falaz;
en el amor que me lanzó en los brazos
del pesimismo atroz,
que pensar me hizo que la vida humana
no era más que dolor,
no era más que una pena continuada,
una horrenda expiación,
una terrible burla del destino,
un engaño de Dios.
Han venido después a mi memoria
los sarcasmos de Heine,
las amargas blasfemias de lord Byron,
en medio del placer;
la infinita tristeza y los dolores
del pálido Musset;
las penas de Leopardi y los sombríos
versos de Beaudelaire.
Entonces he querido anonadarme
sin saber lo que fui,
morirme lentamente, lentamente,
sin gozar ni sufrir;
sin saber cómo vine a este planeta,
cómo me voy al fin;
sin saber si tuve alma o no la tuve,
si viví o no viví.

Es la hora más espesa de su noche. Se le reavivan las pesadillas de aquellos años en Tegucigalpa, cuando, a raíz del fallecimiento de su esposa, le acometieron terrores innombrables al grado de no poder dormir solo porque la difunta, según contaba él, lo había amenazado con no darle sosiego mientras no abandonara la bebida. Recordaba, para el caso, la noche aquella en que, durmiendo en compañía de su amigo Miguel Lanza —un hombre de pelo en pecho— sintió la extraña visita de un ser ultraterrestre. Ante el influjo de la visión, ambos quedaron paralizados, no pudiendo articular palabra.

Sin hacerse esperar mucho, el total desquiciamiento advino por gravitación y así le vemos bajar de las cantinas centrales a los tugurios pútridos, haciendo pleno convivio con cuchilleros y prostitutas.

Ya no escribe regularmente; más cuando lo hace, es luminoso todavía, tanto en verso como en prosa. De sus reminiscencias oceánicas extrae algunas motivaciones interesantes, como La Niña de la Patata, relato de teñida intención social. Escribirá también por esos mismos días dos sugestivas estampas: "Viendo el Río Acelhuate" y "A Orillas del Rio Lempa". Desarrollando esta última, reproduce un soneto suyo escrito en la primera juventud:

Corre con tarda mansedumbre el río,
copiando en sus cristales la arboleda
y un monótono diálogo remeda
con el viento su grave murmurio.
Bajo el candente cielo del estío
no se apresura ni estancado queda,
sino que, lento y rumoroso, rueda
a perderse en el piélago bravío.

Tal se apresura la corriente humana
con su rumor efímero de gloria
reproduciendo una cultura vana;
y —sin que mude el curso de su suerte—
corre en el viejo cauce de la Historia
hacia el mar misterioso de la Muerte.

Asimismo traerá a cuentas algunas disquisiciones ético— melancólicas en "La Tristeza del Libro" y en "El Dolor de Pensar".

Si en aquel lejano entonces se hubiera conocido el existencialismo, no hay duda de que "Dialogando con el Agua" sería una página de Sartre. Pero, al margen de los catálogos y de las rotulaciones, únicos expedientes susceptibles de variar —ya que las actitudes del hombre son las mismas en el espacio y el tiempo—, podemos fisonomizar la procedencia existencialista de este trozo bien amargo:

Yo. — Me parece que vas triste.

Ella. —(El agua)— Sí, tengo toda la melancolía de lo que voy arrastrando: un trozo de periódico en que se narra una horrible guerra; un billete amoroso, todo mentira; un dedal que abandonó una Margarita por seguir a un Fausto ridículo; un décimo de la Lotería perdido por su dueño y que ¡oh, ironía!, salió premiado con mil pesos; un rizo blondo de alguna pecadora...en fin, toda la tristeza de San Salvador.

Yo. —La corriente de mi alma lleva peores cosas que tú: cadáveres de odios y de amores, recuerdos ahogándose, ripios de ciencias y de literatura...

Ella. —El hombre, para ser feliz, necesita conservar pristino el manantial de su espíritu.

Yo. —Cómo conservar pristino el manantial del espíritu?

Ella. —No abrevándose en los pozos del mal.

Yo. —¿Del mal?

Ella. —Del mal, o de lo que tú llames el bien.

Yo. —Francamente, no te comprendo. Por lo visto has interpretado ya los oscuros enigmas de Enrique Ibsen y de Bjoemstjeme Bjoemson, esas esfinges escandinavas.

Ella. —He arrastrado algunas de sus sentencias. Pero en verdad te digo que una flor tiene más sapiencia que los dos. ¿Por qué? Porque tiene su fragancia.

Yo. —De modo que la sabiduría consiste en dar algo de sí, ¿aunque sea perfume?

Ella. —En dar lo que nos dio la Madre Naturaleza, no el artificio.

Yo. —Tiene el hombre algún perfume?

Ella. —Tuvo; más la civilización se lo robó, estrujando a tan bello animal. Hoy no huele, pero en cambio hiede como las alcantarillas...!"

Con motivo de haber fallecido Jeremías Cisneros en la ciudad de Gracias a principios de 1908, Molina le dedicaba una remembranza que, no por conmovida es menos justiciera:

"...Allí en aquel ambiente de bostezos, donde vagan los fantasmas de los Conquistadores, lejos de la civilización, se deslizó, en una paz arcádica, la vida de este noble amigo que, pudiendo serlo todo, se contentó con hojear sus libros; con vender, con paciencia acreedora a la dicha celeste, las mercaderías que importaban trabajosamente a través de las montañas; con visitar sus remotos hatos, leer los periódicos tegucigalpenses, escribir notables estudios de Historia y Sociología, y vivir en la contemplación de Dios y de la Naturaleza. Su misantrópica existencia fue la de un verdadero filósofo, huraño y sin hiel, recluido en el fondo de una Arcadia de pinos y de robles, que sólo se conmovía cuando alguna revolución, perturbando la paz de la comarca, iba a exigir empréstitos, a lazar mulas y a hacer degollina de vacas. Cisneros entonces se escurría a los montes, refugiándose en cualquiera de sus lejanas haciendas, regresando a Gracias para continuar su vida monótona, al disiparse la tempestad...".

Habla después acerca de su correspondencia con el egregio desaparecido:

"...Jeremías Cisneros, a pesar de su oro mental de buena ley, permanecía casi en la oscuridad, olvidado en su silencioso rincón de Gracias. El nombre de aquel eremita, que era un pozo de saber, enemigo de reclamos y de bombos, apenas si había traspasado los linderos parroquiales, cuando se verificó el renacimiento literario de Honduras. Durante varios años sostuve con él una interesante correspondencia sobre asuntos de letras. En junio de este recibí su última carta...".

Y a renglón seguido, dice:

"...Hace diez años, José Antonio Domínguez, que hoy yace en el herboso y oscuro camposanto de Tegucigalpa, Froylán Turcios que empezaba su brillante labor, y yo, que llegué de Guatemala ciego de luz y loco de armonía", pusimos su nombre de moda, manifestando el valor de aquel lejano y austero meditativo, cuya sobriedad de estilo contrastaba con la prosa difusa y sentimental de Ramón Rosa, con el verbo ruidoso de Adolfo Zúniga y con los períodos vibrantes e incorrectos de Álvaro Contreras. Si éstos parecen valer más que él, al sentir de la crítica local, es porque hicieron vida pública, porque se desarrollaron en un medio mejor. Rosa fue Ministro omnipotente, atacado de una egolatría sin límites, que, con todos sus lirismos lamartinianos, no tuvo escrúpulos, entre las muchas atrocidades que cometió, de hacer apalear a una infeliz vieja, causándole la muerte; Zúniga, más vanidoso que un pavo, vivió adorándose, arrullándose y contemplándose, sin embargo de que, en un certamen de belleza no se hubiera sacado el primer premio; y Contreras, que fue una especie de Héctor Varela Centroamericano, cuyos nervios hiperestésicos eran para él la túnica de Neso, se creía sinceramente el primer orador de la Tierra.

Los tres tuvieron el talento de cultivar con esmero su renombre, y así, ayudados por su posición social u oficial, se impusieron a la admiración de los demás. Cuando una crítica justiciera les depure su obra, se verá que, aún con todos sus méritos, valen menos de lo que se cree...".

Aquí es donde ya aflora un síntoma de la amarga neurosis que comenzaba a aquejarle, pues las tres grandes figuras que él se lleva de encuentro, habían recibido años atrás sendos votos admirativos de su pluma.

En el último periodo transcrito, el genial Comayagüela se muestra como un iconoclasta en quien la ponzoña del rencor deforma su sentido de ecuanimidad, hasta obligarlo a contradecirse lamentablemente. Veamos: en su artículo sobre "Honduras Literaria" (Guatemala, 1897), Molina tiene un párrafo de esta guisa:

"...Que mucho que con tantos obstáculos y miserias tengamos hombres que como Dionisio de Herrera y Céleo Arias estén resplandeciendo por sus virtudes cívicas desde ese olvidado rincón del mundo; estadistas y sabios que, como José Cecilio del Valle, salvando el solar nativo, vayan a causarle admiración a un Bentham; oradores que como Álvaro Contreras, ese eterno perseguido, vaya de playa en playa y de pueblo en pueblo, haciendo escuchar su verbo rebelde; escritores que, como Ramón Rosa, manejen el habla de Castilla hasta el extremo de que su estilo semeje uno como repiqueteo de campanillas de oro o ruido de chorros de perlas cayendo en ánforas de cristal...".

Acerca del Doctor Adolfo Zúniga, bien conocida es la oración fúnebre que el poeta de Tierras, Mares y Cielos pronunciara en su loa el 22 de noviembre de 1900, abribuyéndole calidades de "orador distinguido, escritor brillante y periodista de vuelo"; y en la cual, luego de elogiar al difunto, hace un nuevo panegírico de Contreras y de Rosa.

Podría argüirse que la conversión de Molina era el resultado de un análisis ulterior. por cuya virtud el hombre, al descubrir las flaquezas de sus ídolos, se ve en el caso de tirarlos contra el pavimento. Pero no hay tal, porque aún en 1907, inserta algunos conceptos como éste:

"...Fue un ilustre hondureño, un hombre de luminosa mente quien fundó en esta capital (San Salvador) el primer periódico diario. Me refiero a aquel singular talento que se llamó Álvaro Contreras, que arrastró por las cinco repúblicas su generoso y bullicioso lirismo, dejando en todas ellas el brillante rastro de su verbo y de su pluma...!

El hecho nos revela en Juan Ramón no solamente la sombra de un escepticismo cataclístico, sino también el principio de una amnesia alcohólica, unidos a un total y deliberado abandono de su ego. A los treinta y tres años le ha invadido una especie de menopausia mental y, víctima de su impotencia, usa como único recurso, el zarpazo fiero y ciego, inyectado de veneno.

Y aún herido de muerte, ruge y causa el espanto de otros días porque su garra, aunque maltratada por la acción de los excesos, conserva todavía su peligrosa potencia. Testimonio de este aserto es el revolcón que le propinó al romántico Julio Flórez, poeta verdadero pero bastante obsoleto, a quien algunos ubican dentro de los modernistas, sin dejar de reconocer que su ejecutoria es débil para semejante calificación. Es un rápsoda de tanto vuelo como Víctor M. Londoño, Joaquín Casas o Ismael Enrique Arciniegas, pero siempre subalterno, por supuesto, ante la jerarquía de un Pombo, de un Silva, de un Valencia o de un Barba—Jacob. ¡Y es que Colombia tiene tantos poetas... que los árboles no nos dejan ver el bosque!

Pues contra ese neogranadino sentimental es que Molina arremetió con furia de endemoniado despojándolo en un tris de sus medallas y lanzándolo a la calle. Después de afirmar que el Pegaso de Flórez pasta en bosques poco salubres y abreva en aguas impotables". Prosigue:

"...No es un clásico ni un romántico absoluto, ni menos un modernista. Dice su congoja, canta su placer, refiere la novela de su alma en versos sonoros, a veces muy incorrectos. Eso es todo. Parece completamente un extraviado de la literatura hispanoamericana actual, en donde —de diez años atrás— se nota una orientación definitiva. Quizá no tenga la culpa de andar perdido, con su laúd de trovador provenzal a cuestas, por teatros y salones, cosechando una gloria fácil y barata, mas, su bulliciosa jira puede convertirse en un silencio de sepulcro, como les ha sucedido a varios de su casta, con más ingenio que él; y en sus coronas, que él supone de oro puro y definitivo, en breve aparecerá el cobre de su veta literaria y el oropel de su inspiración hueca y pomposa...".

Más adelante, por fin, lo moteja de "sepulturero de corazones podridos", endilgándole otras barbaridades de idéntico jaez.

Por ese mismo tiempo falleció en Nicaragua el ex Presidente Terencio Sierra, el mismo que años atrás lo enviara a trabajos forzados en la Carretera del Sur. Al recibir Juan Ramón aquella nueva, exclamó jubiloso:

—Con que ya se murió, ¿eh? ¡Pues no pierdo la esperanza de ir a mearme sobre la tumba de ese puñetero!

Como venida de las regiones providenciales, apareció por entonces una estrella, rasgando su tiniebla. Era Otilia, vestida de ilusión. El Poeta sintió entonces el estremecimiento de una nueva vida. Y la sangre, ardida de ritmos triunfales, fue una fiesta de amatistas y rubies:

Tras verdes alturas,
allá, en su campiña,
me aguarda la niña
MAS LINDA DE HONDURAS.

Veinte años apenas
tiene la donosa,
la de tez de rosa,
manos de azucenas.

Es toda dulzuras,
tal como la piña
en sazón, la niña
MAS LINDA DE HONDURAS.

Habitante de la Osa
En la primavera
la halló mi destino,
yendo de camino

por una pradera,
en pos de aventuras
de amor o de riña,
y dije: —"¡Es la niña
MAS LINDA DE HONDURAS!"

Bajó sin enfado
la mirada al suelo,
cual si el mismo cielo
descendiera al prado
de moras maduras,
donde se encariña
jugando, la niña
MAS LINDA DE HONDURAS.

Dijo: —"Caballero
(alzando la faz).
no turbes la paz
que hay en mi sendero.
Otras hermosuras
vuestro brazo ciña;
yo no soy la niña
MAS LINDA DE HONDURAS"

—"Aunque emperador
fuera o alto rey,
por divina ley
te rindiera amor,
sí seguirme juras
a la fresca viña
do estará la niña
MAS LINDA DE HONDURAS".

En el dulce ambiente
oloroso a flores,
entre los alcores
cantaba una fuente

sus églogas puras
a aquella campiña
diciendo: —"Es la niña
MAS LINDA DE HONDURAS".

Con su boca que era
de rocío y miel,
boca de clavel,
borró la hechicera
las hieles impuras
que mi labio apiña;
tal hizo la niña
MAS LINDA DE HONDURAS.

En mi soledad
pienso siempre en ella,
porque como aquélla,
no habrá otra beldad,
que, en tardes futuras,
allá, en su campiña,
me ame cual la niña
MAS LINDA DE HONDURAS.

Y, nuevo Marqués de Santillana, febril y apasionado, cautivo en un concierto de himnos reivindicatorios, se casa por poder con la graciosa hondureña, representándolo en la ceremonia su hermano del ama: Luis Andrés Zúñiga. Era el 5 de mayo de 1908, en Tegucigalpa, y actuaron como testigos de la boda el Periodista Paulino Valladares y el Doctor Jesús Velásquez.

Voy a decir aquí lo que me inspiras
en nobles versos, de la rima pautas,
y a tocar —para ti— todas mis liras,
mis oboes, mis pífanos, mis flautas!

¡Oh, amada de la muerte y de la vida!
Oh amada, emperatriz de las amadas!

¡Parece que estuvieras defendida
como en un muro de cincuenta espadas!
Tu mano ungióme un bálsamo precioso,
diste a mi sed como un divino vino,
y hoy —otra vez— me siento vigoroso
como por arte mágico o divino.
Rosa de amor: ¡en mi jardín florece!
Casa de oro: ¡no estarás desierta!
Astro del alba: ¡surge y resplandece!
TURRIS EBURNEA: ¡llamaré a tu puerta!

(Obertura Sentimental)
—(Segmento)

Y se arrodilla ante el altar de Venus, en oblación de fe. En septiembre del mismo año, Froylán Turcios llega a San Salvador, procedente de Guatemala, donde sufre a la sazón la prueba de un ostracismo duro pero decente, fecundo siempre en producción literaria. Aunque su gira es breve, el tiempo sobra para solidarizarse con la dicha de su amigo. Dialogan. Se hacen mutuas confesiones sobre la situación personal de cada uno. Y preparan proyectos al por mayor...

Pero luego se interpone la visión aquella encapuchada de melancolía, y en su primera velada de este período de renacimiento, apura el Poeta una poción letal que es cocktail de cansancio, desengaño y pesimismo. Y por fin le aplasta el convencimiento de que él no es más que un Fausto que ríe con felicidad prestada:

¡Ah, mi primera juventud! La cierta,
la única juventud, la que es divina!
"Lejos quedó la pobre loba, muerta,"
asesinada por mi jabalina.

Al mirarme al espejo ¡cuán cambiado
estoy! No me conozco ni yo mismo;
tengo en los ojos, de mirar cansado,
algo del miedo de quien ve un abismo.

Tengo en la frente la indecible huella
de aquel que ha visto, con la fe perdida,
palidecer y declinar su estrella
en los arcanos cielos de la vida.

Hoy, que llegué a la cumbre de los años,
ante la ruta que a mis pies se extiende,
pongo los ojos, de terror, huraños;
más exclama una voz: ¡sigue y asciende!

Mas ¿para qué, Señor? ¡Estoy enfermo!
¡Me consume el demonio del hastío!
¡Toda la tierra para mí es un yermo
donde me muero de cansancio y frío!

(Autobiografía).

Ahora, más que nunca, la nostalgia de los risueños días le trepana el corazón. Ahora es cuando, con mayor potencia, cala en su espíritu el verso de Antonio Machado que él injertara como vértebra lumbar en el maderamen de su autobiografía:

"...Lejos quedó la pobre loba, muerta",
asesinada por mi jabalina.

Le obsesionan los recuerdos del hogar distante y de la madre anciana y sin recursos. Para sacudirse un poco la ceniza que cae sobre su alma, escribe varios poemas sencillos: Los Ojos de los Niños, A Ruth Mayorga Rivas, Páginas de Álbum, Cuando Partió un Amigo, donde sensiblemente afloja el pulso de su buril. Empero, como bajo el sol no existe esfuerzo perdido, "Los Ojos de los Niños" sirvió de inspiración a Enrique Galindo para hacer un poema de ternura en tinta china que aparece a página 35, edición de Tierras, Mares y Cielos, hecha por Ismael Zelaya en 1937:

Mas, dicen los ojos

con un elocuente silencio:
—¡qué opaco y marchito es el mundo
que nosotros vemos!
Felices los hombres que nacen
a la vida ciegos!
Entonces la Muerte,
que se halla en acecho,
se acerca de pronto a los niños,
—que le ven sonriendo—
y cierra de un golpe sus cándidos ojos
con la punta glacial de sus dedos!

(Final del Poema)

Y hablando de páginas tristes, ninguna tal vez como Luciérnagas, poema en prosa que debería figurar en todo recital de poesía moliniana:

"...Esta noche, viendo cintilar las luciérnagas en el fondo del follaje oscuro, pensé en ti, y una oleada de vírgenes aromas y cálidos perfumes me envolvió, trayéndome muchos recuerdos de campiñas bañadas de sol, de cafetos cuajados de jazmines, de árboles doblegándose al peso de las frutas picoteadas por los pájaros salvajes de los bosques.

Por un momento he creído escucharla algarabía de los loros en la copa de los cacaotales, el gemido melancólico de las palomas monteses, el áspero grito de las urracas ocultas entre las tupidas frondas y el rumor del espumoso torrente, donde ibas a bañarte en las frescas mañanas de mayo, sueltos los negros rizos sobre la espalda y envuelta en tu elegante bata de lino.

Por un momento he pensado en aquella sencilla y rústica quinta, medio escondida a la salida del terrible volcán, donde pasamos horas tan felices, viendo desde ella ondear los rumorosos maizales, los rumorosos cañaverales, los rumorosos árboles del trópico, bajo un cielo de fuego cortado en lontananza por la brillante comba de un mar azul.

Por un momento he visto los mansos bueyes rumiando perezosamente sobre el césped; he sentido el suave olor de las hierbas chafadas y han aparecido ante mis ojos los paisajes campestres que recorrimos juntos, en aquellos dichosos días, cuando sumando tus años con los míos apenas llegaban a cuarenta.

Ah, las noches estrelladas y ardientes, las hermosísimas noches de la Costa, las noches en que los astros, llenos de intensa luz, se balanceaban armoniosamente en la bóveda celeste.

Vosotras no volveréis para mí. Habéis huido con vuestras sombras pobladas de luciérnagas, con vuestros quejumbrosos ruidos, vuestras brisas venidas de los arbustos en flor, cubiertos de nardos de nieve, de rosas encendidas, no más encendidas que los labios inviolados de la mujer adorada.

Sólo la noche del dolor, la profunda noche del dolor me envuelve. Es una noche inclemente y letárgica como las noches polares; una noche fría como los páramos andinos, como los témpanos de hielo, como el fondo de los sepulcros.

Sólo tú, hermana de Beatriz, hermana de Leonora, hermana de Ofelia, hermana de todas las pálidas vírgenes, de todas las doncellas dolientes, de todas las castas mártires del amor, pasas tristemente por mi tenebroso espíritu, aureolada de un nimbo de polvo de oro, envuelta en una gasa de argentina luz y esparciendo un ultraterrestre resplandor.

Sólo tú desciendes, como la adorable Espírita de Gauthier, a la oscuridad de mis pesares; desciendes a enjugar con tus áureas manos la frente de Prometeo, el cual se subleva aún, atado de una montaña de egoísmos contra la incontrastable cólera de los hados.

"Dejas los círculos angélicos, la gloria de la eterna paz, el mundo de las almas puras, y bajas, bajas como un soplo hasta el planeta que gira lentamente por los callados abismos.

Es entonces cuando me sublevo contra la vida, con rebeldías de ángel caído, cuando oprimo mis sienes entre las manos convulsas, cuando golpeo con mis alas el limo sobre el cual me arrastro.

Es entonces cuando, después de leer las páginas de todos los soñadores malditos, huyo desolado de mi cuarto de estudio, busco la soledad de un jardín lujurioso y salvaje, y me entrego a la meditación bajo la copa de los dormidos árboles, entre cuyas ramas tiemblan las estrellas como flores de luz.

Un vago estremecimiento se cierne sobre él, como si los espíritus errantes del vacío agruparan sobre los follajes sus alas cargadas de sopor. Débiles claridades blanquean la umbría, hilos resplandecientes se prenden a los troncos y rumores imperceptibles turban la calma de la atmósfera tibia.

Una pléyade de luciérnagas, como fragmentos de un fuego fatuo, como átomos desprendidos del disco de la luna llena, como pálidas chispas errabundas, vuelan sobre los cálices entreabiertos, pueblan los naranjos florecientes de azahares, se agitan entre las enredaderas, brillan sobre las anchas hojas, caen en el musgo, se apagan y se encienden por todas partes.

Yo, acordándome de ti, acordándome de que las miré contigo, acordándome de las ardientes noches de la Costa, sigo su vuelo con la mirada sin expresión de los dementes, mientras los astros pasan silenciosamente sobre mi cabeza.

A dónde vais, luciérnagas perdidas, efímeros insectos misteriosos, libélulas de luz?

¿Dormís en el tiempo fondo de las flores? Vivís lo que viven las mariposas que parecen caídas del iris?

¿Acaso le teméis al sol y os ocultáis a la aurora bajo las matas empapadas de rocío?"

Volad, volad ante mis ojos cuando yo os busque en mis horas de insomnio, volad aún ante ellos. Día llegará en que celebre mis nupcias con la muerte y entonces ella no me dejará veros ni por las grietas de mi fosa. Volad aún: es la media noche de la vida".

Ahora el Sagitario de la Melancolía, con las magulladuras de un destino que lo impele hacia el abismo, busca para su ascensión la escala de Jacob de una mística a lo Nervo, con la diferencia de que mientras éste se resigna y hasta se ufana de su actitud, Molina se rebela a cada instante porque le cuesta rendirse.

Resignarse es lo más duro para él. Para él que, como el Cid, encuentra su descanso en el pelear; para él, que no hace concesiones ni las pide; para él, que siempre ha renegado de toda suerte mediocre.

"Todo es nada y Nada es todo", fue el lema de aquellos años, ya lejanos, con su amigo Luis Andrés. Por cierto que fue famoso el palique de sonetos: Zúñiga, con su filosofía cristiana y optimista, y Juan Ramón con su cinismo espectacular, haciendo el contrapeso de la báscula. Pero ahora la Vida, cobrándose algunos desafueros suyos, lo ponía entre la espada y la pared: ¡Todo o Nada!

Y así le vemos vagar en los últimos meses de 1908, acompañado de poetas, de artistas, de estudiantes y de una califa de moscones ansiosos de sacar su patente de notoriedad al contacto de su nombre, aún galvanizado de legitimo fulgor.

Enmedio de ese sonambulismo otoñal, escribe un comentario a la obra intitulada "Ensayo sobre la Historia Contemporánea de Honduras", por el señor César Lagos, así como un poema de alejandrinos lúgubres, que quedó inconcluso y que, con el nombre de "Cristina", fue publicado años después (noviembre de 1917) por Julián López Pineda en el Semanario "El Progreso", que entonces se editaba en Tegucigalpa.

Ya las visiones macabras no le dejan conciliar el sueño ni siquiera por momentos. Como último asidero, echa mano de las drogas. Cierta noche que ensaya dormir, se despierta dando gritos de terror. Álvarez Magaña, y Fernando Gallegos, que se han quedado cuidándole, interrogan:

—¡Es ese viento! —gime él angustiado— ¡ese viento negrooo!!!

Tres días después de esta crisis, y seguido siempre por su ronda de bohemios, se encamina hacia Aculhuaca —hoy Villa Delgado—, cuatro kilómetros distante de San Salvador. En una cantina de por allí, Juan Ramón recibe los favores de la dueña, a quien le ha hipotecada su ya caduca virilidad a cambio de las pócimas malditas; pero al descuido de aquella, él extiende su jurisdicción erótica hasta una joven cantinera, rolliza y graciosa, llamada Pastora, que se ha enamorado locamente del emigrado catracho por sus maneras galantes y su porte varonil.

Es oportuno explicar que Villa Delgado se integró como tal hasta hace muy poco, mediante la fusión de tres poblados: Paleca, San Sebastián Texinca y Aculhuaca, los cuales venían, desde remotos tiempos, separados por una simple calle, lo que les valió el irónico marbete de "Los Estados Unidos de San Salvador". Hogaño, Villa Delgado es prácticamente un barrio de la próspera y bella capital cuscatleca.

La cantina se llamaba precisamente "Estados Unidos" y era de muy pobre condición.

Es el dos de noviembre[26] y la noche ha comenzado a tender su manto zurcido de peligros. Después de copiosas libaciones, los demás regresan, pero el Poeta, que no duerme desde hace varios días, desea conseguir sueño, así sea artificialmente, para lo cual se ha provisto de morfina en sobredosis suicida. Alguien, a su pedido, se la aplica, y allí mismo, dulce y apaciblemente, entra en el "Nirvana sin término, letárgico y profundo" que él mismo había entrevisto en sus noches de presagio...

"Así, calladamente, —dice el Padre Landarech—se fue de este mundo el poeta que había vivido como Byron, que había pensado como Lamartine y que dio forma a su pensar y sentir de una manera bella, atrevida y libre.

Las últimas palabras —el Nirvana sin término, letárgico y profundo— dichas con todo énfasis por el propio biografiado, tornáronme a la realidad.

Miré mi reloj, y estábamos tierra adentro de una noche serena y grave donde sólo se escuchaba la música del silencio entre el jardín de las evocaciones.

Traté de inquirir más sobre la vida y la pasión de aquel hombre extraordinario, pero ya su voz se desleía entre la bruma de un pretérito imperfecto:

"...Acaso os interesa mi suerte misteriosa?
Buscadme en mi magnífico palacio de la Osa
o en mi torre de oro, junto a la Cruz del Sur!".

---

[26] "ACTA DE DEFUNCION". —P. N°. 1263. JUAN RAMON MOLINA, de treinta y cuatro años de edad, casado con Otilia Matamoros, escritor originario de Tegucigalpa y de este domicilio, hijo legítimo de Federico Molina y Juana de Molina, fallecido asistencia médica. — San Salvador, cinco de noviembre de 1908, —R.V. Castro.—F. Aguilar, Secretario.—Rubricadas.

CAPÍTULO XI: LA SOMBRA DEL LAUREL

JUAN RAMON MOLINA (1875—1908) fue uno de los que nacieron a la poesía bajo el signo de Rubén Darío. Sus temas, aún sus palabras, eran las del repertorio modernista. Era un torturado —su pesimismo lo llevará al suicidio—y le comunicó a su numen un tono personal, inconfundible. Su lirismo fue variado y caprichoso en sus tonos: opulento en "Pesca de Sirenas"; elocuente en "El Águila"; descriptivo en "Canto al Río Grande"; elegiaco en "Una Muerta"; angustiado en "Madre Melancolía" y así sucesivamente. Aunque buscaba tesoneramente la perfección de la forma, no era en sí sólo un artífice. Leyó mucho—literatura, filosofía, aún ciencias—y su visión de la vida fue compleja. Era un egotista, un amargado, hastiado de la vida. Al escribir en prosa se esforzaba en lograr un estilo pulcro y elegante, por muy sórdida que fuera la realidad que describiera, como se puede ver en el cuento "El Chele".

E. ANDERSON IMBERT[27].

Tal vez moriré joven... Los amigos
me vestirán de negro,
y entre dolientes y llorosos cirios
de pálidos reflejos,
colocarán con cuidadosas manos
mi ya rígido cuerpo,
poniendo mi cabeza en la almohada,
mis manos sobre el pecho.

Ya colocado entre la estrecha cárcel
del ataúd modesto,
la tapa clavará con su martillo
un rudo carpintero.

---

[27] HISTORIA DE LA LITERATURA HISPANOAMERICANA, I. La Colonia, Cien años de República.—Fondo de Cultura Económica,3a Edición, México, D.F., 1961.

Después, los seis amigos que me quieran
con más íntimo afecto,
me llevarán sobre sus fuertes hombros
al triste cementerio.

En una huesa lúgubre y profunda,
en un hoyo siniestro.
colocarán, para arrojarle tierra,
el imponente féretro.
Enterrado seré.... La comitiva,
"descanse en paz," diciendo,
me dejará, me dejará muy solo,
en brazos del misterio.

En este poema —"Después que muera"—, escrito diez años antes
de entregarle su alma a Dios, hay mucho de profético, al menos en lo
de morir joven. Pero la verdad, la triste verdad de su final, está mejor
presentida en "La Fosa Olvidada":

Iba el féretro muy solo
por una calle desierta.
sin que nadie, ni un amigo,
ni un extraño lo siguiera.
—¿Quién es?
Ninguno lo sabe,
ni los mismos que lo llevan;
algún oscuro extranjero
que vino de extrañas tierras.

En un rincón olvidado
en medio de las malezas
abrieron la sepultura,
echaron la caja negra,
arrojándole de prisa
las paletadas de tierra.

¿Quién descansa en esa fosa
que cubren malignas yerbas?
No tiene una humilde lápida
donde su nombre se lea;
nadie responde quién duerme
allí; ninguno le lleva,
con el semblante contrito,
una guirnalda modesta...

(Fragmento)

En el romance anterior, hecho poco antes de morir, la visión es en tal forma fotográfica, que el autor, como don Félix de Montemar en "El Estudiante de Salamanca", asiste a su propio funeral.

Y, en habiendo llegado el día, siempre fue el suyo un entierro pobre, por más que la colonia hondureña radicada en Cuscatlán, respondiera dignamente al llamado de las circunstancias.

Al saberse la infausta noticia en Centroamérica, la prensa se deshizo en ditirambos y lamentaciones. Como ya el muerto no podía eclipsar a los detentadores de la mediocridad, comenzó a unificarse en torno suyo una opinión favorable, rayana en apoteosis. Y no podía ocurrir cosa distinta cuando de allende las fronteras ístmicas venían apreciaciones valiosísimas. Para el caso, Rubén Darío, en nota necrológica escrita desde París, decía... "buen poeta, fuerte poeta, pereció víctima de aquel medio matador de todo anhelo intelectual que apaga el alma de Centroamérica. Lo poco que pudo ser lo fue con el machete en la mano, en guerras de su tierra..."

Justo al día siguiente de su muerte, en conmovida página, Froylán Turcios, desde Guatemala, rendía tributo de admiración al ilustre desaparecido, prometiendo editar su obra dispersa. Tal promesa se hizo realidad en 1913, cuando salió a luz el libro de Juan Ramón bajo el nombre tridimensional de Tierras, Mares y Cielos.

Han escrito también bellas loas en su memoria: José Santos Chocano, aplaudido como Cantor de América; Rafael López, el mexicano de "La Bestia de Oro"; Leopoldo de la Rosa, aquel barranquillero errabundo que compartiera con Barba—Jacob el estremecimiento de tanta aventura insólita; Adán Coello, Salatiel Rosales, Rafael Arévalo Martínez, Adán Canales, Augusto C. Coello, Jorge F. Zepeda, Joaquín Soto, Rafael Heliodoro Valle, J. Cruz Sologaistoa, Román Mayorga Rivas, Alejandro Valladares, Nicasio Gallardo, Salvador Turcios Ramírez, Roberto Barrios, Juan Ramón Avilés, Julián López Pineda, Luis Andrés Zúniga, Primitivo Herrera, José Rodríguez Cerna, Gustavo Solano, Flavio Guillén, Vicente Mejía Colindres, Joaquín Bonilla, Matías Oviedo, Arturo Oquelí, Samuel Ruiz Cabañas, Jesús Castro Blanco, Clementina Suárez, Guillermo Bustillo Reina, Juan Felipe Toruño, Hernán Rosales, Daniel Laínez, Jacobo Cárcamo, Edmundo Cabrera, Céleo Murillo Soto, Fernando García, Medardo Mejía, Angel Moya Posas, Florentino del Cid, Oscar Acosta, Carlos Manuel Arita y otros cien más, cuando menos, de todo el Continente Americano, más algunos de ultramar.

Algunos de esos trabajos —verso o prosa—, aparecen en la edición especial de Juventud Hondureña, el 1° de noviembre de 1913, conmemorando el quinto aniversario de su fallecimiento, y forman parte, igualmente, de la Apología de Juan Ramón Molina, publicada por Jesús Castro en 1936.

Año con año se fue avivando el fuego recordatorio y de este modo en 1917 la Revista "Germinal" rinde nuevos homenajes a quien lucía ya, al margen de toda duda, como el príncipe de la poesía nacional.

Por ese tiempo la prensa hondureña demandó acción para repatriar sus restos, pues acababa de saberse en Tegucigalpa que tan ilustres despojos estuvieron a punto de ser exhumados y arrojados en una fosa anónima, de no haber mediado la oportuna intervención del Abogado Marcos Carías Andino —a la sazón emigrado político— quien pagó por su rescate los respectivos derechos.

Esa campaña pro—repatriación, que era ya un clamor popular, culmina en 1918, cuando el Presidente Doctor Francisco Bertrand autorizó las cantidades necesarias. La exhumación se hizo el tres de marzo, con asistencia de funcionarios y literatos salvadoreños. Los despojos entraron al país por Amapala, donde fueron recibidos con apoteósica unción. El periodista Mario Rivas de Cantruy, Director de la Revista "Renacimiento", dijo el discurso oficial; y Juan Ramón Avilés, que vino en representación del "Ateneo de Nicaragua", acompañó el cortejo desde San Lorenzo hasta la Capital.

La tumba de Molina en Tegucigalpa es, desde entonces, meca de obligada peregrinación para literatos, artistas, estudiantes y toda gente de filiación cívico—sentimental. Asociaciones de intelectuales, universidades, academias, ateneos y escuelas secundarias y primarias de Honduras y del exterior, han llevado y siguen llevando su homenaje hasta ese rincón augusto. Y no es raro encontrar sobre la fría losa uno que otro ramillete de la Amante Desconocida, frescos aún bajo el lucero de la mañana.

Las calles, las bibliotecas, las escuelas y demás lugares y centros que llevan el nombre de Juan Ramón Molina alcanzan crecido número a lo largo de América Central.

Igualmente y honrando su memoria también, allá por 1928, se emitió una estampilla cuya vigencia estuvo en pie durante varios años. Lástima grande que los fondos reportados por la misma no se hayan destinado a erigirle un monumento, tal como ha sido el deseo unánime de la hondureñidad. Pese a que hasta hoy todos los afanes encaminados a tal fin no han trascendido la etapa declarativa, hay base para creer que la ejecución de ese proyecto patriótico no se encuentra muy lejana.[28]

Son ya varias las ediciones que se han hecho de su obra literaria, tanto en verso como en prosa. La primera, dijimos, es debida a Froylán Turcios, y el material allí recopilado sirvió de base a las que se han realizado con posterioridad.

Aunque en estricta verdad, la primera edición de su obra es un folleto hecho por Francisco A. Gamboa, publicista de origen colombiano, el año 1903 en San Salvador, con doce trabajos suyos en prosa. Quizá por lo exiguo de la misma, los biógrafos y críticos de Molina no le han concedido mayor importancia. Ese opúsculo se llamaba "Vibraciones".[29]

---

[28] El autor de este ensayo presentó ante la Asociación de Prensa Hondureña (APH), allá por 1956, una moción en tal sentido, la cual, no obstante haberse aprobado por unanimidad, quedó reducida a una simple aspiración. Y el año 1964, en la ciudad de San Salvador se organizó, a iniciativa suya también, un Comité Pro Monumento a Juan Ramón Molina, integrado por ilustres intelectuales de América.

[29] Este descubrimiento fue hecho por Ricardo Trigueros de León, notable intelectual salvadoreño (QEPD), quien conservaba uno de los escasos ejemplares del referido folleto.

La segunda apareció en México, Distrito Federal, en 1929, bajo la dirección de Ricardo D. Alduvín, caballero andante de la pasión creadora, quien actuaba a la sazón como Ministro Plenipotenciario de Honduras ante el gran país azteca.

En 1937, la Editorial "Signos" de aquel esforzado batallador que se llamó Ismael Zelaya, realizó un lujoso tiraje en los talleres de la Imprenta Calderón, en Tegucigalpa, con ilustraciones de Enrique Galindo, prólogo de Enrique González Martínez y nota bibliográfica de Rafael Heliodoro Valle.

Por su parte, el Gobierno de Guatemala en la administración Arévalo, editó en dos tomos —prosa y verso—, su obra total, mejor dicho, la que ha podido rescatarse hasta la fecha. La edición está registrada bajo el lema "Clásicos del Istmo" y lleva la selección poética un proemio de Argentina Díaz Lozano, renombrada novelista centroamericana.

Finalmente, con ocasión de celebrarse el primer cincuentenario de su muerte en noviembre de 1958, se han hecho dos ediciones de su obra en verso: una de bolsillo por la Secretaría General de la ODECA, con un discurso—prólogo de Carlos Manuel Arita, escritor y poeta hondureño, y otra más completa por el Ministerio de Cultura de El Salvador, con un ensayo introductorio de Miguel Ángel Asturias.

No podría caber en estas notas todo lo que se ha escrito sobre nuestro gran lirica. Pero, a ojo de pájaro, es bueno recordar La Apología de Juan Ramón Molina, por Jesús Castro; dos estudios críticos por Marcos Carías Reyes; una semblanza biográfica por Arturo Oquelí y los ensayos de David Vela, Juan Felipe Toruño, Víctor Cáceres Lara, Humberto Rivera Morillo, Julián López Pineda, Céleo Murillo Soto y William Chaney, en inglés el de este último, existiendo de él sendas traducciones hechas por Corina Rodríguez y Jesús Castro.

Juliana Perna, egresada de la Facultad de Humanidades de El Salvador, se doctoró en 1960 con una tesis intitulada "Juan Ramón Molina, Poeta Romántico y Modernista", donde la autora revela no solamente su claro espíritu de investigación sino también su devoción al aeda.

El más reciente ensayo es el que ha publicado el sacerdote jesuita Alfonso María Landarech, catedrático de Literatura Castellana en prestigioso centro académico de San Salvador. Es una recopilación de enfoques breves editados bajo el nombre de "Estudios Literarios".

Las antologías contemporáneas, tanto en Europa como en América, incluyen regularmente composiciones de Molina, siendo ya varias las enciclopedias que citan su nombre como la más alta expresión del modernismo centroamericano, después de Rubén Darío.

Los poemas que, glorificándole, se han escrito en los últimos treinta años, cubren tan vasto número que no entramos a mencionarlos por temor de incurrir en omisiones.

Quienquiera que tuvo la oportunidad de conocer al malogrado Cantor del Río Grande, referirá que era orgulloso y altanero en sumo grado, por hallarse muy seguro de los títulos que le abonaban. Robusteciendo este aserto, Salatiel Rosales, en uno de sus periodos fulgurantes, dice:

"...Conocimos en carne y alma a Juan Ramón Molina. Aunque lo quisiéramos, no podríamos hacer aquí la biografía del Poeta, pues nunca hemos tenido ese don que es orgullo de los biógrafos. Pero diremos algunos rasgos de su ser perecedero. Pertenecía él a la estirpe de los poetas de belleza apolínea. Era bello, pero no con la belleza judaica y un si es no es atormentada de José Asunción Silva, sino con una belleza griega, sensual y dominadora. Si Asunción Silva, con sus barbas de rabí podía evocar al Lucio Vero del Museo de Luxemburgo, Juan Ramón Molina, con su rostro de corte helénico, era la reencarnación viviente del Apolo de Belvedere. Ello sabía. Por ello muchas veces este poeta dejó de escucharla melodía platónica de sus númenes para entregarse a la contemplación estéril de su propia persona en las lunas de los espejos o en la fuente de Narciso...".

Como consecuencia de todo lo apuntado, Molina abrigaba la confianza de que, aún después de su muerte material, sus versos seguirían aleteando en el recuerdo de las generaciones:

Pero mi oscuro nombre las aguas del olvido
no arrastrarán del todo, porque un desconocido
poeta, a mi memoria permaneciendo fiel,
recordará mis versos con noble simpatía,
mi fugitivo paso por la tierra sombría,
mi yo, compuesto extraño de azúcar, sal y hiel.

Envuelto en un solemne crepúsculo inefable,
dirá, tal vez pensando en nuestro ser variable:
"—Cual nuestro patrio río su espíritu fue así:
soberbio y apacible, terrífico o sereno,
resplandeciente de astros o túrbido de cieno,
con rápidos y honduras y vórtices...". Tal fui.

Estrofas de "Rio Grande".

CAPÍTULO XII: PROYECCIÓN ECOLÓGICA

"...Juan Ramón Molina es el más grande de los portaliras que nos ha dado la Centroamérica de estos últimos tiempos. Vigoroso como un roble, hermoso y bello como un Goethe, ágil como un felino, degenerado como un Verlaine, imponente como un emperador. Bajo otras estrellas, la vida de este hombre —cuya mentalidad, a manera de un girasol, tuvo la virtud de volverse hacia todos los soles del pensamiento—habría tenido entre sus puños la creación de obras de genio".

ALFONSO GUILLÉN ZELAYA

La hondureñidad entera ha consagrado a Molina como su máximo portalira, y, en el transporte de su admiración, ha dado en calificarlo, con frase poco original, el Príncipe de los Poetas Nacionales. Pero cierta gente de élite, con una exigencia estética mayor, opina que tal afirmación no debe recibirse sin beneficio de inventario, esto es, que no se tenga como verdad jurada mientras no se revise a conciencia la obra de otros eximios rapsodas como José Antonio Domínguez, Froylán Turcios, Augusto C. Coello, Alfonso Guillen Zelaya, Joaquín Soto, Julián López Pineda, Ramón Ortega, Francisco P. Figueroa, Rafael Heliodoro Valle, Jacobo Cárcamo, Daniel Laínez, Jorge Federico, Luis Andrés Zúñiga, Guillermo Bustillo Reina, Céleo Murillo Soto y otros grandes fallecidos, así como la de ciertos valores nuevos que se encuentran en plena frutescencia.

La unánime acogida que recibiera la orquesta moliniana, se explica por varias causas, entre ellas la fatiga que causaba a fin de siglo la poesía sentimental y monorrítmica de algunos áulicos de Juan de Dios Peza, Núñez de Arce, Julio Arboleda, Manuel Acuña, José Eusebio Caro, Olegario V. Andrade y muchos más de apergaminada estirpe romántica.

Tampoco puede descartarse la temática de su creación, que cubre un universo de motivaciones varias, desde el amor hasta la muerte y desde el optimismo hasta la angustia, todo dentro del marco de una lujosa naturaleza tropical. De ese modo, los múltiples estados de alma son revestidos por Molina con lenguaje altisonante, con ropaje de finas decoraciones, con palabras azules, rosadas o amarillas o verdes o amatista, plasmando con magistral acierto sus emociones, bien ante el arcoíris oferente o bien ante los problemas sociales que recién entonces comenzaban a ensombrecer de preocupación la frente de los hombres responsables.

Amén de lo que en su obra pudiéramos tener como cantos de vida y esperanza, Juan Ramón se detiene a meditar en el tremendo drama de la guerra civil y lo incorpora a su poesía como un fantasma inevitable. Oigamos la parte final de su "Adiós a Honduras":

Yacen allí, tras las batallas cruentas,
las torvas osamentas
de tus hijos más dignos y valientes,
y que rodaron, en su rabia loca,
de una roca a otra roca
el cartucho mordiendo entre los dientes.

¡Ay! A pesar del largo despotismo
que te empuja al abismo,
a la nostalgia sin hallar remedio,
mares cruzando y anchos horizontes,
tornamos a tus montes
porque nos mata un incurable tedio.

Vi humillada en el polvo la bandera,
extinguida la hoguera
del patriotismo, alzados los protervos,
hundido el pueblo en vergonzosas cuitas,
las águilas proscritas
por una banda de voraces cuervos.

Vi... ¿Mas pudiera el pensamiento mío
describir el sombrío
lúgubre cuadro de baldón y mengua
que me llenara de indecible espanto?
¡Vigor falta a mi canto
y siniestros vocablos a mi lengua!

Cuando enaltece el déspota triunfante
la poesía vibrante,
es triste objeto de irrisión y mofa.
¡Para el infame que a su pueblo abruma
con el terror, la pluma
puñal se vuelva, y bofetón la estrofa!

Los que sufrís en ocio envilecido
sin lanzar un rugido
el látigo ominoso del verdugo,
 por qué lloráis? ¡Bien merecéis, menguados,
ser vosotros atados
como los bueyes al innoble yugo!

Pero ¡qué exclamo! Perdonadme, amigos,
que impasibles testigos
no fuisteis nunca de la patria ruina,
porque habéis muerto con valor sereno,
coméis un pan ajeno
o sufrís en hedionda bartolina.

Perdonadme también los que entre crueles
burlas, en los cuarteles,
atados de los pies y de los brazos,
con fieros palos y con golpes rudos
de los cuerpos desnudos
la carne os arrancaron a pedazos.

¡Y tú también perdóname, ¡oh robusta
juventud, que a la justa

ira cediendo, entre el común asombro,
llevaste a cabo insólitas hazañas
luchando en las montañas
muerta del hambre y el fusil al hombro!

De la ciudad al triste caserío
despertó al fin el brío.
a tu voz, de los hijos de mi tierra;
y en sus bases graníticas sentados
los montes enriscados
tu ronco grito repitieron: ¡guerra!
Por qué fue en balde el temerario arrojo
con que en sublime enojo
el pecho diste a la mortal metralla?
¡Ahora que triste la mirada giro
en derredor, te miro
sin sepulcro en los campos de batalla!

¿Qué fue de aquellos que estreché las manos,
que quise como hermanos
en otros tiempos y mejores días?
Dónde están? Cuántos son? ¿Por qué se vedan?
¡Ay! de ellos sólo quedan
ilustres sombras y osamentas frías!

Todos murieron en la lucha fiera
al pie de su trinchera,
víctimas nobles de un brutal encono;
y hoy en Honduras, cometiendo excesos,
alza, sobre sus huesos,
un despotismo asolador su trono!

A los malvados que a su pueblo oprimen
con el crimen, el crimen
ha de poner a sus infamias coto,
o volarán, odiados y vencidos,
del solio, conmovidos

por un social y breve terremoto.

Vendrá la redención... Me voy en tanto.
La noche tendió el manto
por la callada inmensidad del cielo,
y cuál del sol enamorada viuda
melancólica y muda
vierte la luna un resplandor de duelo.

La fresca brisa con su beso alivia
mi frente que arde y tibia
aspiro una ola lánguida de aromas.
¡Efluvio de mis rústicos alcores!
¡Hálito de mis flores!
¡Emanaciones de mis verdes lomas!

Queda la Isla del Tigre tras la quilla
del vapor; el mar brilla
salpicado de espumas luminosas.
que se encadenan y que forman luego
mil culebras de fuego
sobre las negras aguas temblorosas!

Pero, contrapesando el pesimismo que destila en algunos poemas, nos encontramos con otros que son clarinadas al servicio de las grandes causas, tales como la reivindicación social, la Unión Centroamericana—máxima preocupación del hombre ístmico—, y la Solidaridad Continental.

El panamericanismo de Molina está patente no sólo en su "Salutación a los Poetas Brasileros" y en su Tríptico a Darío, sino también en otras de sus realizaciones, tales como el gran poema "Águilas y Cóndores", sin descartar, por supuesto, sus trabajos en prosa, los cuales constituyen aportes de primer orden al programa de unidad hemisférica:

De "Águilas y Cóndores" son estas estrofas:

Portaliras ilustres de nuestro Continente:
miremos el futuro con ojos de vidente,
con ojos que irradiasen —de sus cuencas sombrías—
la luz de las más grandes y fuertes profecías;
la luz de Juan —con su águila y su delirio a solas—
frente al eterno diálogo de las convulsas olas,
que oyeron —bajo un cielo de horror y cataclismo—
las cosas que le dijo la lengua del abismo;
voces de Dios: hipérboles, parábolas y elipsis,
que truenan en el antro del negro Apocalipsis!

¿Hermanos no seremos en la América? Todos
nacimos de los gérmenes vitales de sus lodos:
desde el rubio hiperbóreo que en el norte domina
hasta el centauro indómito de la pampa argentina,
que rige los ijares de su salvaje potro
como las ruedas rítmicas de su máquina el otro,
cual si quisieran ambos —henchidos de arrogancia—
suprimir los obstáculos del tiempo y la distancia.

¡Razas del Nuevo Mundo! Pueblos americanos:
en este Continente debemos ser hermanos,
bajo el techo de estrellas de nuestro Eterno Padre:
la madre de nosotros es una misma madre,
es una misma Niobe, que nos brindó su seno,
de calor y de leche, y de dulzura lleno;
inagotable seno cuyo licor fecundo
dará la vida a todos los huérfanos del mundo!

Y en su bella prosa intitulada "El Nuevo Mundo", nos ofrece este trozo final:

"Si fuera dable lanzar profecías en este siglo de la dinamita y del vapor, yo diría que los hombres y las tribus, y los pueblos y las razas, y las naciones, y el Dios de Confucio y el Dios de Abraham, y el Dios de Sócrates y el Dios de Jesucristo, y el hombre de piel amarilla como el hombre de piel negra, y el hombre de piel cobriza como el hombre de piel blanca, y los que habitan en las islas del océano y los que habitan en la tierra firme, y todos cuantos alientan alma sobre la faz del planeta, llegarán en misteriosa corriente al Nuevo Mundo, ya quise reunirán para fundar las grandes ciudades de una colosal República, y el bueno y omnipotente Dios de todos los dioses, estará complacido y mirará con generosos ojos el consorcio de los hombres que puestos de rodillas, elevarán al Ser Supremo, el himno más glorioso que hayan creado las religiones muertas y las religiones vivas, el himno de la libertad, del trabajo y de la civilización, que ya balbucea la Humanidad en la agonía del siglo decimonono y que en lo futuro darán a los cuatro vientos los hijos de nuestros hijos, hasta la consumación de los tiempos...".

El Modernismo vino a desentumir las articulaciones del idioma, aherrojadas por siglos de grilletes. La voz de nuestro adalid entró sin pasaporte al corazón de todos, por medio de una poesía ancha, fresca y transparente, donde se reflejaba y aún sigue reflejándose la psicología de su propio pueblo, hecha de asombros y de contrastes.

Huraño y sensitivo, sincero hasta el sacrificio, soñador y rebelde: he ahí al hondureño de hoy de ayer y de mañana. Así se explica la vigencia de la poética moliniana, que aún no ha declinado. En su aliento sinfónico no han de faltar ni pálpito telúrico, ni bramido de mar en celo, ni aleteo de cóndores, ni bisbiseo de fontana, ni eclosión de orquídeas, ni patinaje de aguaceros sobre tejados centenarios, ni vibración de racimo iluminado, ni arrullo de torcaz enamorada; ni ha de faltar, finalmente, el rugido del cañón, llenando de pavor las oquedades.

A la verdad, nadie como Juan Ramón Molina ha explorado mejor, en sentido cortical, la prodigiosa trama de ese paisaje inquieto y contradictorio. Sólo a él, por lo tanto, le fue dado sorprender, entre una gasa de vapores cósmicos, el alma desnuda y pudorosa de la Patria.

La crítica, focalizando su atención únicamente sobre los versos del genial apolonida, ha soslayado involuntariamente el examen de su prosa, donde concurren, sin asomo de duda, iguales o mayores excelencias. En el curso de este ensayo hemos transcrito algunas piezas notables, sin agotar, por supuesto, la caudalosa producción que aún anda dispersa a través de revistas y periódicos por los cuatro rumbos ístmicos.

Uno de sus campos favoritos fue el polémico, quizá porque al esgrimir la tizona se olvidaba del aire enrarecido de la aldea. Sobre este particular, William Chaney[30] afirma que "Molina ha sido considerado como uno de los más refinados panfletistas, y parecía haber sido inspirado por Juvenal o Víctor Hugo, a quienes posiblemente llegó a superar".

El Cantor de "El Río Grande" pudo haber sido también un magnífico ensayista; pero es obvio que no tuvo el tiempo suficiente para montar un taller adecuado al ejercicio de esta especialidad, en la que se inmortalizaron Montalvo, Rodó, Hostos, Mariátegui y Alfonso Reyes, para sólo citar a unos pocos. Apenas nos queda de ello su "Prefacio" a la novela de Froylán Turcios, escrito en 1906, entre la demencia de la gran metrópoli parisiense, ombligo del pensamiento latino.

De Molina, como narrador, diremos que si bien no nos legó trabajos de trascendencia, por lo menos clavó hondo la garra de su talento en relatos como "El Chele", "El Corneta", "La Renuncia del Escribiente", "La Niña de la Patata", "Muerte de Dionisio" y algún otro con aspecto de cuento, de fábula o de relato.

Excepción hecha de una tímida tentativa en materia de teatro, en los lejanos días de Quezaltenango, no existe vestigio alguno de que Molina haya incursionado en tal terreno, ni en la novela, ni en la oratoria. De entre los pocos discursos pronunciados por él, ninguno alcanza categoría antológica.

Con base en el anterior balance, no resulta aventurado afirmar que, de haber vivido más tiempo y con el auxilio de una cultura mejor estructurada, el prosista que había en él pudo haber sobrepujado al versificador.

La obra de Molina denuncia una fuerte dosis de influencia dariana. En efecto, la lectura de "El Águila" nos recuerda a "Ananke", así como su "Autobiografía" nos transporta a los "Cantos de Vida y Esperanza". Ese influjo está presente también en varios pasajes de ambos poetas, como aquel en que simultáneamente se duelen de su ser ultrasensible:

---

[30] "Juan Ramón Molina", ensayo crítico. Colorado College,1921.

Darío:
Dichoso el árbol que es apenas sensitivo
y más la piedra dura, porque esa ya no siente,
pues no hay dolor más grande que el dolor de ser vivo
ni mayor pesadumbre que la vida consciente...
("Lo Fatal").

Molina:
Ser del todo insensible como la dura piedra,
y no tallado en una doliente carne viva
de nervios y de músculos, o ser como la yedra
que extiende sus tentáculos de manera instintiva...
("Anhelo Nocturno").

Coinciden igualmente en la nostalgia por la ida juventud; en el diálogo fraterno con el pino, árbol—hombre de la América Central; en algunos motivos navideños; en el temor a la muerte y en el culto hacia las causas superiores, tales como la integración del pueblo istmeño y la hermandad continental, amén de muchas otras motivaciones que les hicieron sentarse a la mesa familiar, compartiendo el pan y el vino sin el menor asomo de pugilato, ya que resultaría ocioso admitir controversia alguna por razón de envergadura.

Pero esa influencia, que es innegable, en nada desfavorece al portalira hibuerense porque en todas y cada una de las tejedumbres donde la misma se manifiesta, Molina iguala siempre —y supera a veces— al magno artífice de la "Sonatina". Dígalo si no "El Águila", cuyo final guarda tan armónica congruencia con el ímpetu blasfemo del poema, como que a la reina de las aves no le espera otro destino que caer fulminada por el rayo, en tanto que la cándida paloma de "Ananké" halla la muerte entre las garras prosaicas de un vulgar y hambriento gavilán.

Por otra parte, ¿quién era aquel que, sintiéndose modernista, no iba a besar las plantas de su maestro?

A mayor abundamiento ya hemos establecido que Darío no es el creador del Modernismo sino su máximo adalid, su mejor intérprete, o sea el hábil taumaturgo que, uniendo a su propio genio la experiencia de los precursores, redacta un evangelio, levanta una bandera y se echa a andar por el mundo, lanza en ristre hasta triunfar a niveles ecuménicos.

Juliana Perna[31] encuentra en la poesía de Molina reminiscencias de Bécquer y particularmente de Leopardi. Reminiscencia, que no influencia directa: "...En Leopardi no hay dualidad. Su poesía lleva un sólo camino: la queja desolada en que él es a veces más penetrante, pues, perdida la fe religiosa, no tiene ninguna esperanza de otra vida. Molina, ora desespera sin esperanza religiosa, ora cree en los designios de un Dios Todopoderoso... La queja de Molina está llena de protestas e inquietudes; la queja de Leopardi es serena y altiva, todo lo contrario de la de Byron, que es sarcástica y burlona...".

También Poe proyectó su brújula sobre el espíritu lunar del gran poeta hondureño.

El término influencia tiene efecto relativo, y su alcance es elástico e impreciso. Vaya un caso: si se lee con cuidado la producción de Barba—Jacob, encontraremos, en soterrada vivencia, los desesperados acentos que configuran la poética de Juan Ramón Molina. Y el fenómeno se explica fácilmente al sólo recordar que el egregio antioqueño convivió entre nuestros poetas en dos oportunidades: 1915 y 1926, y que fue en un pinar de Honduras donde "vigorizó su aliento". Prologó el libro de Joaquín Soto — "El Resplandor de la Aurora"—; descendió a los infiernos de la tragedia moliniana y al tercer día resucitó predicando las excelencias de Soto y de Molina, dos poetas como él: geniales y atormentados.

En sus lamentaciones por la eterna partida de Juan Ramón, varios escritores se dieron a la tarea de indagar sobre la causa de su prematura muerte. Algunos de ellos culparon al régimen político de Honduras por su miopía punible. Otros recriminaron a las empresas periodísticas donde Molina trabajaba, por haberlo abandonado, sabiendo que se moría. Y no faltaron los que, usando un argumento manoseado, sindicaron como autor directo al enemigo número uno de los hombres superiores: el medio ambiente.

---

[31] Juliana Pema: "Juan Ramón Molina, Poeta Romántico y Modernista", Esc. de Filosofía y Letras, Univ. de El Salvador, marzo, 1960.

Las dos primeras imputaciones carecen de fundamento, ya que las satura una fuerte dosis de pasión, ingrediente éste que en toda indagación crítica debe marginarse a priori. Pero a la tercera sí podemos concederle, provisionalmente, cierta validez.

No hay duda de que en escenarios más propicios, habrían dado mejores frutos los númenes florecientes de Adán Coello, Ramón Ortega, Alonso A. Brito, Marco A. Ponce, Ramón Padilla Coello, Raúl Salgado Rubí, Juanita Zelaya, Humberto Villela Vidal, Daniel Laínez, Hernán Alcerro Castro y muchos corifeos del divino Apolo que ya emigraron del 1er terreno. Ellos hicieron únicamente lo que pudieron, porque el ambiente les negó alas. Y ese fue el caso de Juan Ramón Molina, visto a escala mayor.

La influencia del ambiente en el ascenso del hombre es innegable pero no decisiva mientras no vaya acompañada de otros factores también determinantes, como el talento, —que es la patente de lucha contra el entorno que nos rodea—, la voluntad de superación y el sentido de responsabilidad para consigo mismo y para con las categorías fundamentales que conforman su existencia: raza, credo, patria, hogar...

A la luz del siglo que estamos viviendo, ese determinismo ecológico, ese fatalismo de que "el ambiente lo mató", ya ha caído en franco desprestigio porque a su amparo se han querido justificar las frustraciones de tantas almas menguadas, disimulando la mediocridad de muchos intelectualoides que jamás habrían dado cosa alguna digna de aplaudir ni aquí ni en ninguna parte, por aquello de que "lo que Natura non da, Salamanca non lo presta..."

El Poeta de nuestro tiempo ya abandonó para siempre la torre de marfil, y, en confundiendo su voz con el grito del gentío, ha devenido en arúspice de las angustias, de los júbilos y de las aspiraciones populares. El poeta de hoy es, pues, un hombre como los demás hombres, diferenciándose únicamente en que, a fuer de iluminado, entiende más a fondo el contenido de los mensajes eternos. De este modo, concurre en él la triple misión de profeta, de maestro y de soldado.

¿Reunió Juan Ramón Molina todos estos atributos?

Decididamente, sí. Su caso es excepcional, extraordinario. Y he ahí por qué, en la constelación modernista regida por Darío, el genial hondureño ha sido y seguirá siendo una estrella de primera magnitud.

San Salvador, Centroamérica.

JUAN RAMÓN MOLINA, PROSISTA

Por Sara Rolla[32]

Con entera justicia, Juan Ramón Molina es considerado una figura cumbre de las letras de Honduras. No obstante, los trabajos críticos realizados en el país en torno a la obra de este escritor son aún escasos. Se han publicado ensayos muy encomiables, pero faltan estudios analíticos suficientemente amplios y sistemáticos que permitan a los lectores nacionales y extranjeros adentrarse con más provecho en el rico mundo expresivo del gran autor modernista. Es por ello que decidimos realizar, como un mínimo aporte a esa empresa necesaria, esta aproximación a un segmento de la producción moliniana.

A Molina se lo conoce principalmente como poeta. Sin embargo, su labor en prosa revela también la calidad de su pluma y permite conocer más a fondo su pensamiento, así como el contexto cultural en que se forjó su personalidad, tan singular y al mismo tiempo paradigmática.

Los escritos en que hemos basado nuestro estudio se publicaron por primera vez en Guatemala en 1948, y en Honduras fueron editados por la Secretaría de Cultura y Turismo de la República en 1984, con el título Prosas. A esta edición pertenecen todas las citas textuales del presente trabajo.

Los textos que componen el volumen pueden agruparse, según consideraciones genéticas de tipo tradicional, en las siguientes categorías: poemas en prosa, ensayos, artículos periodísticos, discursos y páginas narrativas.

Probablemente esta división peque de arbitraria, ya que los límites entre los diferentes tipos de textos a menudo se tornan borrosos, evidenciando la fragilidad de toda clasificación genérica. No obstante, para proceder con cierto orden, hemos agrupado provisionalmente los materiales del modo antedicho.

---

[32] Escritora argentina.

POEMAS EN PROSA

Los poemas en prosa están concebidos en la línea que arranca de Baudelaire (Le spleen de Paris. Petits poemes en prose) y pasa por Azul de Rubén Darío. Estas páginas de Molina representan auténticos ejercicios de estilo, en que el lenguaje se regodea y centra sus expectativas en su propio esplendor y poder de sugerencias. El referente, muchas veces nimio, se desdibuja y se convierte en un pretexto para el despliegue de imágenes y el efectismo léxico. Claro que, como sucede con sus ilustres antecedentes, en general estas prosas están impregnadas de esplín y de un ánimo evasivo que se orienta en ocasiones hacia las reminiscencias clásicas u orientales. A este grupo pertenecen, entre otros, los textos titulados "Copo de espuma", "Luciérnagas", "Incógnita", "Profética", "Cántico del amor y del dolor", "Lloviendo", "Mística", "el himno de Oriente", "Dialogando con el agua" y "Sol de octubre".

En "Copo de espuma" el paisaje marino da lugar a una auténtica sinfonía de imágenes de esencia pictórica, a la manera rebendariana:

"El cielo parece la paleta de un pintor. Todos los tintes están en él, desde el rojo subido, color de sangre, basta el suave morado de las violetas campestres.

El azul, un azul profundo, domina en el fondo. Grandes celajes, como si fueran los jirones del opulento manto de purpura de un rey, flotan al sur; y al occidente, sobre la infinita línea de lapislázuli del horizonte, se suspende un millar de nubes, semejando una maravillosa bandada de palomas que volaran bacia el sol...".

El paisaje es el punto de partida para los juegos de orfebrería verbal; y es, al mismo tiempo, el estímulo para una meditación donde resalta la vena neorromántica y escapista que distingue a los cultores del modernismo. El texto concluye así:

"Siento la nostalgia de un mundo muerto, y, como el dulce Musset, creo que be nacido tarde, que esta época no es la mía, que son otros mis tiempos.

Porque yo, hijo enfermo de este siglo, producto de una civilización sin ideales, fruto de un árbol ya viejo, semibárbaro del Nuevo Mundo debí haber venido en los albores de la humanidad, en la aurora del paganismo...

Entonces, oh, mar, oh sol, oh viento, habría cantado en el grandioso ritmo helénico, acompañándome de la lira de tres cuerdas de Orfeo, un himno religioso y sereno, que tal vez hubiera sido propicio a los amados dioses inmortales".

La calidad fónica de los poemas en prosa decisiva en este género se sustenta, como es sabido, en una estructuración cuidadosa de sus componentes sonoros. Algunas de las estrategias verbales que obedecen a esa búsqueda de efectos melódicos son: la selección de vocablos por su poder de sugestión acústica, la distribución de los acentos y pausas, la longitud de los períodos y la disposición de los elementos oracionales en el párrafo. En este sentido, se observa en la prosa poética moliniana una notoria tendencia a las estructuras rítmicas reiterativas, con abundancia de anáforas y paralelismos, como se aprecia en este fragmento de "Luciérnagas".

"Sólo tú. Hermana de Beatriz, hermana de Leonora, hermana de Ofelia, hermana de todas las pálidas vírgenes, de todas las doncellas dolientes, de todas las castas mártires del amor, pasas tristemente por mi tenebroso espíritu, aureolada de un nimbo de polvo de oro, envuelta en una gasa de argentina luz...".

Entre los poemas en prosa de Molina, resulta particularmente interesante el "Canto del amor y del dolor", que, con ciertas reminiscencias formales del "Cantar de los cantares", presenta un diálogo amoroso de voces contrastantes: la amada ingenua, candorosa y esperanzada, y el amante angustiado y fatalista, auténtico representante del espíritu atormentado del autor. Es un dueto bien concebido, que termina con una especie de armonización de tonos a favor de la perspectiva sombría del amado. Este es el final del diálogo:

Ella. —Inmortalizaremos el amor.

El. —Inmortalizaremos el dolor.

Ella. —Sólo el amor es eterno.

El. —Sólo es eterno el dolor.

Ella. —Oh, mi amado, el amor es la vida.

El. —Oh, mi amada, el amor es la muerte.

Ella. —La horrible muerte?

El. — ¡La muerte! ¡La horrible muerte!

ENSAYOS

Dentro de la prosa ensayística, sobresale el texto denominado "Excelsior", de extraordinaria fuerza expresiva y profundo valor moral. Su estructuración rítmica y el tono enfático de confieren ciertos rasgos de pieza oratoria. La actitud exhortativa rige la formulación sintáctica, en la que se encadenan, ágilmente, una larga serie de oraciones breves encabezadas por verbos en imperativo. He aquí un fragmento de la parte inicial.

"Vuelva siempre bacia arriba, bacia la cúspide del monte coronado de águilas, bacia la gloria de la luz. No lleves en tu garra de hierro las piltrafas de las carnes de tu enemigo (...) Vuela a lo alto, limpio el plumaje del limo de la ciénaga de la vida. No seas el buitre de ningún Prometeo. (...) Sé generoso.

Sé noble. Sé leal. (...) Sube, sube, sube; y si bajas, si quieres bajar, baja prendido a la crin de los huracanes. Vive con dignidad bajo el sol".

Otros ensayos que se destacan en el volumen son "El beso", "El estilo", "Un año más ", "Humo", "la tristeza de libro", "El dolor de pensar", "Nuestra emancipación", "Desarrollo de la prensa centroamericana", "Morazán y Barrios", "los congresos hispanoamericanos", "El nuevo mundo", "El progreso de la ciencia", "Por qué se mató Domínguez?", "Nietzsche" y el "Prefacio a la novela "Annabel Lee" de Froylán Turcios".

En la prosa titulada "el estilo" formula Molina su credo estético, de inequívoco corte modernista:

"Los que piden a prosistas y versificadores que se expresen con claridad, de tal modo que pueda entenderles el vulgo, ignoran que la literatura, como la ciencia, tiene su lengua única, incomprensible para la muchedumbre. Esta lengua, purificada, refinada y quintaesenciada por todos los artífices del verbo, es como un secreto sacerdotal, cuyo conocimiento exige una iniciación previa. Los léxicos no son más que opulentas minas, donde están, entre las brozas del idioma, que son los tópicos piles y comunes, confundidos los metales preciosos, el oro y la plata. El genio del escritor debe extraerlos y separarlos, acunándolos después en sus troqueles".

En el texto "¿Por qué se mató Domínguez?", analiza Juan Ramón con gran lucidez la problemática sociocultural que habría de determinar, irónicamente, el fin de su propia existencia. Esta prosa se convierte, pues, en una pieza central de su ensayística por su carácter en gran medida especular y profético.

El ensayo está dividido en cuatro partes, en las que se abordan los diferentes factores que contribuyeron a generar la crisis espiritual que condujo al suicidio del poeta olanchano José Antonio Domínguez.

El primero de esos factores es "el medio circundante", que el autor describe como un ámbito de "sorda agresión o de indiferencia", en el que el intelectual auténtico sólo cuenta con dos modos de escapar a la "muerte por asfixia".

"...o se aísla soberbiamente en su cima, envuelto en su nube, de tal modo que no se digne ver a los genios municipales, acaparadores de gloria barata y al por menor, o les degüella—como si fuesen carneros de un holocausto propiciatorio aparte—sobre su altar de ripios, pacientemente acumulados...".

Pero, según Molina, Domínguez era un ser demasiado humilde para asumir la primera actitud, y excesivamente altruista e indulgente para la segunda, de modo que carecía de armas para enfrentarse a su entorno y había de sucumbir fatalmente ante él.

Comparando esta problemática vital con la del propio Juan Ramón, podemos decir que él intentó las dos clases de escapatorias que propone aquí: aislarse olímpicamente en la cima de su superioridad intelectual y también fustigar a los literatos mediocres, como lo revelan sus filosas críticas; pero es evidente que esto no representó un alivio para su espíritu atormentado, que, si bien no buscó la puerta falsa del suicidio de un modo directo, persiguió otra forma de evasión del medio (el "abuso de nepentes" a que se refiere en su poema "Autobiografía"), que igualmente terminó aniquilándolo.

El segundo factor analizado es la "carencia de horizontes definidos". Según nuestro autor, Domínguez no tenía un objetivo existencial claro, como podrían haber sido "el amor, la política, la gloria literaria o el acaparamiento de riquezas." Se hallaba sumido en un estado de inercia espiritual y despreciaba cualquier clase de lucha, condenando de antemano por estéril todo esfuerzo por superar su postración emocional.

El tercer apartado del análisis se titula "Asimilación mental deletérea", y se refiere a la clase de lecturas que frecuentaba Domínguez.

Aquí Molina asume una perspectiva generacional, incluyéndose en el fenómeno analizado. Dice así:

"Lecturas malsanas y disolventes de que nos hemos impregnado todos los jóvenes cerebrales de la América Latina, contribuyeron poderosamente a su desnivelación moral".

El autor compara la situación de Domínguez con la de otro gran poeta suicida, el colombiano José Asunción Silva, y termina reconociendo que también él se ha hundido en estados de doloroso escepticismo, pero sin llegar a hacer, como José Antonio, "un código moral del pesimismo". Sin embargo, esta declaración de Molina suena más como una aspiración momentánea que como un logro permanente, ya que de hecho su muerte, como ya señalamos, tuvo que ver con una crisis espiritual similar a la aquí descripta.

El último factor abordado en el ensayo se refiere a los "ideales políticos y religiosos". Aquí enfatiza el autor algo apuntado en el primer inciso: la personalidad contrastante de Domínguez con respecto a los valores que imperaban en su medio social. Habla del "gran fondo de altruismo de aquel corazón magnánimo, enemigo en una época de fuerza y exterminio, de la fuerza y del exterminio".

El ensayo se cierra con una reflexión amarga, en la que Molina perfila una vez más, oracularmente, su propio destino. Se basa aquí, explícitamente, en la teoría darwiniana, que tanto influyó en el pensamiento de muchos escritores latinoamericanos a partir de la segunda generación romántica. Dice Molina, refiriéndose a Domínguez:

"Tal hombre (...) es una especie de paloma entre aves de presa, y desde luego está condenado a perecer tarde o temprano, víctima de los demás o de él mismo. En este bajo mundo, de perpetuas luchas y feroces instintos, o se es verdugo o se es víctima. O mata uno, o le matan. Darwin se encarga del resto de la explicación".

ARTÍCULOS PERIODÍSTICOS

Muchos de los escritores que recoge el volumen de "Prosas" son artículos extraídos de periódicos de Honduras, El Salvador y Guatemala en los que colaboraba el escritor.

En el apartado que se titula "Cartas", fechado el 6 de abril de 1906 en Tegucigalpa, se incluye una serie de artículos enviados en carácter de colaboración al Director del periódico "la Nueva Época" de Comayagua. En uno de ellos, Molina pone al descubierto, con derroche de ironía, la falsedad que alienta en los festejos locales de Semana Santa. Comenta que en Tegucigalpa "todos se preparan para lucir sus ropas nuevas. Hay un gran tráfico en los almacenes de la población...".

Sin embargo, el autor trasciende el mero cuadro de costumbres al introducir elementos subjetivos que dan al texto un contenido más profundo. A la manera de Proust —su gran coetáneo—, las sensaciones externas despiertan en él emociones muy recónditas:

"Las acres emanaciones de la cal fresca, vanando las paredes a grandes brochazos, que salpican las aceras de lluvias lechosas; el perfume capitoso de las flores de coyol, que empiezan a llegar; un no sé qué de triste que flota en el aire caldeado por un sol ardiente, todo nos recuerda por extraña evocación, la niñez lejana, la fe perdida para siempre".

La descripción de la Semana Santa en el ambiente capitalino se convierte de este modo en una evocación nostálgica brillantemente plasmada mediante la acumulación de imágenes instantáneas que destacan, con cierto ordenamiento libre propio de la memoria asociativa, una serie de notas típicas. Véase este fragmento, donde un único verbo inicial es sucedido por un extenso sujeto cuyos núcleos, yuxtapuestos, van señalando, con ritmo expeditivo, los elementos rituales característicos de la ocasión. Adviértase, además, la sutileza con que el desfile de las imágenes que cierran la descripción, se asocia, como en una secuencia fílmica, con un desarrollo temporal:

"Llenan la mente mediodías de llamas; trajes y sombreros nuevos; bojas de palmera; altares pobres y deslucidos; lluvias de flores de coyol; procesiones lentas y solemnes; matracas voltejeando pesadamente; ángeles rosados y resplandecientes en andas; sermones gangosos sobre muchedumbres de rodillas; la Virgen con los siete puñales; el Cristo exangüe y sangriento, descendiendo de la cruz, amortajado en la vitrina. El silencio profundo, la gran melancolía de la angustiosa noche del Viernes Santo. Luego la Gloria del Sábado, la procesión triunfante del Domingo de Pascua, a la luz matinal, bajo el cielo alegre sobre la multitud risueña".

En otro artículo, el autor analiza, a raíz de un decreto de indulto emitido por el Congreso, el fenómeno de la delincuencia. Acogiéndose, algo híbridamente, a doctrinas deterministas centradas ya en aspectos genéticos, ya en factores ambientales, Molina hace el siguiente balance de las causas de este flagelo social:

"Yo creo, sin llegar, por supuesto, a los extremos de los antropólogos contemporáneos, que hay mucho de congénito en el criminal, mucho de atávico. También, aunque no siempre, en que su fisonomía difiere de la del hombre normal, bien equilibrado, que si comete un delito, lo hace por fuerza irresistible o por exceso de pasión. Claro que el medio en que se desarrolla el individuo, influye enérgicamente en él, y que tal vez un pobre diablo, pacifico como un borrego, que sólo hubiera matado moscas durante toda su vida, termina por darle punto y raya al Manco Mena, si hay una serie de circunstancias, —vagabundez, miseria, malas compañías, alcoholismo, prostitución—que despiertan en él al hombre de la caverna". (p.174)

Como periodista de opinión, tampoco le es ajeno a nuestro autor el tema de política económica, y aquí denota un acendrado antimperialismo. Al referirse al próspero comercio del banano en la costa norte, denuncia fuertemente la amenaza del colonialismo norteamericano y pronostica también su ocaso. Al respecto, manifiesta:

"El progreso de la costa norte es lógico. Un aspecto especial de la civilización del continente colombino tiene que manifestarse en la vasta cuenca del Mar Caribe (...) Queda por saber si ese mar, ceñido de una costa ubérrima y lujuriante y esmaltado de islas edénicas, esta destinado a ser un gran golfo internacional, o simplemente un lago norteamericano, donde ondee, en el más alto mástil de los grandes acorazados, el pabellón de las barras y de las estrellas. Todo parece, hasta hoy, indicar lo segundo; pero nadie sabe qué le reserva el porvenir al apoplético boxeador yanqui (...) Recuérdese, si no, la pedrada de David en la frente de Goliat, que sigue silbando a través de los siglos".

A través de la prosa periodística de Molina, podemos admirar su personalidad recia, valiente y beligerante, que se evidencia al expresar sus fuertes convicciones cívicas y sus discrepancias con la visión ortodoxa de la religión, así como en sus juicios punzantes y demoledores en el terreno de la crítica literaria.

DISCURSOS

Otro género que Molina cultivó sin duda con agrado, dada su propensión al estilo enérgico y elocuente, fue la oratoria. El volumen de Prosas recoge varios discurso, entre los que se destacan los de tema fúnebre, como los dedicados a la memoria de Manuel Molina Vigil y Adolfo Zúniga.

El primero de ellos, titulado "Palabras ante la tumba de Manuel Molina Vigil", es un modelo en su género, con una fina elaboración de los niveles temáticos, estructural y lingüístico.

El exordio es una cita de Menandro, referente a la circunstancia de que los hombres más amados por la divinidad mueren tempranamente.

El cuerpo del discurso contiene una exaltación de la personalidad del brillante poeta malogrado y algunas reflexiones sobre el doloroso destino de los humanos, no sin algún destello de esa ironía tan cara a nuestro autor. Al respecto, cita el primer verso del epígrafe utilizado por Espronceda en el comienzo de su "Canto a Teresa", que dice: "Bueno es el mundo, bueno, bueno, bueno". Aquí aprovecha Molina para contrastar con expresivas imágenes lo dulce y lo amargo de la existencia, con un énfasis muy natural —dada su propensión al pesimismo— en lo segundo.

Inscribiéndose en una larga tradición de las letras hispánicas, Juan Ramón Molina concibe una alegoría para narrar la muerte de Molina Vigil. Presenta a la Muerte como una celosa enamorada que viene a llevarse al poeta recién desposado:

"...La Muerte, celosa de él, enamorada de él, se acercó de puntillas y le dijo al oído: — ¡Ven! Es muy temprano todavía, contestó con dulzura el poeta. —Ven, mañana será tarde y te puede sorprender la noche de la vejez en la jornada: vámonos, amor mío; y empujándolo dulcemente, ganaron los dos la puerta de la alcoba nupcial, y se perdieron a lo lejos, entre las brumas del no ser...".

El discurso se cierra con otro tópico del género: la despedida y el anuncio esperanzado de un reencuentro en el más allá. Pero el genio de Molina sabe sortear el riesgo de los estereotipos y conferir una belleza muy digna a esa conclusión:

"Un día, tarde o temprano, te iremos a buscar nosotros. Entonces, en un lenguaje desconocido para los mortales, volando con invisibles alas en una atmósfera de oro, hablaremos de la Tierra, de este mundo opaco, de este planeta execrable, que girará a muchos miles de millones de leguas de nosotros, si acaso la voluntad del Señor no ha suprimido ese átomo de las constelaciones de los abismos. ir basta mañana!".

Todo el texto evidencia un manejo muy cuidadoso de la prosa. Alternan oraciones breves y contundentes con cláusulas extensas cuyos elementos sintácticos se estructuran armoniosamente, con un ritmo basado en pausas regulares y profusión del recurso anafórico, como en el segundo párrafo:

"Manuel Molina Vigil era un amado de los dioses. Por eso se fue tan pronto de aquí; por eso nos abandonó para siempre jamás, por eso, en una mañana azul, en tanto que los pájaros saludaban al sol, en tanto que las fuentes se desataban en espuma, en tanto que la naturaleza cantaba un gran epitalamio, él, sentado en el tálamo nupcial, en el tálamo de sus dulces y fugaces amores, alumbrado aun por los últimos reflejos de las antorchas de Himeneo, echó mano al revólver, después de recibir el ultimo beso de la mujer amada, y se mató, se mató taladrándose las sienes, despedazándose el cerebro y cayendo graciosamente sobre el lecho, como caen los jóvenes combatientes de la Ilíada. Homero lo hubiera comparado a una flor o a una espiga segada".

Este discurso, como en general la prosa de Molina, abunda en referencias cultas: se menciona a Menandro, Homero, Humboldt, Lamartine, Espronceda, Lucrecio, Leopardi, Schompenhauer y Manuel Acuña, y se evocan diversos elementos de la mitología clásica, como los Campos Elíseos, Himeneo y Venus. A este rasgo de erudición característico del modernismo, se agrega el empleo de uno de los símbolos centrales del repertorio precionista de Rubén Darío:

el cisne. Molina llama a Lamartine "el gran cisne blanco" y expresa que Molina Vigil "cantó las frentes más puras y más blancas que el plumaje de un cisne intacto".

PÁGINAS NARRATIVAS

Quizás sea éste el sector más importante de la prosa moliniana. Lamentablemente, el escritor no llegó a desarrollar al máximo su potencialidad en este género, pero, los textos que dejó lo muestran como un narrador muy fino, de prosa ágil y concisa, con gran habilidad para la captación de ambientes y caracteres.

A este grupo de obras corresponde "Mr. Black", aunque en rigor no es propiamente un relato, sino más bien una evocación, predominantemente descriptiva, de experiencias escolares ingratas en la escuela de este personaje sombrío ya desde su nombre mismo, cuya figura domina el texto.

Mr. Black tiene un evidente parentesco con el tipo del maestro cruel e hipócrita que circula por tantas páginas de la literatura universal y, en las letras hispánicas, fue inmortalizada por Quevedo.

El retrato moliniano está claramente inspirado en el del licenciado Cabra del "Buscón", pero ello no le resta méritos, ya que el autor hondureño hace gala de una agudeza e ingenio que compiten muy dignamente con la habilidad verbal de los conceptistas. El propio Molina no oculta su deuda con el gran autor barroco y menciona directamente al célebre mentor del Buscón al inicio del extenso retrato humorístico, que citamos fragmentariamente:

"Era un hombre cerbatana, como el dómine Cabra de Quevedo; una alta osamenta cuyos huesos chocaban a cada instante; una como momia colosal metida en una levita milagrosa, del color de la miseria, cortada por la desgracia, raída por el hambre y empolvada por el tiempo.(...) La pechera de una camisa o de una mugre que parecía tal, enemiga de lavanderas, desconocida del agua, mal vista con la plancha, asomábase por entre el chaleco, o "centro", como decía él, flojo sobre su abdomen inverosímil, digo, sobre su espinazo, porque lo que es vientre no tenia, ni le hacía falta para maldita cosa, No tenía color su rostro, sino era cuando montaba en ira, que entonces se banaba del de la muerte (...), Terminaban sus flacos brazos en manos más flacas, que terminaban en dedos más flacos aún, de donde salían diez unas enflaquecidas de tanta flaqueza. (...) La cabeza, cabo de aquella tranca de hombre, era nido de terquedades, terreno ingrato para retóricas, hosque virgen para los peines, refugio seguro de las pulgas proscritas, de su pescuezo (...) Sentado me pareció un número 4; de pie, un gran número 1; y encogido sobre el pizarrón, un número 7".

Este personaje no puede concebirse independientemente de su ámbito, tan sombrío como él. La descripción del edificio de la escuela es, en efecto, una admirable creación de ambiente, que se logra, como el retrato, mediante un arsenal de hipérboles y chistes conceptistas. Molina llama a esta escuela "sucursal de la Inquisición" y la caracteriza de este modo:

"Imaginaos una antiquísima casa, llena de telarañas, con las tejas cubiertas de musgo y con un patio empedrado de guijarros volcánicos, probablemente del período paleolítico; patio desconocido de los pájaros del cielo y donde jamás babia nacido una sola flor. Horribles paredones negros aislábamos de toda comunicación con las vecinas casas, y solo de cuando en vez, por una rara casualidad, asomábase a él, desde lo alto, uno que otro gato perdido, que lo examinaba atentamente lleno de asombro, con los bigotes erizados, huyendo en seguida a grandes saltos. Los murciélagos y las lechuzas, a la luz de la luna, aleteaban en él; los ancianos pilares proyectábanle sus sombras y los grillos lo asordaban con sus monótonos chirridos. En las noches tempestuosas, el viento aullaba sobre el edificio, sacudiendo aquella vieja armazón, cubierta del polvo de cien años, como si quisiera arrastrar su descarnado esqueleto de vigas. El sol, por la mañana apenas calentaba aquellos corredores húmedos, donde sonaban huecas las pisadas y los ratones tenían sus agujeros. Un fuerte olor a moho, a vejez, a bongos podridos, se cernía de continuo en aquel ambiente, que, como el agua de ciertas fuentes las raíces que va mojando, tenían la cualidad de petrificar lentamente las carnes de los niños, dándoles el color de la piedra pómez y cubriéndolas de un polvillo terroso".

Otra pieza antológica de la prosa narrativa de Molina es "El Chele", cuento que se inscribe en la corriente del realismo costumbrista y en el que el autor exhibe un manejo diestro y vivaz del diálogo, así como un gran verismo lingüístico y psicológico.

Los personajes centrales son "El Chele" y "la Tomasa", a los que el narrador presenta, en los párrafos iniciales, como el "macho" y la "hembra", denominación genérica con que los ubica en la esfera instintiva, casi irracional, en que se desenvuelve su conducta atávica.

Mostrando gran calidad en el oficio narrativo, el autor entra directamente en el conflicto, sin elementos introductorios. El relato se inicia, así, "in media res", y los presupuestos anecdóticos irán apareciendo oportunamente.

Los dos primeros párrafos y el diálogo que sigue son un modelo de prosa llana y chispeante, con un oportuno aprovechamiento del nivel de lengua popular.

"Cuando ella le llevó el almuerzo —un plato de cocido hecho de prisa— aguardábala él a la reja, agarradas las manos a los barrotes. Era un mocetón membrudo, tirando a rojo, de mandíbulas fuertes, velloso como un perro de aguas, de barba viril. Un macho como pocos.

La hembra se acercó, rimando con las caderas, de amplio paréntesis, la estrofa del amor carnal. Era de mediana estatura, trigueña, rica de carnes, fresca como una sandia. Terciado el pañolón café, haciendo chillar los botines, pasó entre los soldados, despidiendo de su enagua una brisa ardiente y perturbadora, impregnada de perfumes baratos.

—Chico —dijo ronroneando la voz como gata— aquí está el almuerzo.

—¿Por qué has venido tan tarde?—replicó el reo con una voz entre áspera y dulzona.

—No pude estar antes. Tengo mucho que hacer.

—¡Mentira! Es que vivís entretenida con ese tinterillo. Ya sé que me vivís engañando. Pero ve, por Dios —e hizo una cruz con la diestra y la besó— que te doy una lección cuando salga de este enchute. Y lo que es a él...

Aquí la cara del Chele hizo un gesto feroz, enarcándose las pobladas cejas de sus ojos atigrados.

—A él —siguió iracundo— lo degüello con éste. —Y a hurtadillas de los soldados sacó un cuchillo, no se sabe de dónde, terriblemente afilado—. Lo degüello, ya lo sabés.

En la faz de la mujer se pintó una mezcla de miedo y de odio. Esta, de repente, tiró al suelo el almuerzo, alejándose de la reja.

—Oíme, negra —gimió él arañando los barrotes—; oíme un momento.

Mas ella, caminando precipitadamente, como a pequeños saltos, ganó la entrada de la guardia".

Observase, en el fragmento citado, la naturalidad y la gracia caricaturesca, que campean en el relato; las certeras pinceladas descriptivas concebidas desde una perspectiva psicológico—lingüística identificada con el contexto ambiental. Ello se evidencia en las comparaciones, que apelan humorísticamente a referentes típicos de ese mundo elemental en que se desenvuelve la trama: "velloso como un perro de aguas", "fresca como una sandía", "ronroneando la voz como gata". Véase también la fluidez y movilidad teatrales con que se desarrolla el diálogo de la pareja central.

Molina muestra en este texto su enorme ductilidad idiomática. Como en una especie de reverso del léxico culto y refinado que desgrana en la mayoría de sus prosas, en este cuento —como corresponde a su vena realista— el vocabulario abunda en términos jergales y regionalismos, como "enchute", "jeruza", "guazangas", "amasia", "jumas", "emberrinchinada", "sobiqueándose", "jeme", "se endamó" y "chancletudo".

Contrastando con ese realismo desenfadado, Molina nos ofrece, en "La Siguanaba", una evocación muy lírica de este personaje legendario.

El texto empieza con una rememoración de una balada de Heine referente a Lorelei, la versión alemana de tal mito. La prosa de Juan Ramón se engalana entonces con sus habituales recursos melódicos y adopta un aire muy emparentado con la estética rubendariana de "Azul":

"Yo me acuerdo de una dulce canción alemana, de una canción de Heine, tan triste como algunos versos del "Intermezzo", tan llena de susurros como los pinos de la Selva Negra, tan impalpable como las pálidas nieblas del otoño...".

El narrador adopta, desde el principio, una actitud melancólicamente rememorativa, y pronto despunta en el texto su verdadero eje temático, que ya hemos apreciado en otras páginas molinianas: la elegíaca evocación de la niñez poblada de fantasías y animada de una fe ingenua que su espíritu hoy desengañado quisiera recuperar. El autor reelabora así el viejo motivo de la infancia como edad de oro o paraíso perdido, desde la perspectiva de un heredero de los románticos.

Esta pieza que, como la mayoría de las prosas de Molina, se resiste a una clasificación genérica, ya que contiene ingredientes narrativos y líricos, concluye con esta reflexión que resume el dilema espiritual de fondo:

"¡Que no diera hoy por volver a creer en la Siguanaba, por volver a sentir los temores que me hizo sentir en mi infancia!

Todo lo que he aprendido sobre los pedantes libros de los retóricos griegos, de los poetas latinos, de los brumosos filósofos alemanes.

Todas las negaciones y afirmaciones de Heráclito y Demócrito; todas las odas de Horacio de Virgilio; todas las dudas de Hegel y los sublimes pensamientos de Kant.

Todo, todo eso, diera. En cambio me quedaría un corazón puro, un alma sencilla y límpida, llena de creencias vulgares, pero inofensivas; y la fe, sobre todo, la fe en el Dios de mis abuelos que estaba medio oculto entre grandes nubes, con los brazos extendidos sore el mundo terrestre, la barba celestial caída sobre el pecho y los ojos cargados de siglos".

En el texto titulado "La niña de la patata" se reiteran algunas de las características del anterior. Ratificando la propensión de Molina al lirismo, este trabajo presenta un mínimo marco anecdótico y mucho de prosa poética.

El encuadre de esta estampa se relaciona con una situación autobiográfica. En una helada mañana otoñal, el narrador se encuentra en la cubierta de un transatlántico que ha salido del Canal de la Mancha y se interna en el océano Atlántico. Indudablemente, la circunstancia está inspirada en el viaje de regreso de Molina a América después de su gira por Brasil y Europa.

Hay una descripción del espectáculo marino que hace énfasis en los tonos grises y el tumulto de las olas. Como cabe esperar, el paisaje se convierte en un "estado de alma", al modo romántico. Para ratificar esa tendencia, el autor asocia, o más bien funde, los elementos de la naturaleza observada como una reminiscencia literaria muy sugestiva de su estado anímico y de sus preferencias librescas: menciona las gaviotas que "chillan angustiosamente en los odioses de Byron".

Trazado el entorno natural, pasa Molina a enfocar el objetivo humano que ha de constituirse en el centro de esta prosa. Refiere que cuando iba, huyendo del frío, a refugiarse en el salón de fumar, descubrió un espectáculo imprevisto: apretados como en un rebaño, debajo de unas lonas que resguardaban el puente, vio una muchedumbre de pasajeros de tercera, inmigrantes pobres del norté de Europa que iban en busca del sueño americano. Entre ellos, destaca el narrador una diminuta figura que llamó poderosamente su atención y que describe con habilidad pictórica:

"En medio de aquel maremágnum cosmopolita, alegre en su angelical inocencia, toda encendida del frío, muy regordeta, con los ojos que parecían dos lagos azules, con los burdos zapatitos rotos y el traje raído, envuelta la rubia cabecita en una mala manteleta, una preciosa niña, no mayor de tres años, un lindo querubín entre aquella soez hampa, quería comerse una gruesa patata caliente y medio cruda, que acababa de tomar de un cubo próximo".

El texto se impregna de una fuerte corriente afectiva y denota la gran sensibilidad del escritor más allá de lo estético, en la esfera de los valores éticos sociales.

Tras imaginar las diversas perspectivas vitales que aguardan a la niña en el suelo americano y desearle el mejor de los destinos, Molina cierra la composición con este párrafo de gran musicalidad, cuyo vaivén rítmico, basado en el polisíndeton, parece armonizar con el paisaje marino evocado:

"Tal desea este pálido viajero, este taciturno soñador, que, en esta fría mañana otoñal, iluminó su noche interior con tu risueño amanecer, y gozó del perfume de tu infancia, y bebió el rocío de tus azules ojos, y derramó su angustiosa piedad sobre tu cabecita blonda, y te amó, en un fugitivo momento de su vida, bajo el plomizo cielo septentrional, entre la áspera vocinglería de las olas del Atlántico".

A la vertiente realista de la narrativa moliniana pertenece el singular trabajo titulado "La renuncia del escribiente (Capítulo olvidado de una novela perdida)".

Aunque el título presenta este relato como un fragmento, funciona muy bien como un texto independiente, con un desarrollo orgánico que lo ubica en la línea del cuento.

Con estilo directo y escueto, y empleando un lenguaje culto aunque desprovisto de todo matiz idealizador, Molina relata aquí una anécdota sencilla pero trascendente: José Ángel, un joven amanuense municipal, hastiado del rutinario ambiente de mediocridad e injusticia que lo rodea, renuncia a su puesto con una actitud de rebeldía que da a su conducta matices heroicos.

El detonante de tal acción es una escena que José Ángel presencia en la oficina, cuando dos pobres mujeres —madre e hija— que han sido llevadas por un policía ante el secretario de esa dependencia, son sentenciadas por éste a pagar una multa por el delito de comprar víveres para revenderlos, infringiendo una ordenanza municipal. Como la cantidad establecida excede notoriamente su capacidad de pago, de hecho ambas mujeres son condenadas a la cárcel.

Este texto nos recuerda la visión punzante y la atmósfera opresiva y melancólica que caracteriza a los cuentistas rusos del siglo XIX. Es estupenda la elaboración del ambiente burocrático, con su entorno miserable traducido en oportunos detalles (vieja alfombra de cáñamo", "salón cubierto de un antiguo tapiz", "patio estéril como una roca") y con sus figuras grises, resentidas y mezquinas, como la del viejo portero asmático que envidia al joven escribiente, y la del secretario, brillantemente caracterizado con pocos pero certeros trazos ("enlazados los dedos de las manos, la cabeza cónica ligeramente inclinada, el semblante ceñudo...").

El clima moral sórdido que impera en este ambiente típico es adecuadamente descripto desde la perspectiva del protagonista, cuando, en estilo indirecto libre, el narrador lo hace trazar este balance:

"Y luego las intrigas inevitables, los chimes de unos con otros, aquel trabajo embrutecedor de escribir notas y más notas, miserablemente remunerado; las injusticias, las represiones diarias, las miserias de aquella vida monótona sin horizontes, sin ideales...".

El relato contiene una fuerte dosis de crítica social, pero la habilidad el autor le impide caer en el panfleto. Se fustiga el sistema desde la óptica psicosocial del personaje protagónico, que acaba de observar sus mecanismos injustos, y la profeta suena natural:

"Sí, aquello era una injusticia, una brutal injusticia. ¿Quitarles a las infelices su cesto de provisiones, y enviarlas en seguida a la cárcel! Había mayor falta de piedad? ¡Y esto lo bacia el secretario en nombre de la ley, que violaba según su conveniencia! ¡Revendedores!; ¿qué tenía eso? ¿No babia una porción de tenderos y tenderas al por menor, que hacían lo mismo, que negociaban impunemente en mayor escala? No estaba entonces el agio de moda? ¿No traficaban judíos y comisionistas con el sueldo de los empleados, favorecidos por el gobierno, que de propósito no pagaba puntualmente el presupuesto? (...) Ellos, los agiotistas, no iban a la cárcel, no irían nunca".

El final muestra un interesante cambio de focalización. Producido el desenlace de la historia, con la renuncia de José Ángel, el narrador abandona el estilo indirecto libre, recurso esencial con el que ha ido mostrando los acontecimientos desde el ángulo de dos personajes (el protagonista y el portero) y asume un papel de observador externo, provocando una impresión de distanciamiento. No obstante, sutiles detalles nos revelan una fina ironía en la percepción de los hechos narrados y su entorno. Así, cuando el protagonista sale a la calle, se establece un eficaz contraste entre la alegría de la naturaleza y la tristeza del ámbito humano decadente:

"Eran las diez de la mañana, una alegre mañana de sol, que reía sobre los seniles y amarillentos edificios coloniales, sobre las carcomidas baldosas, rociando de oro los árboles del parque".

El texto se cierra con una escena en apariencia trivial pero, en el fondo, muy significativa. José Ángel toma un tranvía y se aleja, y el hecho, enfocado desde la perspectiva del narrador observador, está plasmado con gran finura, haciendo un énfasis deliberado en la desagradable rutina que rige las acciones humanas y a la cual el protagonista parece no poder escapar.

"Llegó el próximo tranvía, cuyo rumor se iba acercando. Llegó el vehículo tirado por dos mulas béticas, castigadas por el látigo del conductor, azuzadas por una lluvia de ternos y de insultos. Habiendo subido a la plataforma algunas personas, en cuenta José Ángel, volvió a chasquear el látigo, volvió el conductor a lanzar blasfemias, volvió el carro a deslizarse trabajosamente por los enmohecidos rieles".

Dentro de la prosa narrativa de Molina, se destaca asimismo un exquisito cuento típicamente modernista titulado "Muerte de Dionisio".

Aunque se inspira en el mundo clásico, el autor rehúye toda solemnidad y emplea un tono conversacional, ligeramente burlón, para anunciar su versión de la muerte de un personaje legendario: Dionisio, tirano de Siracusa. Utilizando el viejo recurso que Cervantes aprovechara en su "Quijote", dice haber hallado la historia en "un antiguo pergamino encontrado en una empolvada biblioteca de las ciudades del sur de Italia".

El relato comienza con la descripción de un espléndido festín ofrecido por el tirano, al que asisten artistas y filósofos, entre los que se cuenta el mismo Platón. El banquete está llegando a su fin y Dionisio se encuentra ya borrado. Su retrato está muy bien trazado:

"Luenga barba innoble orlaba su rostro, pálido por las frecuentes libaciones. Era tan encendida la purpura de su manto, que parecía que acababan de sumergirlo en un baño de sangre. Descansaba su corona de oro sobre un trípode cercano, y la pulimentada calva de marfil resplandecía bajo el riquísimo techo, de donde colgaba una fulgurante espada de acero, amenazando a los comensales".

La imagen del manto cuyo color se asocia con sangre encierra un claro simbolismo y tiene carácter premonitorio, como se verá en la escena final.

En el fragmento citado puede apreciarse que la famosa espada de Damocles juega un papel importante en la trama. Ignorando su amenaza, el tirano se dirige con jactancia a los comensales, alardeando de su hospitalidad y burlándose del propio Damocles, allí presente. De pronto, se escuchan unos fuertes lamentos y Dionisio explica a sus invitados que se trata de unos prisioneros próximos a ser ejecutados.

El narrador ha creado muy apropiadamente la atmósfera de presagios, jalonando la historia con imágenes como la del manto, la siniestra espada y los ayes de los condenados. Ha preparado así, cuidadosamente, el fantástico desenlace. Este no es otro que el castigo del tirano, muerto por oba de la mitológica espada, metamorfoseada en serpiente. La acción es resuelta con dinamismo y amalgama adecuados efectos visuales y acústicos:

"Agonizaba la luz de las antorchas; dejaron de vibrar las liras y una semiobscuridad invadió la sala del festín. De repente la espada retorciose como si tupiera vida, cayendo sobre la mesa y ondulando, serpiente de fuego, después de lanzar un silbido siniestro. Un grito de horror se escapó de la boca de los convidados, y sus semblantes se pusieron lívidos al reflejo trémulo de las antorchas. El reptil serpeó entre las ánforas y las fuentes de plata, lanzándose sobre la cabeza del tirano e hincando en ella sus colmillos. Enderezóse Dionisio rugiendo para caer en seguida inerte sobre la alfombra, en tanto que la fantástica culebra desaparecía en una de las sombrías esquinas del salón".

Al final reaparece la imagen del manto, afianzándose su carácter simbólico. La escena es muy plástica y resalta en ella el contraste entre el color purpúreo de dicha prenda y la palidez de la cabeza de la víctima:

"Cuando llegaron los áulicos y los guardias, el rey yacía muerto sobre la alfombra de cachemira, estrujando bajo la espalda su soberbio manto purpúreo, semejante a una fresca degollación, de donde surgía resaltando su cabeza pálida, bajo el bosque de los brillantes sables desenvainados en lo alto de las antorchas traídas por los esclavos atónitos".

Finalmente, deseamos referirnos con brevedad a "El niño ciego", un relato que funciona como una pancarta a favor de los menores desprotegidos. Se trata de una historia alegórica, con personajes y espacio genéricos e innominados. Su protagonista es un niño de la calle, víctima de malos tratos que lo condujeron a perder la vista, que vaga sin rumbo y al final es recogido por una institución de caridad.

El primer párrafo entra de lleno en la materia narrativa y hace énfasis en la indiferencia de la sociedad ante el desamparo del personaje:

"Le encontraron en la calle vagando, sin rumbo fijo, un día de estos en que el sol llameaba sobre las baldosas y los duros empedrados. ¿A dónde iba el infeliz? A ninguna parte. Caminaba al azar, arrastrando trabajosamente sus pies doloridos, que habían tropezado en todas las piedras y resbalado en todas las aceras. Caminaba en medio de la ciudad hostil, ante la indiferencia de los transeúntes, poniendo el oído a los sordos rumores callejeros, estremeciéndose al ruidoso paso de los tranvías, temblando a los gritos de los vendedores de sorbetes".

El relato, aunque cargado de elementos patéticos en función de su interés de sensibilizar al lector, está escrito con fluidez y solvencia formal. No es, claro está, una de las grandes páginas de Molina, pero manifiesta de modo transparente su espíritu solidario, al servicio de las nobles causas sociales y humanas.

CONCLUSIONES

Hemos hecho un recorrido panorámico por la obra en prosa de Molina, tratando de destacar en ella algunos rasgos fundamentales de fondo y forma. Hemos procedido, no lo ocultamos, con bastante parcialidad, seleccionando los textos que juzgamos más representativos en función de parámetros de calidad expresiva, pero sin desdeñar aquellas páginas que arrojan luz no sólo sobre el estilo sino también sobre la personalidad del autor.

Leer a Molina significa adentrase en un universo rico y variado, que refleja la sólida formación libresca del escritor. Como sucede, en general, con los modernistas, son abundantes en sus páginas las referencias y alusiones a la mitología clásica y a una gran variedad de obras y autores universales. Esas menciones impresionan muchas veces como un alarde de erudición, pero de ninguna manera suenan como vacías e improvisadas, sino que revelan al lector voraz y acucioso. Sería muy útil realizar un catálogo de tales datos con su correspondiente interpretación, ya que dicen mucho sobre las preferencias estéticas e ideológicas de este autor.

Nuestro trabajo ha intentado reflejar el carácter multifacético de la producción de Molina; su habilidad para fascinarnos tanto con su diestro manejo del lenguaje como con la profundidad y agudeza de su pensamiento, así como su capacidad para provocar en nosotros una respuesta sinfónica.

En fin Molina prosista nos seduce tanto como poeta. Resulta impostergable la tarea de estudiar más sistemáticamente toda su obra, ya que constituye un patrimonio esencial de la cultura de los hondureños.

Tegucigalpa, M.D.C., 14 de diciembre de 2001.

(Trabajo leído por Sara Rolla en el acto de su incorporación como miembro de número de la Academia Hondureña de la Lengua).

ASPECTOS PSICOLÓGICOS DE LA OBRA LITERARIA DE JUAN RAMÓN MOLINA

POR ALFREDO LEÓN GÓMEZ

El poeta Juan Ramón Molina es considerado en Honduras como el máximo exponente del Modernismo, solamente superado en Centro América por el genial Rubén Darío, el nicaragüense excelso que revitalizó la lengua castellana, al inyectarle nuevas fuerzas remozadoras que le dieron brío, lustre y pujanza.

Nació Molina en Comayagüela, en la capital de Honduras en el año de 1875, de ascendiente español por el lado de su padre y de origen mestizo de parte de su madre. Mostró desde niño gran precocidad por el conocimiento y por la lectura, devorando todo lo que encontraba a su paso, digno de ser leído. Era extraordinariamente inquieto y dio muestras de un carácter fuerte y agresivo que se puso en evidencia desde sus primeros años en que asistió a la escuela.[33] Estos rasgos aparecen pergeñados en un artículo periodístico del mismo Molina, en que hace recordatorios de sus días en la escuela de Mr. Black, un norteamericano que fundó un instituto primario en Tegucigalpa, en las últimas décadas del siglo XIX.

Curiosamente, el poeta hondureño hace reminiscencias extrañas en su memoria, afirmando que a él le sucede lo mismo que al escritor estadounidense Edgar Allan Poe, quien recordaba con terror la escuela del dómine Brandsby, a la que asistió en Londres. El propio Molina recuerda la similitud de su personalidad, con la del gran escritor y poeta norteamericano, llenas ambas de vicisitudes trágicas en el curso de vidas agitadas y tormentosas.

A temprana edad su padre lo envía a Guatemala con el fin de que haga estudios de bachillerato y que luego prosiga en la universidad. Ahí conoce a Rubén Darío que permanecía transitoriamente en ese país. Su contacto con intelectuales chapines lo estimulan a escribir y en este período se inicia como poeta modernista, y comienza a colaborar en la prensa. Asiste a la universidad, la cual abandona muy

---

[33] Perez Cadalso, Eliseo. El Habitante de la Osa. Pag. 9. Editorial Nacional. San Pedro Sula, 1966.

pronto con el fin de dedicarse a las letras, en especial al periodismo y a la poesía.

Ya en 1897 está de regreso definitivo en Honduras, donde el presidente don Policarpo Bonilla le confía la subsecretaría de Fomento y Obras Públicas e intenta a la vez estudiar la carrera de Derecho, todo lo cual abandona para dedicarse a la publicación de un periódico "El Cronista" en 1898, que posteriormente se funde con "El Diario", para formar "El Diario de Honduras". Esta dedicación al periodismo le trajo la ira del presidente Terencio Sierra, quien atentó contra él, sometiéndolo a tratos injustos y confinándolo a la cárcel, y a trabajos forzados en la construcción de la carretera del sur.

Por este tiempo el poeta Molina se convirtió en un crítico despiadado, arremetiendo contra muchos literatos nacionales y extranjeros, y haciéndolos objeto de sus más acerbos ataques. Dejó ver claramente su carácter irascible, altanero, y pendenciero que se agravó con el uso sin medida que hizo del alcohol, y que eventualmente lo llevaría a la muerte pocos años después.

Un ejemplo de nuestra afirmación puede verse en el artículo "A propósito de una Elección Académica" que publicó en el Diario de Honduras, en relación con la pugna suscitada en la Real Academia Española de la Lengua, cuando se trató de sustituir al gran orador Emilio Castelar, a raíz de su muerte, vacante para la cual fue electo el novelista Jacinto Octavio Picón, cargo que obtuvo por apretada mayoría, dado el conservadurismo de la antigua institución.[34]

Su carácter, soberbio y esquivo le trajo muchas enemistades, aunque invariablemente tuvo la amistad franca de Froylán Turcios, quien siempre trató de ayudarle en sus continuas dificultades y perennes problemas. Gozó también de la benevolencia del presidente Manuel Bonilla, quien lo nombró subdirector de la Escuela Militar. Por ese tiempo se le veía en brioso corcel, uniformado en traje marcial europeo, recorrer la Calle Real desde el puente Guacerique hasta la Catedral, con poses de dómine y noble patricio.

En 1906 viajó junto con don Fausto Dávila y Froylán Turcios al Congreso Panamericano de Río de Janeiro, en el cual tuvo la

---

[34] Molina, Juan Ramón, Prosas. Pág. 257. Secretaría de Cultura y Turismo. Tegucigalpa, 1984.

oportunidad de conocer y de entrar en relaciones con distinguidos literatos hispanoamericanos. Esta gira se convirtió en periplo, cuando con Turcios continuó a través del Atlántico hasta España y Francia, donde permanecieron por cuatro meses, para luego regresar por Nueva York, en diciembre del mismo año.

Ya para entonces su producción literaria era abundante y muy conocida, encontrándose sus versos y artículos desparramados por la prensa nacional y centroamericana. Rubén Darío había reconocido la excelencia de sus poemas y en general su estilo literario era ya claro, elegante, castizo y dotado de singular belleza y distinción.

Desgraciadamente Juan Ramón Molina estaba destinado a morir joven. En noviembre de 1908, cuando vivía en el exilio en San Salvador, después de la caída del gobierno de don Manuel Bonilla, se vio afectado de una crisis de alcoholismo agudo, asociado a otras drogas, lo que le causó la muerte. Su desaparición fue una enorme pérdida para las letras nacionales e hispanoamericanas, que tenían en Molina una de las figuras más destacadas del movimiento modernista, que se había incubado esencialmente en raíces criollas de nuestro continente.

CONSTANTES PSICOLÓGICAS EN LA POESÍA DE J. R. MOLINA

La poesía revela indudablemente muchos rasgos de la personalidad del autor. En ella se manifiestan aspiraciones, anhelos, ilusiones, esperanzas, desilusiones, frustraciones, y muchas otras características del poeta que refleja en los versos su grandeza y sus miserias. Es su propia creación y por consiguiente tendrá que poner en evidencia diversas facetas de su personalidad.

La poesía de Juan Ramón Molina es extraordinariamente rica en constantes psicológicas que configuran un retrato de su propia idiosincrasia. Aunque en Honduras ha sido muy común explicar muchas características de los poemas de Molina como un producto del medio, como un resultado de la mediocridad del ambiente en que vivió, que lo arrinconó y lo condenó a vivir una vida hundida en el alcoholismo, en la desesperación y en la angustia, que eventualmente lo condujo a la muerte por un suicidio en las garras del vicio, hay también muchas manifestaciones en sus escritos, sobre todo en los versos que dan una clave que nos lleva a determinar a través del análisis psico-literario una serie de constantes psicológicas que surgen de su extraordinaria creación poética.

Estas constantes que se encuentran presentes en la mayoría de sus poemas permiten establecer la existencia de una personalidad que sufría de un desorden depresivo bipolar con hipomanía[35] que se puede percibir con claridad en muchas de sus composiciones poéticas. La bipolaridad de la depresión que afectó al poeta hondureño aparece nítidamente al estudiar su producción, en la que se encuentran alternativas que van desde un pensamiento profundamente depresivo hasta otras en que se notan estados de ánimo fuertemente matizados por la euforia y el optimismo.

Hay numerosas constantes psicológicas en la poesía de Molina. Con el objeto de hacer un estudio más preciso, hemos limitado la elección de éstas a aquéllas que se encuentran con más frecuencia y que aportan mayor significación desde el punto de vista de la evaluación psico—literaria. Estas constantes son las siguientes: 1) El Tema de la Muerte, 2) La Tristeza, 3) La Melancolía, 4) La Nostalgia, 5) El Autodesprecio.

EL TEMA DE LA MUERTE

De las setenta y cinco composiciones poéticas analizadas[36] que aparecen en Tierras, Mares y Cielos, en diecisiete de ellas la preocupación con la muerte como tema más importante es lo que a primera vista llamala atención. Molina se ve como asediado, como obsesionado con la idea de la muerte, la que también recurre en numerosos escritos en prosa. Para Molina la muerte tenía cierta calidad de fascinación que se entreveía a las claras en sus versos, en sus artículos y en sus discursos. Con ocasión del aniversario de la muerte del médico Manuel Molina Vigil, quien se suicidó y fue un poeta de importancia en el período de Reforma de Soto y Rosa, expresó entre otras cosas lo siguiente:

---

[35] Beck Aaron T. Terapéutica Cognoscitiva de la Depresión. The Guilford Press. New York 1987. (En Inglés)
[36] Molina, Juan Ramón. Tierras, Mares y Cielos. Imprenta Calderón. Tegucigalpa, 1937.

"Oh, poeta, oh dulce poeta, oh pálido hermano del infeliz Acuña; hiciste bien en irte en una tibia mañana de sol, porque si te quedas un momento más, tal vez hubieras visto que la muerte, tu taciturna querida, te era infiel con otros de mis amigos, a quienes he visto dormidos en sus brazos. Hiciste bien en marcharte a su palacio de mármol negro, donde hay un jardín de eternos cipreses, y a donde jamás llega el murmullo de la vida. Vive allí feliz, en tanto que nosotros sentados en el festín de la vida, en el templo del arte, vemos con tristeza que tu asiento está vacío y que la copa de vino, apenas desflorada por tus labios fríos, permanece llena hasta los bordes".

Hay aquí franca ideación suicida con aceptación del suicidio.

La preocupación con la muerte es una de las manifestaciones más importantes de la depresión, como entidad clínica desde el punto de vista médico. Aunque existe normalmente en todas las personas, es más intenso este sentimiento en aquellas dotadas de un fuerte poder reflexivo y de mayor y más profundo razonamiento. La teoría de los instintos que se fortaleció con los estudios de Sigmund Freud, se elaboró en base a la existencia del instinto sexual (Eros) y el instinto de la conservación, que posteriormente modificó para mantener el instinto sexual (Eros) y un nuevo instinto, el de la muerte (fanático), cuya misión según él es hacer retornar todo lo orgánico animado al estado inanimado. Habría un proceso fisiológico especial de creación y de destrucción.[37]

Son notables los siguientes poemas por la preocupación con la muerte: Una Muerta; Segundo Aniversario; Autobiografía; Después que Muera; La Fosa Olvidada; La Calavera del Loco; La Hora Final; La Muerte de Caín; Tus Manos; Del Libro del Alma; Lúgubre Fantasía; Postrera Súplica; La Muerte del León; Ofelia; Yago; Desdémona; Mariposa Nocturna; y En la Alta Noche.

Un ejemplo de gran interés lo tenemos en el poema "Una Muerta" escrito en memoria de su esposa Dolores Inestroza, en el año de 1905, en el día de difuntos. Es un poema elegíaco de impresionante fuerza, en el cual brota a raudales la depresión del autor:

---

[37] Freud, Sigmund El Yo y el Ello. Obras Completas., Pdg. 2716. Editorial Biblioteca Nueva. Madrid, España,1981.

Señor: tú la llamaste/ y ella voló a tu lado/ dejándome en la tierra/ ¿Mi espíritu has mirado? /

No es jardín—florecido de azules ilusiones—/ sino que inmunda cueva/ de arañas, escorpiones/ y víboras. Un pozo, / de horror y de amargura/ en que está con cadena/la trágica locura/.

La copa de mi vida, / donde escanciaba mieles, / llena está hasta los bordes/ de ponzoñosas hieles, / más álgidas que aquella/ bebida ignominiosa, /que recoció tu lengua/ en la cruz afrentosa/...

En estos primeros versos del poema, que es todo él una constante angustia y un lamento desolador, expresando que su espíritu no es ningún jardín florecido, sino que es una inmunda cueva llena de alimañas, lo cual refleja un sustancial elemento de depresión, matizado con un fuerte componente de autodesprecio.

El poema muy extenso se extiende con versos modernistas en los cuales la angustia por la muerte aparece a cada paso:

Mas tú, Señor, dijiste/ el ángel de su guarda:/ ve por ella a la tierra:/ hace tiempo que tarda/. De noche, cuando el ábside/ del cielo se entenebre, / mis ojos, encendidos/ por una lenta fiebre, / a través de un enjambre/ lumínico de estrellas, / siguieron por las nébulas/ el rumbo de sus huellas...

Esta composición poética es de belleza extraordinaria y revela la enorme capacidad de Molina en el manejo del castellano, ya que se caracteriza por su casticismo y los reflejos modernistas cargados de áureos destellos, dentro de la pesadumbre que sirve de hilo al poema.

"Segundo Aniversario" es otro poema que podemos poner como ejemplo para mostrar la depresión de Molina:

La noche lentamente envejecía. / Sentado en la mortuoria habitación/ mudo, como en la boca de un abismo, / me sumergí en la fiebre del dolor/; en tanto que la noche envejecía/ sobre el planeta miserable y yo/ le preguntaba al cielo indiferente/ en dónde estaba la piedad de Dios.

En "Después que Muera" el instinto fanático se ofrece con enorme claridad: Tal vez moriré joven... Los amigos/me vestirán de negro, / y entre dolientes y llorosos cirios/ de pálidos reflejos, / colocarán con cuidadosas manos/ mí ya rígido cuerpo, / poniendo mi cabeza en la almohada, / mis manos sobre el pecho. /

En una huesa lúgubre y profunda, / en un hoyo siniestro, /colocarán para arrojarle tierra, / el imponente féretro. /Enterrado seré... La comitiva, / "descanse en paz", diciendo, / me dejará, me dejará muy solo, / en brazos del misterio/. Después, cuando tú mueras, una noche/de calma y del silencio, / arrojaré con las huesosas manos/la tierra de mi féretro;/ y a la luz de un doliente plenilunio, / contemplarán los muertos, / con los brazos en cruz y de rodillas, orando un esqueleto!

La preocupación y el tema de la muerte es una constante muy importante en la poesía de Juan Ramón Molina. Existe en la mayoría de sus poemas y se encuentra frecuentemente a través de la mayoría de su producción.

LA TRISTEZA

La voz tristeza se origina del latín "tristis" y "tristitia" que significa aflicción, pesadumbre y de carácter melancólico. Es voz castellana desde 1220.

Es una constante muy común en los poemas de Molina, observándose en la mayoría de su producción, a excepción de aquellos que están dotados del elemento eufórico, como ocurre en la "Salutación a los Poetas Brasileros", poema escrito en 1906.

La tristeza como un sentimiento aparece con extraordinaria frecuencia en la poesía de este poeta, atormentado por las pasiones y por las angustias que nacen de su propio espíritu. Un ejemplo de esta sensación que afligía su pensamiento, lo tenemos en el poema "Autobiografía", donde afloran constantemente los desgarros de sus fibras intimas:

Nací en el fondo azul de las montañas/ fue mi niñez como un jardín risueño/ de muchos compañeros olvidados, / que fue segando sin piedad la fría/hoz implacable de los negros hados/... Todos cayeron en la fosa oscura!... Desde mi infancia fui meditabundo, / triste de muerte. La melancolía/fue mi mejor querida en este mundo/ pequeño, y sigue siendo todavía. /

Los siguientes versos revelan algo de la interioridad del bardo:

No he sido un hombre bueno. Ni tampoco/malo. Hay en mí una dualidad extraña:/tengo mucho de cuerdo, algo de loco, / mucho de abismo y algo de montaña. / Todo conspira a hacer horriblemente/ triste al que asciende las mentales cumbres/y a que cruce—con rostro indiferente/o huraño—entre las vanas muchedumbres/!

La tristeza es la constante más frecuente en este poema autobiográfico:

La gran angustia, el espantoso duelo/de haber nacido, por destino arcano/ para volar sin tregua en todo cielo/ y recorrer sin rumbo todo océano/.

Para sufrir el mal eternamente/ del ensueño; y así meditabundo, /vivir con las pupilas fijamente/ clavadas en el corazón de mundo/; en el misterio del amor sublime, / en la oculta tristeza de las cosas, / en todo lo que calla o lo que gime/en los hombres, las bestias y las rosas;/ y no dejar para mis labios nada/y vivir, con el pecho dolorido, / para ver que, al final de la jornada/ mi sepultura cavará el olvido/.

Mas ¿Para qué, señor? ¡Estoy enfermo! / ¡Me consume el demonio del hastío! / ¡Toda la tierra para mí es un yermo/donde me muero de cansancio y frío! /

Son innumerables los poemas en los cuales la constante tristeza aparece formando parte del cuerpo de la expresión. Este sentimiento matiza con tenacidad el pensamiento del poeta que se duele con angustia de su propia suerte.

Siempre en "Autobiografía", expresa lo siguiente:

Al mirarme al espejo ¡cuán cambiado/ estoy! No me conozco ni yo mismo; /tengo en los ojos, de mirar cansado, /algo del miedo del que ve un abismo/. Tengo en la frente la indecible huella/ de aquel que ha visto, con la fe perdida/palidecer y declinar su estrella/ en los arcanos cielos de la vida/.

Este poema de poderoso sentimiento depresivo expresa, como en una fotografía los terribles sufrimientos psicológicos, de carácter depresivo que atormentaban a Juan Ramón Molina, y que su genio literario tradujo a través de su canto modernista, teñido muchas veces de un romanticismo decimonónico.

Un buen ejemplo del sentimiento de la tristeza lo encontramos en "Lúgubre Fantasía", compuesto de versos que se caracterizan por una fantasía aterradora:

Inviernos fatídicos/y enormes del polo/ donde el escorbuto taladra los huesos/ y los navegantes viven como locos;/necrópolis viejas/

entre muros rotos/ donde esperan los muertos que suene/ el Ángel del Juicio su clarín sonoro;/

En estos versos recuerda los marineros en el polo asediados por el escorbuto y por la locura, y a los muertos que esperan el juicio final.

Extraños jardines de los manicomios/ donde vagan los tristes reclusos/ recitando inconexos monólogos;/ cruces olvidadas/ de maderos toscos/ que señalan lugares de crímenes/y que nadie les pone un adorno/; fríos hospitales/ abiertos a todos/impregnados de olores de pócimas/ que llenan enfermos de lívidos rostros/; féretros que clavan/ martillos monótonos, / mientras lloran los huérfanos niños/ con su madre en el cuarto mortuorio;/.

Hay enorme preocupación con la locura, los manicomios, los tristes reclusos, las cruces, los camposantos, los hospitales, los huérfanos y el cuarto mortuorio.

En lúgubre fantasía aparece con toda claridad el proceso depresivo que sufría el poeta y que lo asediaba a través de un simbolismo de desesperación y angustia. Hay manifestaciones de psicosis compatible con depresión mayor.

La constante tristeza se dibuja con obstinación en el fondo de la obra literaria de este gran poeta nacional y se mezcla en diferentes tonalidades con otros sentimientos característicos del trastorno depresivo bipolar.

LA MELANCOLÍA

La palabra "melancolía" se originó en el griego melasmelan que significa negro y khole que quiere decir bilis. Se encuentra ya este vocablo en la lengua castellana en el año de 1490.

La melancolía es una tristeza vaga, profunda, sosegada y permanente que puede haber nacido de causas físicas o morales, que hace que no encuentre el que la padece gusto ni diversión en ninguna cosa. Antiguamente se aplicó a lo que se llamó bilis negra. En psiquiatría este término se aplica a una forma de monomanía en que dominan las afecciones morales cargadas de tristeza.

El poema más significativo de Molina en este aspecto es "Madre Melancolía":

A tus exangües pechos, Madre Melancolía/ he de vivir pegado, con secreta amargura, / porque absorbí los éteres de la filosofía/ y todos los venenos de la literatura/.

En estos versos Molina afirma que ha vivido nutriéndose de su madre la melancolía, y que a su vez ha absorbido los éteres de la filosofía y los venenos de la literatura.

El poema sigue así: En vano—fatigada de sed el alma mía—/ sueña con una Arcadia de sombra y de verdura/ y con el don sencillo de un odre de agua fría/ y un racimo de dátiles y un pan sin levadura/. Todo el dolor antiguo y todo el dolor nuevo/ mezclado sutilmente en mi espíritu llevo/ con el extracto de una fatal sabiduría/.

Su alma dice el poeta, está fatigada de sed, y busca en sueños una "Arcadia de sombra y de verdura", y sus sufrimientos antiguos y presentes se mezclan con la fatalidad de la sabiduría.

Continúa así: Conozco ya las almas, las cosas y los seres/he recorrido mucho las playas de Citeres.../ ¡Soy tu hijo predilecto, Madre Melancolía!

Afirma Molina conocer las almas, las cosas y los seres, y confiesa haber recorrido mucho las playas de Citeres. Se refiere aquí a las playas de Chipre, también conocida como Cipris o Citerea, isla del Mediterráneo en donde se le elevaron numerosos templos a la diosa Venus (en griego: Afrodita) una de las divinidades más célebres del mundo antiguo, que presidía los placeres del amor. Era la Diosa "nacida de la espuma", que fue dada como esposa por Júpiter a Vulcano; tuvo amores con Marte y con Adonis y fue la madre de Eros, Cupido, de Eneas y de infinidad de mortales, ya que sus devaneos amorosos fueron infinitos.[38]

Confiesa el poeta su vida bohemia, la que recuerda con melancolía, y reconoce haber gustado de los placeres de la Diosa Venus.

Al final del poema, en forma exclamatoria se declara hijo predilecto de la Madre Melancolía.

En el poema "Para un Anciano", Juan Ramón Molina expresa:

---

[38] Commelin, P. Nueva Mitología Griega y Romana. Pág. 66. Editores Garnier Hermanos. París.

Tu experiencia no influye sobre la mente mía/ Guarda, anciano, tu libro de inútiles consejos,/ y aprende en los volúmenes de mi sabiduría,/ enseñanzas sutiles que vienen de muy lejos./Tu corazón no sabe de la melancolía/ de los que—ayer nacidos,—hoy nos miramos viejos,/ y tenemos el alma como esa luna fría,/hastiada y pensativa, de pálidos reflejos./

Rechaza en estos versos los consejos inútiles del viejo y se atiene a enseñanzas sutiles que vienen de muy lejos, a la vez afirma su sentimiento melancólico y además su sensación, de tener el alma fría como la luna, hastiada y pensativa. En el verso "Enseñanzas sutiles que vienen de muy lejos" hay un fuerte tono de tristeza profunda que se remonta al pasado y que sale de muy adentro de las fibras íntimas del vate.

Continúa el poema:

Tu alma es sencilla y crédula como el alma de un niño, /y tienes la pureza del cisne y del armiño/ en tu cabello augusto, gloriosamente cano/tus inviernos son una florida primavera/ mientras en mis abriles el crudo invierno impera.../ ¡Entre los dos sin duda yo soy el más anciano! /

Molina se lamenta de ser más viejo que el anciano, en quien ve sus inviernos como una florida primavera. Por otro lado en sus abriles hay un crudo invierno que lo hace a él más anciano.

La melancolía, esa sensación de vaga tristeza, esa languidez, ese sentimiento que se traduce hacia cosas del pasado, está presente en versos que revelan la preocupación del poeta en el hecho de hacerse viejo.

El poema "Anhelo" está fuertemente saturado de melancolía:

Viviese yo en los tiempos esforzados/ de amores, de conquistas y de guerras, /en que frailes, bandidos y soldados/a través de los mares irritados/ iban en busca de remotas tierras! /

No en esta triste edad en que desmaya/ todo anhelo—encumbrado como un monte— y en que poniendo mi ambición a raya/ herido y solo me quedé en la playa/ viendo el límite azul del horizonte/.

Todo este verso está matizado de un estado de ánimo que conduce al que lo siente hacia el pasado. Habla de vivir en otros esforzados tiempos, de conquistas, de guerras, de amores, que traducen el deseo de llevar su espíritu a remotas tierras, pero que tuvo que conformarse con quedarse en la playa, contemplando el límite azul del horizonte.

LA NOSTALGIA

La palabra "nostalgia" deriva del griego "nostos" que significa regreso y "algos" dolor. Se comenzó a usar en 1866 y define la pena de verse ausente de la patria o de los deudos o amigos. Es también el pesar que causa el recuerdo de algún bien perdido. Es por lo general el deseo doloroso de regresar.

Este sentimiento es bastante común en los versos de Juan Ramón Molina. Se aprecia con sobrada claridad en el poema "Nostalgia":

Oh bosques silenciosos y salvajes/ en los que armado de la elástica honda, /seguido de mis locos compañeros/ penetré audaz, y de la fresca copa/ de los árboles hice con mi tiro/caer a las selváticas palomas/ entre aleteos raudos y convulsos/ y una explosión de plumas y de hojas/.

El retorno al pasado se manifiesta en el deseo de volver a la niñez cuando con los compañeros de infancia cazaba palomas en los bosques.

Continúa así:

¡Oh patrio río a cuya margen húmeda/ crecen las ceibas y los lirios brotan/que vi correr mientas tendido estaba/ sobre el áspero dorso de una roca/; o, que, incansable y sin temor partía/ nadando de una orilla hasta la otra, / en tanto que la turba de los niños/ gritos lanzaban en la revuelta poza! /

El sentimiento recurre en la estrofa al recordar tiempos pasados en los baños en el río, en compañía de sus amigos.

En los siguientes versos el sentimiento se va tiñendo de inmensa tristeza. Ambas emociones, la tristeza y la nostalgia, se amalgaman muy bien, al decir Juan Ramón de esta manera:

Inmensos llanos de fragante grama/ que un sol canicular tuesta y agosta, / donde pasé, cogiendo florecillas, / dulces instantes de mi infancia loca! /Monte florido que a su falda agreste, /atada con las lianas trepadoras, /se alza una cruz, en la que puse un día/ ramos de pino y rústicas coronas! /

El poema en los siguientes versos toma un tono con claras características depresivas, con manifestaciones de dolor, tristeza, desolación y angustia:

Humilde cementerio donde yacen/ bajo modestas y olvidadas fosas/, muchas que me quisieron en un tiempo/y que olvidó hace tiempo mi memoria:/seres queridos que sin penas duermen/ de los árboles viejos a la sombra, /sin que una mano adorne sus sepulcros/ que la lluvia y los vientos desmoronan. /

Evidentes matices de nostalgia aparecen en el poema "Adiós a Honduras" escrito a bordo del vapor Costa Rica, en 1892, cuando el poeta tenía 17 años y se alejaba del puerto de Amapala, en viaje a Guatemala:

Voy a partir: adiós! La frágil nave, / deslizándose suave, /lanza a los cielos su estridente grito;/y el humo ennegrecido que respira, / en colosal espira/ asciende a la región de lo infinito. /

Por qué, por qué con la mirada incierta/ sigo, desde cubierta, /la dirección del puerto de Amapala, / si el vapor, con seguro movimiento, / sobre el blando elemento/en busca de otras playas se resbala? / ¡Oh, tarde melancólica! ¡Oh, astro/ que luminoso rastro/dejando sobre el mar, en él te hundiste/ ¡Oh vagabundas nubes! ¡Oh, rumores:/afanes punzadores/llevo en el alma, dolorida y triste! /.

En este poema hay un lamento angustiado ante el hecho evidente de alejarse de su patria, que se realiza ante sus ojos en la forma que el vapor deja atrás la costa de la Isla del Tigre. En los siguientes versos hay una tácita confesión de los sentimientos que apretujan el alma del adolescente que abandona su tierra natal:

No es el amor el que a sufrir me obliga/ el corazón me hostiga/al despedirme de mi tierra ruda/ ni la ciega ambición desenfrenada/que a la mente exaltada/ cual venenosa víbora se anuda/

Es un oculto y hondo sufrimiento, / algo como un lamento, /el recuerdo de lúgubres escenas, / el horrible chocar de los cuchillos/ el roce de los grillos y el siniestro rumor de las cadenas. /

¡Oh pobre patria! El que de veras te ame, / en indolencia infame/no mirarás el ridículo sainete, /sin que encamine, trágico y austero, / el paso al extranjero, / o a los histriones con las armas rete.

Estos sentimientos de nostalgia se mezclan, como constreñidos, en el fondo del espíritu del joven, con la congoja que le trae la suerte de la Patria, desgarrada por las luchas intestinas de sus hijos tentados del demonio. Estos versos lo revelan:

Yacen allí, tras las batallas cruentas, / las torvas osamentas/de tus hijos más dignos y valientes/ y que rodaron en su rabia loca, / de una roca a otra roca/ el cartucho mordiendo entre los dientes. /

¡Ay! A pesar del largo despotismo/ que te empuja al abismo/a la nostalgia sin hallar remedio, /mares cruzando y anchos horizontes/ tornamos a tus montes/ porque nos mata un incurable tedio. /

Vi humillada en el polvo la bandera, /extinguida la hoguera/del patriotismo, alzados los protervos/hundido el pueblo en vergonzosas cuitas/las águilas proscritas/ por una banda de voraces cuervos/.

Vi... Mas pudiera el pensamiento mío/ describir el sombrío/lúgubre cuadro de baldón y mengua/ que me llenara de indecible espanto? /Vigor falta a mi canto/ y siniestros vocablos a mi lengua!

Se revela aquí una preocupación morbosa con el pasado típico de la depresión mayor.

EL AUTODESPRECIO

Un elemento de gran importancia clínica en la depresión es el sentimiento de autodesprecio, que se ve traducido en los versos de Molina. Hay una tendencia hacia el pensamiento negativo, con incapacidad hacia los estímulos externos y tenacidad en la concentración en su propio interior. Todo esto lleva a una distorsión de la realidad, con conceptualización de situaciones específicas, todas ellas relacionadas con sentimientos de autodestrucción.

En el poema elegíaco "Una Muerte" hay varios ejemplos de su menosprecio hacia él mismo:

Investigando ciencias/y oscuras nigromancias, /que esconden de las cosas/ y seres las substancias;/ consumido, en estudios/y locos devaneos, / nervios y sensaciones, /sentidos y deseos, / hasta tener, enfermo/ de un incurable hastío, /encima, un cielo mudo, / quimérico y vacío, / y en mi conciencia, a rumbos ignotos impelida, / horror por la natura/y espanto por la vida./

En ocasiones el sentimiento de "Autodesprecio" se mezcla con un componente de masoquismo, el cual expresa un cierto gozo ante el sufrimiento. "Postrera Súplica" participa de ambas constantes psicológicas:

Si muero joven: si el dolor me mata/
y en la terrible fosa me derrumba, /
te ruego que no vayas, dulce ingrata/
con otro amante a visitar mi tumba;/
porque al sentir vuestros iguales pasos/
romper la paz que para siempre anhelo, /
levantaré los descarnados brazos/
para pedirle que me vengue al cielo.

LA DEPRESIÓN DE LA MANO CON MOLINA

Hemos visto que hay cinco constantes, entre otras, que aparecen con frecuencia en la obra de Juan Ramón Molina, como una manifestación de la depresión bipolar que sufría. Repetimos, que estas constantes son: el tema de la muerte, la tristeza, la melancolía, la nostalgia y el autodesprecio. Unas de ellas son más frecuentes que otras en diferentes poemas, pero en algunos, como es el caso de "La Fosa Olvidada", tienen en sus versos la presencia de todas ellas:

Iba en féretro muy solo/ por una calle desierta, / sin que nadie, ni un amigo, / ni un extraño lo siguiera. /—Quién es? Ninguno lo sabe, / ni los mismos que lo llevan;/ algún oscuro extranjero/ que vino de extrañas tierras/.

Amigo—le dije—es triste/ que así los hombres se mueran, /es nuestro hermano, sigámosle:/la caridad nada cuesta. /El cielo estaba nublado/ amenazando tormenta, / y en nuestra ropa caían/algunas gotas dispersas/. Tras el ataúd nos fuimos/ callados por la tristeza, / y pronto, del cementerio, /atravesamos la puerta. /

En un rincón olvidado/ en medio de las malezas/abrieron la sepultura, / echaron la caja negra, / arrojándole de prisa/ las paletadas de tierra. / Quién descansa en esa fosa/que cubren malignas yerbas? / No tiene una humilde lápida/donde su nombre se lea;/ nadie responde quien duerme/allí: ninguno le lleva, / con el semblante contrito, / una guirnalda modesta. /

¿Cuántas veces, cuántas veces, / voy a la olvidada huesa, /que en el viejo camposanto, / ante mis ojos abrieron, /a meditar largo tiempo/ sentándome en una piedra, / en el oscuro extranjero/ que vino de extrañas tierras/ y que se pudre olvidado/ bajo un montón de malezas!

En "La Fosa Olvidada" encontramos esas constantes con características de implicación psicológica. El tema de la muerte como es lógico, domina a profundidad el contenido de la poesía. Es la muerte del extranjero la preocupación esencial del pensamiento del poeta.

Hay a través de todos los versos de la composición una tristeza infinita, que se materializa en aquél: /es triste/ que así los hombres se mueran/...Todo el poema en sí lleva en sus versos una aflicción penetrante que refleja la angustia de Molina.

La constante melancolía se mezcla aquí con el sentimiento anterior; es por lo general un sentimiento vago y profundo que se matiza con ansiedad y desolación. Lleva implícito en sí una sensación de impotencia ante la inexorabilidad de la muerte.

La nostalgia matiza también este poema, al referirse al extranjero, alejado del terruño, olvidado, y quien tendrá que descansar en tierra extraña, para podrirse bajo la maleza. Era un oscuro extranjero, llevando la implicación "oscuro" de un hombre alejado de su propia patria, y que vive como ermitaño en otros lares.

El autodesprecio como otra constante no parece en forma evidente en el poema, todo él saturado de pena y dolor, y que se tiñe con la desesperanza y el tormento. Esta constante es la menos frecuente en su obra, pero aparece en muchos poemas con sentimientos de culpa y frustración, tan propios de estos estados depresivos.

La belleza de la poesía de Molina va en gran parte con una fuerte carga emocional de naturaleza depresiva, que refleja así estados de ánimo imbricados dentro de su propia personalidad.

LA OTRA CARA DE LA MONEDA

Todas estas constantes psicológico—literarias que hemos observado en la obra, contrastan con manifestaciones de euforia, de optimismo, de ampulosidad y de pomposidad que se encuentran en otros poemas, y que corresponden a períodos de remisión de la depresión, en los cuales se presentan ya evidencias del estado opuesto. Ejemplo de este estado anímico lo encontramos con gran claridad en "Águilas y Cóndores"...

Portaliras ilustres de nuestro Contiene:/ miremos el futuro con ojos de vidente, / con ojos que irradiasen—de sus cuencas sombrías—/la luz de las más grandes y fuertes profecías;/... El destino nos lleva a grandes pasos de luz por el camino/ que se hunde en las abruptas gargantas de la historia/. Calienta nuestros éxodos un almo sol de gloria; de otras razas cargamos los cíclicos escombros/ para oprimir en ellos nuestros hercúleos hombros;/ cortamos en los bosques las más ilustres palmas/ fundimos en las almas antiguas nuestras almas.../

Otro ejemplo muy digno de mencionar es el conocido poema "Salutación a los Poetas Brasileros", escrito, según dice Froylán Turcios en sus Memorias, por Molina a su regreso a Tegucigalpa en diciembre de 1906. Pérez Cadalso en El Habitante de la Osa discute con amplitud las distintas opiniones que hay sobre la génesis de este monumental poema:

Con una gran fanfarria de roncos olifantes, / con versos que imitasen un trote de elefantes/ en una vasta selva de la India Ecuatorial, / quisiera saludaros—hermanos en el duelo—/ en las exploraciones por la tierra y el cielo, / en el martirologio de los circos del mal. /

Mi Pegaso conoce los azules espacios. /... Venir pude en la concha de Venus Citerea/...Me voy hacia el azur/ ¿Acaso os interesa mi suerte misteriosa? / ¡Buscadme en mi magnífico palacio de la Osa, / o en mi torre de oro, junto a la Cruz del Sur! /.

Son versos de este inmenso poema modernista, una verdadera gema de la poesía castellana. En él puede apreciarse el estado de ánimo del poeta, pletórico de lozanía, de exaltación y de entusiasmo que refleja la condición de su espíritu después del prolongado viaje por la América del Sur y por Europa en unión de Turcios. Eran estos versos, la otra cara de la moneda, que se contrapone a aquellos saturados de pesimismo, en los cuales el poeta parece que anhela su propia destrucción. En estos ejemplos podemos apreciar con claridad que el estado anímico de Juan Ramón Molina presentaba las características de la depresión bipolar, teniendo etapas de depresión pura que alternaba con períodos de euforia, con matices de manía.

EL SUICIDIO COMO FINAL DE LA VIDA

De lo que hemos dicho anteriormente podemos concluir que el poeta Juan Ramón Molina fue afectado durante toda su vida de una depresión bipolar, mayor con hipomanía, que se reflejó en su obra a través de ciertas constantes psicológicas que ya hemos descrito, así como manifestaciones de euforia, presentes en los períodos de remisión.

Estas crisis depresivas bien conocidas en Juan Ramón Molina se vieron agravadas por el uso del alcohol y de las drogas, que él usara en cantidades crecientes en sus últimos días en San Salvador. Falleció el 2 de noviembre de 1908 en una cantina en San Salvador, aparentemente después de haber recibido una dosis de morfina.

Las últimas estrofas de "En la Alta Noche" son reveladoras en este sentido:

Han venido después a mi memoria/ los sarcasmos de Heine, / las amargas blasfemias de Lord Byron, / en medio del placer;/ la infinita tristeza y los dolores/ del pálido Musset;/ las penas de Leopardi y los sombríos/ versos de Beaudelaire./ Entonces he querido anonadarme/sin saber lo que fui,/morirme lentamente, lentamente,/sin gozar ni sufrir;/ sin saber cómo vine a este planeta,/ cómo me voy al fin;/ sin saber si tuve alma o no la tuve,/ si viví o no viví./

Se ha pretendido que la causa de la suerte de Molina haya sido el medio ambiente de la Tegucigalpa de comienzos del siglo. Sin embargo el análisis psico—literario revela con claras evidencias la existencia de una neurosis depresiva bipolar. Su genio, sin embargo lo convirtió en uno de los más notables poetas modernistas de Hispano América, solamente superado en el istmo por Rubén Darío.

El poema "Ojos Negros" que parece calcado del Siglo de Oro lo dice todo: Ojos terribles y puros/ que me lanzáis el reproche, / ojos que sois cual la noche, / que sois cual la noche obscuros, / ojos que miráis seguros/luz derramando en derroche:/plegad los párpados, broche/de esos radiantes luceros, / no me miréis tan severos, / ojos que sois cual la noche! /

JUAN RAMÓN MOLINA, POETA DEL MODERNISMO CENTROAMERICANO

"Caminamos a oscuras en el fuego"
José Emilio Pacheco. Islas a la Deriva

Por Julio Escoto

Prácticamente desconocido, su reedición adquiere visos de descubrimiento. Muerto en 1908, a los 33 años de edad, su obra poética rebasa con facilidad los límites comarcales de la literatura Centroamérica profusa en nombres menores a todo lo largo del Modernismo, con excepción de Rubén Darío, y ahora de Juan Ramón Molina. No existe riesgo crítico alguno al señalarlo como el más grande poeta modernista centroamericano—después del nicaragüense—y uno de los más valiosos de América. Miguel Ángel Asturias no vaciló en nominarlo "hermano gemelo de Rubén", tanto en el desplazamiento de las formas verbales como en la inclinación simbólica y parnasiana de sus creaciones similares, a pesar de que uno escribiera desde París, la Meca cultural de entonces, y el otro — Molina—desde uno de los más empequeñecidos ambientes culturales del istmo, provinciano y soporífero, estremecido únicamente por los zarpazos periódicos de las guerras civiles.

En Tegucigalpa (una ciudad hundida en el cuenco húmedo de tres montañas) transcurrió la mayor parte de la vida de Juan Ramón Molina. Encerrado en sus calles coloniales asimétricas, rodeado por familias. que sustentaban su razón de vida en la prosapia de un ridículo abolengo nobiliario, condenado a no tener un espíritu de su altura con el cual entablar los duelos polémicos de la inteligencia o los acordes de una vibración superior común, sus ideales murieron por irrealidad y, desesperado, se sumergió en los placeres municipales de la cantina y el prostíbulo. París, el París—faro de los modernistas, fue, cuando lo visitó en 1906, como la encarnación de un sueño largamente apetecido y añorado. Sólo una vez—en la Conferencia Panamericana de Río de Janeiro—supo por experiencia propia de la existencia trajinada y multitudinaria de las grandes urbes. Vuelto a su tierra natal, el ambiente lo absorbió voraz, pegajosamente entre sus arenas movedizas y dos años después murió.

Pero, quién era en realidad este hombre de quien Darío guardaba "cierta profunda admiración y casi receloso respeto", que hizo a Emilio Castelar manifestar elogios y sorpresa, a quien Chocano dedicara un elaborado soneto, Rafael Arévalo Martínez un estudio póstumo, Enrique González Martínez un delicado retrato, Cejador y Frauca su reconocimiento, Anderson Imbert una penetrante identificación sicológica, Cabrales un rudo ataque, Chaney una exégésis cuidadosamente meditada, Asturias un parangón con Darío, y que, sin embargo, está ausente en la mayor parte de las antologías y estudios sobre el Modernismo americano, y no menos desconocido hoy que ayer en toda la grandiosidad y perfección de su pequeña obra?

Juan Ramón Molina (1875—1908) nació en Comayagüela, ciudad gemela de Tegucigalpa, la capital de Honduras. Se graduó de Bachiller e inició estudios de Derecho en Guatemala (ver Cronologia específica en este libro). Nada sorprendente revela su juventud, con excepción de una incontrolable voracidad por la lectura. Hombre— descubridor en esencia, Molina expurga todos los mitos y ánimas de las literaturas y las filosofías: clásicos y modernos, nihilistas y teólogos, esotéricos o superficiales, en su prosa queda el recuento consecuencial del estudio y la asimilación.

Sus biógrafos relatan anecdóticamente la vida estudiantil de Molina en Guatemala. Su tradicional oficio entonces: permanecer en cama, más allá del mediodía solar devorando volumen tras volumen de Hugo o Esquilo, de Zola o de Homero, ya de Byron, Shakespeare, de Campoamor, Rimbaud o San Agustín. Las referencias continuas de esta dedicación obsesiva en su poesía obligan a citarlo brevemente.

"Autobiografía", por ejemplo, refiere haber sido su vida un "enorme hacinamiento de lectura" porque

"He abrevado mis ansias de sapiencia
en torda fuente venenosa y pura,
en los amargos pozos de la ciencia
y en el raudal de la literatura".

O, "Los Cuatro Bueyes", en que desea (4a. Sección) "un mundo más aromático, /lejos de todos los libros/hechos por los hombres vanos, /cuyo veneno corroe/mi corazón lacerado".

Sin embargo, es el soneto "Madre Melancolía" el que revela con mayor sinceridad emotiva la honda pesadumbre de un hastío existencial:

"A tus exangües, pechos, Madre Melancolía,
be de vivir pegado, con secreta amargura,
porque absorbí los éteres de la filosofía
y todos los venenos de la literatura".

Otros poemas, especialmente sonetos, surgen provocados por el calor de una próxima lectura o reflejan un acopio vasto de conocimiento logrado a través de la palabra escrita.

Mas, opuestamente de servir esta experiencia transcrita como un medio purgativo—además de iluminativo—en su concepción de mundo, como una forma de purificación interna capaz de elevarlo en concepciones y conceptos vitales, lo hunde en un descreimiento de valores, despierta en él agudamente la "duda metafísica" por todo lo que sobre el orbe se mueve y le conforma un carácter y una personalidad donde anidan la soberbia y la altivez, el orgullo y el desprecio.

Tres son básicamente los resultados de esta acre absorción intelectual: una fuerte fe evolucionista del Universo, el conflicto del ser y su relación con Dios, y la visión del mundo como un inmenso campo de batalla, donde el triunfo será del más fuerte sobre el débil, idea esta última de penetrante raíz nietzscheana.

J. Cruz Sologaistoa dice de Molina, en el libro de Jesús Castro: "Era un evolucionista seguidor de Darwin y Lanmark. El transformismo le merecía una creencia incondicional: la selección era para su espíritu de triunfador una razón de vida". Su concepto del evolucionismo iba más allá del campo puramente natural. Se proyectaba al sentido religioso de la existencia, a sustentar la posibilidad de una evolución del alma en una continua rotación de perfeccionamientos a través de distintos reinos (mineral, vegetal, animal) tal como la mejor doctrina brahamánica habría estipulado. Molina extraía gran parte de su altivez de este concepto. Él era superior a su medio, más grande en su inteligencia y esto que los hombres que lo rodeaban, porque había recibido a través de milenios una purificación mayor que la de sus coexistentes. Esto, si se toma en cuanto a su sentido literal, como una creencia adquirida por superstición, podrá ser interpretado fácilmente como charlatanería, como ignorancia producto del desconocimiento científico. Molina no lo sentía así. Había desarrollado su tesis después de estudiar y meditar sobre todas las religiones, desde los burdos pases hipnóticos del chamán rudimentario hasta los más profundos cálculos teológicos de las religiones modernas, desde las enseñanzas de los Budas a la de los Apóstoles. Su ideología, su cosmovisión, es un código abierto a la recepción de valores nuevos, en los que dejan su más fresca huella aquellos principios que lo ubiquen en el tiempo y el espacio. Extrañamente, es a la vez admirador de Kant, de quien exigía la física y la matemática—la ciencia—como única fuente de saber racional. De los tres estados en que el primer Positivismo ordena la ley fundamental de la naturaleza (teológico o ficticio; metafísico o abstracto; positivo o científico) Molina parece quedarse, a conciencia, en el segundo.

Sólo que (y éste es el punto donde cabe su visión personal) entiende este estado metafísico como un acto evolutivo siempre sincrónico, no diacrónico. Al tenor del Positivismo, Molina concibe a las sociedades —y a su propia alma— como un organismo dinámico, inagotable, inextinguible. Lógicamente, estos son principios de la época. No se debe descontar, al estudiar la personalidad polifacética de este hombre, el influjo que sobre el ejercieron el Naturalismo y el evolucionismo spenceriano.

Podía creerse, sin embargo, que debido a esta cosmovisión Molina era un hombre religioso, apegado al escapulario y el misal. Todo lo contrario: es agudamente crítico de las religiones y en combate con la idea de Dios.

Si bien lo guían a través del mundo tanto Kant como Spinoza (y su concepto aplastante: "los milagros se oponen a la naturaleza"), su líder espiritual es, definitivamente, Nietzsche (ver prosa de Molina con este mismo título) en el estremecimiento rebelde del espíritu perfeccionado por los fuegos meditativos de la soledad y por los filtros de la selección natural. Sólo que—insistimos—Molina lleva al plano metafísico incluso la aplicación de la selección natural. Así, en "Metempsicosis" uno de los poemas que mejor clarifica su posición vital, después de describir sus fases de pez, víbora, pájaro, águila fiera y león, agrega:

"Hoy (convertido en hombre por órdenes oscuras)
siento en mi ser los gérmenes de existencias futuras.
Vidas que ban de encumbrarse a mayores alturas
o que han de convertirse en génesis impuras",
(estrofa 6a.)

Similares progresiones surgen en muchos otros de sus poemas ("Después que muera", "Para un apóstol", "Vino tinto", "Sursum", "Mariposa Nocturna", "En el Golfo de Fonseca").

En su crítica mordaz a Mencos, Molina lo califica sintéticamente como "una inteligencia mediocre—que vagaba en el tránsito de una vida inferior a otra superior", o, ante la tumba de Adolfo Zúñiga (periodista, político hondureño) expresará: "hoy (...) guardado en angosto ataúd (...) en espera de esparcir por la atmósfera las moléculas de su carne y los átomos de sus huesos, hasta que quizás un día, a través de centenas de años y de infinitos tanteos, de metamorfosis en metamorfosis, de transformaciones en transformaciones, vuelvan otra vez", y más adelante, "esos espíritus superiores son rarísimos (...) no se producen más que después de lentas y difíciles gestaciones, después que la naturaleza hace muchas tentativas de alumbramiento".

Llevando este determinismo más allá de la escala Positiva, Molina frecuentemente se desliza en la oscuridad de un fatalismo inevitable, trágico. En "Juan Coronel", por ejemplo, no cree "que esté bien gobernada la naturaleza terrestre, y pienso que los hombres estamos sujetos a fatalismos implacables, a fuerzas hostiles y desconocidas", y en una de sus "Cartas", la del 6 de abril de 19066, la revelación de su creencia surge más fuerte que nunca: "Libres ya de las creencias antropomórficas y antropocéntricas de la niñez, sabemos que somos la forma superior de una selección zoológica", y, unido al conocimiento de las leyes de la herencia, en "El Sultán Rojo", al describir a este (Abdul—Hamid) como "una víctima de la ley de la herencia regresiva o mediata, o sea del atavismo. Con efecto, casi todos sus antecesores han sido locos, idiotas o degenerados, que han transmitido a los hijos de sus odaliscas y esclavas las anomalías sicológicas de que estaban enfermos".

La concepción del mundo enfrenta, inevitablemente, con la concepción de Dios. Resuelto este problema en aceptación o rechazo, la razón del ser, el objetivo de la existencia, el entendimiento de la vida como un acto insustancial o trascendente se clarifica, se comprende. En la obra de Juan Ramón Molina está dispersa la imagen que tenía de sí mismo. Uno de sus poemas de mayor aliento, "Al Río Grande", extiende, en su recurrente metáfora, un autorretrato:

"soberbio y apacible, terrífico o sereno,
resplandeciente de astros o túrbido de cieno,
con rápidos y honduras y vórtices. Tal fui".

Y posiblemente ninguno de sus biógrafos han pintado con mayor objetividad lo que era el espíritu del poeta. En constante duelo consigo mismo, en una lucha abierta por vencer sus poderosas inclinaciones de hombre, en favor de una pureza que iba perdiendo a marcha galopada su "yo, compuesto extraño de azúcar, sal y hiel". ("Al Río Grande"), Molina refleja en su poesía las oscilaciones periódicas del más puro lirismo inocente junto a los más oscuros vapores del vicio. Es una personalidad en progresión constante. Su cambio de rumbo puede dar ocasionalmente idea de desequilibrio en su ubicación terrenal. Más bien, debe entenderse como un sólido afincamiento bajo la gravedad de un sistema de valores perfectamente definido, desde el cual se lanza, ansioso, sediento, en un viaje de exploración cósmica por las literaturas, la filosofía y la realidad. Su debilidad verdadera se encuentra en su indecisión sobre si combatir a muerte al ambiente o encerrarse en una concha protectora. Opta por lo segundo, y desde la posición elevada de una soberbia rayana en lo pedante, criticó, anatematizó, ofició en los periódicos como censor de prejuicios, como conciencia viva de una sociedad que terminó por aislarlo para acallar su voz.

Y así, obligado a convivir en ese medio y a atacarlo por amor, a odiarlo por devoción, en él se hizo cuerpo sólido, pústula, situación, ánimo, vivencia diaria, aquel sentimiento desquiciador que en la profundidad de sus elucubraciones y en su previsión de la Historia desconocieron los poetas antiguos la incertidumbre. Dislocado, sin base de apoyo, perteneciendo por historia y accidente a una comunidad de la que deseaba alejarse en búsqueda del paraíso ilusorio—París, España, Argentina, el que fuere—cada día abre una posibilidad de partida pero también de encierro y afincamiento. Desesperado, en asfixia cultural (ver la descripción de la Tegucigalpa finisecular, en "Cartas"), el último recurso es la alienación, la desconexión y despreocupación de lo intelectual, el abandono temporal de los ideales, de la lucha, para sumirse brevemente en la inconsciencia demónica y anónima del alcohol. Molina no supo, no descubrió nunca, que ese, precisamente, era el más efectivo artificio de absorción en las sociedades centroamericanas de entonces (y de hoy).

No lo supo de conciencia, a pesar de haberlo vislumbrado en su "Prefacio a Annabel Lee" (1906), cuando asegura que la tristeza de esta novela de Froylán Turcios no es la de "ninguno de esos grandes poetas malditos que, renegando de la vida, o emborrachándose de tinta o de alcohol, se entregan a una muda desesperación que los consume como una fiebre, o se escapan de la vida por la puerta falsa del suicidio". Era su propio epitafio, la descripción exacta de su misma situación social. "Cuando lo conocí"—relata otro gran prosista hondureño, Salatiel Rosales—"lo recuerdo bien, sus borracheras cotidianas eran el escándalo de su parroquia. El alcohol, este hermano de los grandes poetas malditos, fue su ángel bueno. (...) Él no bebió absintio en las mesas de los cafés ilustres, como Paul Verlaine; bebió en sospechosos fondines, un néctar blanco, más terrible todavía que el de las negras ilusiones poeneanas. Pero el 'aguardiente' aquel alcohol de vergüenza y de infamia (...) fue para él como un seno mágico que le nutrió las más acerbas y hermosas canciones. Murió con dignidad de gran poeta maldito".

Sobre este campo el anecdotario de Molina es variadísimo. En Tegucigalpa se le vio muchas veces encendido el brillo de los ojos —como los fuegos fatuos—por el excitante temporal de los alcoholes.

Su natural prestancia y distinción de porte, su carácter huraño y hosco, desaparecían, y en vez de buscar la compañía afín del hombre culto cedía su brazo al carpintero de barrio, el albañil de obra, al sepulturero de villa, en el festín modesto de los sábados de pago. Voces de leyenda aseguran haberlo visto llevar por las asoleadas calles su cama y su ropero rumbo al préstamo fácil de montepío usurero, con el fin de poder invitar a los amigos. Había en él un afán irresistible de descenso, cercano a la autodestrucción. Apuraba la caída, en los más sórdidos ambientes, hacia una forma de castigo físico y repugnancia de sí mismo que más tarde, pasado el instante de las risas, lo atormentaría. Y entonces, saciado en sus más instintivos apetitos, hastiado de las caricias innobles, vuelto del infierno crepuscular de las tabernas, surgía el otro Molina, el grande, robustecido y limpio en cuerpo y alma, dejadas atrás las vascas ácidas de la borrasca moral, del arrepentimiento. Días después de exceso aparecía en las calles, soberbio y desdeñoso, altivo, enfundado exactamente en su uniforme militar de Coronel de la revolución, o impoluto bajo la perfección del corte de su traje. Así lo retrató Enrique González Martínez: "erguido el busto, la cabeza con aires de reto, la frente despejada, los bigotes espesos y de alacranadas guías, una flor en el ojal de la levita, un alarde inconfundible de ostentosa elegancia personal. En todo ello una deliberada actitud fotográfica", y Salatiel Rosales agrega: "Era un poeta desaforadamente dionisíaco".

Desaparecía el poeta bohemio de provincia para dar paso a su cosmopolitismo de escritor universal, renaciendo, como el ave mitológica, no de las cenizas, sino del cieno comarcano de la transgresión ética. Su transformación originaba los más disímiles comentarios, y aquellos que en el concilio trasnochado de la mesa compartida habían familiarizado el trato volvían, obligados, a reconocer que aquel hombre, si bien les revelaba ocasionalmente la madera burda de sus defectos, también llevaba una inalcanzable luz que lo iluminaba interiormente y que les impedía comprender la hondura de sus más sólidos pensamientos.

Contradictorio, impredecible, porque "no he sido un hombre bueno. Ni tampoco/malo. Hay en mí una dualidad extraña:/ tengo mucho de cuerdo, algo de loco, / mucho de abismo y algo de montaña. /Para unos soy monstruosamente vano;/ para otros muy humilde y muy sincero: ("Autobiografía", estrofas 12a.y 13a.). Y en "Excélsior"—esa prosa viril que los hondureños conocen desde infantes—: "Bebe luz a torrentes (...) Pon el oído a los rumores de la muchedumbre, a las palabras del abismo, a las voces de los espíritus.(...) Hazte olímpico. Endiósate si puedes. Depura tu miserable barro. Porque en verdad te digo que el que quiere ser superior, el que aspira a subir a las encumbradas regiones del arte, el que siente que tiene alas en los hombros, debe olvidarse de las infinitas miserias humanas, de las injusticias, de la suerte, de las burlas del destino".

Y Molina se endiosaba, no sólo porque su valor intrínseco y orgullo se lo aconsejaban (se dolía de no ser unos cuantos centímetros más alto y personificar en belleza al Apolo, como Darío se atormentaba por la "absurda vergüenza de/ser mestizo"13) sino porque los hombres de extrema sensibilidad, débiles ante el acoso del medio, sólo pueden enfrentarse a éste adoptando una posición permanente de ostensible superioridad, incluso con poses de endiosamiento, que no son sino una dura y rígida coraza en contra de los ataques a su más pura esencia de hombres pacíficos. Esto provoca una constante actitud de "enfant terrible" ante una sociedad en que los postulados de Nietzsche se convierten en la más cruda descripción de la ley de la selva, y porque para los escritores centroamericanos de entonces la lucha entre civilización y barbarie no es una simple pose teórica que defender sino un desafío diario sostenido desde las páginas de periódicos y revistas, las que se convierten en el foro de Cicerón para los modernistas. No es vano desde Montalvo estos titulan como Cicerón sus discursos, artículos y ensayos de juego en la palestra.

La lucha es contra prejuicios e injusticias. Anticlerical por efecto del reciente Positivismo y de la implantación de la Reforma Liberal'6,el medio ambiente debe ser vencido... o vence. Molina lo señala en su artículo "Por qué se mató Domínguez", viva relación de cómo en el istmo las posibilidades de elección están fuertemente reducidas y polarizadas: "En un ambiente como el nuestro, de sorda agresión o de indiferencia, el intelectual de veras tiene dos escapatorias para librarse de la muerte por asfixia: o se aísla soberbiamente en su cima, envuelto en su nube, de tal modo que no se digne ver a los genios municipales, acaparadores de gloria barata y al por menor; o les degüella—como si fueran carneros de un holocausto propiciatorio al arte— sobre su altar de ripios, pacientemente acumulados", y en "La Gira de Julio Flórez": "El poeta moderno no debe ser una especie de juglar sino un gran silencio y un gran desdeñoso, para quien el arte sea una cosa hierática y la poesía una religión suprema".

En su obra (que apenas si cubre dos mil páginas) Molina la emprende contra tres niveles de la conciencia centroamericana y americana de su momento: el clericalismo (actitud heredada del liberalismo del héroe Francisco Morazán) y el problema insondable de Dios; la mala literatura y los malos literatos; los Estados Unidos.

En su artículo sobre "Ramón Verea" dirá: "así como sonreía ante el paganismo griego, a pesar de que admiraba la plástica belleza de sus dioses y la fábrica maravillosa de su Olimpo, sonreía también ante el paganismo católico, disgustándome su imitación servil de las liturgias asiáticas y de las humanas deidades de Atenas y de Roma"; es, además, "poco inclinado a la abdicación del yo, a la mansedumbre y a la quietud individual y colectiva, puntos principales del nazarenismo" (Carta del 6 de abril de 1906)18, o sobre el mismo: "Hoy la gente ilustrada (...) no ignora a que manipulaciones se debe el imperio de los cuatro evangelios canónicos, escogidos entre un montón de manuscritos contradictorios y falsificados que databan de los primeros siglos".

Su irreligiosidad proviene del estudio de la Apologética y de su hastío y melancolía por la vida (o, zacaso es la irreligiosidad provocadora de la melancolía?). Tres poemas marcarán hitos en su progresivo debate con Dios: "El Águila", formidable composición, vigorosa, descriptiva, da la imagen de una divinidad soberbia y fuerte, disciplinante, que envía la espada de su rayo a decapitar el águila blasfema. "El Águila", que pertenece a sus primeros años de estudio en Guatemala (1896; 21 años de edad) revela un Dios al que se teme y admira.

"A Una Muerta" (Tegucigalpa, 1905) conlleva un Dios al que se suplica, al que se pide piedad, bálsamo para la herida, cauterio para la llaga. Un Dios humano, no imperial, recibe la voz del poeta. Uno de sus últimos poemas, "En la alta noche", escrito en la pobreza, la soledad y el exilio de San Salvador (1908) significa la negación total, la pesadumbre, el inmenso vado espiritual, el yermo teológico. He aquí al hombre en el ocaso, aun siendo temprana la edad, al ser humano agobiado por la diaria exigencia insatisfecha, por la imposibilidad del retorno a la patria y por la desubicación y desajuste de un ambiente extraño y hostil20. En 33 años de vida (y 12 de creación literaria) no ha habido respuesta a su reclamo místico, y con la muerte llegará el conocimiento último o el desvanecimiento eterno. Dios no ha respondido jamás. Lo ha golpeado incesantemente y lo ha hecho su juguete móvil en la torturante ansiedad de las postrimerías; le ha dado la espalda. Y en la soberbia de Molina, aún caldeada por las brasas de su sospechada capacidad para mayores obras, el también vuelve la espalda y se encamina, solo, envuelto en la soledad de un mundo árido, hacia el trascendental momento de la muerte. Piensa, entonces...

"En el amor que me lanzó en los brazos
del pesimismo atroz,
que pensar me hizo que la vida humana
no era más que dolor,
no era más que una pena continuada,
una horrenda expiación,
una terrible burla del destino,
un engaño de Dios.
Han venido después a mi memoria
los sarcasmos de Heine,
las amargas blasfemias de Lord Byron,
en medio del placer;
la infinita tristeza y los dolores
del pálido Musset;
las penas de Leopardi y los sombríos
versos de Baudelaire.
Entonces he querido anonadarme sin saber lo que fui,
morirme lentamente, lentamente, sin gozar ni sufrir:
sin saber cómo vine a este planeta, como me voy al fin,
sin saber si tuve alma o no la tuve,
si viví o no viví".

"Leyó mucho" —dice Anderson Imbert—: "literatura, filosofía, aun ciencias. Y su visión de la vida fue compleja. Era un egoísta, un amargado, hastiado de la vida (...). Era un torturado—su pesimismo lo llevaría al suicidio—".

Murió en ausencia de Dios y como lo había deseado: dormido, lentamente y sin dolor ni gozo, abrazado por los sopores de una dosis excesiva de morfina que jamás se sabrá fue intencional o inadvertida. Chocano le dedicaría, al anuncio de su muerte, un poema póstumo: "El Soneto Roto". Darío, desde su olímpico sitial parisino, recordando su encuentro con Molina en Brasil, sentenciaría: "Buen poeta, fuerte poeta; pereció víctima de aquel medio matador de todo anhelo intelectual que apaga el alma de Centro América. Lo poco que pudo hacer, lo fue con el machete en la mano en guerras de su tierra. Apenas una vez logró ver un mundo propio para su talento, cuando lo enviaron como Secretario de la Delegación de Honduras, a la Conferencia Panamericana de Río de Janeiro. Volvió a su país, y a pesar de que a ruego suyo logré que La Nación lo nombrase corresponsal en Centro América, se encontró allá de nuevo aplastado moralmente, no envió ninguna correspondencia, y a poco se suicidó".

El segundo nivel de conciencia centroamericana que Molina combate es el de la mala literatura. En la Apología de Jesús Castro (que es una recopilación de textos sobre el poeta hondureño) un anónimo—o anónima, con mayores posibilidades—crítico, declara de Molina una de sus más polémicas facetas: "fue el verdadero demoledor del Romanticismo pedestre, vacuo y femenil, que reinaba en nuestra literatura cuando regresó de Guatemala, en 1897. Sostuvo entonces polémicas incendiarias contra las huestes del Romanticismo llorón".

En el artículo periodístico Molina fue cáustico, devastador, implacable. (Ocasionalmente su seudónimo era "Don Diniz"). Quetzaltenango (Guatemala), que para Flavio Guillén fue "la patria intelectual de Molina" le afinó, en las enseñanzas de viejos profesores españoles, en el ejemplo de sus iniciales lecturas y en el juego dialéctico de la discusión académica, los tilos de sus sables críticos, temidos por poetastros e improvisadores, particularmente seguidores del Romanticismo decadente de fines de siglo. En su prosa "El Tiempo Viejo", por ejemplo, arremete con fuego personalista aunque con sólido conocimiento en contra de la reacción conservadora de Guatemala: "Y los nietos de aquellos benditos ultramontanos, que se espantaban de Renán, no querían (risum teneatis) aceptar el Romanticismo, creían en las tres unidades de Boileau y tenían a Shakespeare como un salvaje, preferían la carreta de bueyes al ferrocarril, bebían lechita caliente y grandes jícaras de chocolate, y cuando se encontraban a solas, empolvábanse las cabezas, vestiánse de arlequines con los viejos trajes de los Oidores y bailaban a hurtadillas el minuet, son los que hoy, pasada la tormenta revolucionaria, sacan con timidez la cabeza del charco (...) y claman (...) en las revistas clericales y en los diarios ultramontanos contra la enseñanza laica, la Filosofía Positiva, la libertad de cultos, las teorías de Darwin, la impiedad actual, la ciencia atea, el divorcio, la escuela realista, la novela experimental".

Al poeta colombiano Julio Flórez, que visitó Centroamérica en 1906, le llama "poeta intuitivo, de versos efectistas, con escasa cultura mental, que desconoce el sabio mecanismo de la lírica contemporánea", y luego, "no es un clásico, ni un romántico absoluto, ni menos un modernista", "Parece completamente extraviado de la literatura hispanoamericana actual".

Molina derrochó así gran parte de su talento en este inconsecuente combate de prensa. Era su forma de imponerse al medio, dictando criterios de los que pocos osaban discutirle, y el instrumento para divulgar la estética modernista en Honduras, de la que era adalid. Las resonancias francesas en su poesía lo convertían, además, en uno de los escritores mejor informados de las nuevas corrientes; (el otro era Froylán Turcios, y, aún muy joven, Luis Andrés Zúñiga).Ello avalaba sus criterios analíticos.

El poder creciente de los Estados Unidos (que establecen su punta de lanza económica con solidez en Honduras, en 1906, a través de las compañías bananeras) no escapó a la perspicacia política del autor de Tierras, Mares y Cielos. Si bien Molina no dejó opiniones extensas al respecto, es obvia su posición anticolonialista en varios de sus poemas y prosas. De "Águilas y Cóndores" trataremos en la segunda parte de este estudio, al hablar de Darío y Molina. Valga ahora citar al hombre como un político local, que participó directamente en la revolución de 1903, formó parte, como Vice—

Ministro del Gabinete de Estado y adoptó una política acorde con su época y geografía. No es pues Molina un "torre marfilista" ajeno al palpitar social que comenzaba a estremecer América en los años previos a la Primera Guerra Mundial. "No era el poeta blando y acomodaticio que con el pretexto de no entender la política cierra los ojos ante la realidad de su país", aclara Miguel Ángel Asturias28.Muy temprano en su vida reconoce—en "Adiós a Honduras" (1892), con cierto aliento profético de 70 años en el futuro, el valor regenerativo de las juventudes lanzadas a la lucha armada:

"Y tú también, perdóname, oh robusta
juventud que a la justa
ira cediendo, entre el común asombro,
llevaste a cabo insólitas hazanas
luchando en las montanas
muerta de hambre y el fusil al hombro"

El mismo poema revela—en su estrofa 27a.—la indignación de Molina por la injusticia a que ve sometida su patria, sin perder, por el mensaje, el alto contenido poético.

"A los malvados que a su pueblo oprimen
con el crimen, el crimen
ha de poner a sus infamias coto,
o volarán, odiados y vencidos,
del solio conmovidos
por un social y breve terremoto".

Para él la justicia del mundo adquiría los valores de una verdadera y humanista religión. En sus "Cartas" de 1906, al referirse a la Semana Santa advierte con firmeza: "El cristianismo (...) o se adapta a las necesidades de la civilización contemporánea, producto de la ciencia, la razón y el trabajo, o sucumbe fatalmente, cediendo su lugar a la religión del porvenir—que es la del deber, de la justicia y de la verdad—y que cuenta como adeptos a los espíritus más nobles y cultivados del mundo".

Después, lentamente, asciende del plano local al internacional. Así, en las mismas "Cartas", al reseñar la circulación monetaria amplia que llevan al país las recientes compañías bananeras, reconoce el progreso que debe sobrevenir a las naciones caribeñas, gracias al comercio. Pero, viendo más allá, manifiesta inquieto: "queda por saber si ese mar, ceñido de una costa ubérrima y lujuriante y esmaltado de islas edénicas, está destinado a ser un gran golfo internacional o simplemente un lago norteamericano (...) Todo parece indicar, hasta hoy, lo segundo".

En el "Prefacio a Annabel Lee" (IIa. Sección) describe la situación de la América de entonces, utilizando el ambiente de la obra narrativa que prologa para lanzar la crítica cada vez más espontánea: "Este libro os llevará a uno de los más paradisiacos rincones de la América, donde apenas se inicia la invasión de la horda rubia, ávida de oro y de conquista". Y en el final de su "Tríptico" dedicado a Rubén Darío, vuelve sobre el tema, ahora con preocupaciones de visionario. Dice al nicaragüense:

"la gloria te reserva su más ilustre lauro:
humillar la soberbia del rubio minotauro
como el divino Jorge la testa del dragón".

Esta toma de conciencia histórica en Molina puede atribuirse —además de su natural inteligencia y observación del evolutivo poder de Norteamérica—al influjo político de Froylán Turcios, quien fuera más tarde uno de los más aguerridos anticolonialistas del continente, que lanzó una gran ofensiva publicitaria en contra de los "marines" norteamericanos que invadieron Honduras en 1924y que sirvió como portavoz internacional de Augusto César Sandino por largos años (del que se separó por estrictas razones de orden ideológico: nunca aceptó de Sandino haber hecho alianza con los partidos políticos de Nicaragua).

La denuncia, la crítica, el combate, son parte innegable de las tendencias periodísticas de Molina. Si bien escribió poemas de alta categoría estética en su breve vida, también es cierto que pudo —de ser disciplinado—conformar una obra de mayor solidez y extensión. En los periódicos que dirigió existe gran cantidad de sueltos, artículos y notas en los que el tema provocador de su génesis no alcanzó mayor vigencia que la de pocas semanas. Participó—voluntariamente—del folklorismo periodístico de las tierras istmeñas, dado al personalismo infecundo, al ataque sin caballerosidad, al mordisco innoble. Trémulo de poder, abusó del poder que le otorgaba el periódico, muchas veces ridiculizando sin gracia, apostrofando, con ventaja, a sus enemigos literarios y no literarios. No faltó quien remendara el escape de su insolencia con un bastonazo en la frente, o quien le retara a duelo de pistola. Dos veces estuvo en prisión: una por motivos políticos absolutamente injustos, otra por haber disparado sobre un borracho ofensivo. Había en él—Molina—una concentración extraordinaria de energía creativa, la que muchas veces se consumía por caminos errados.

Odiaba y amaba a su medio. Sin él jamás hubiera sido lo que fue; con él jamás fue lo que hubiera sido: un escritor continental, en su momento. Todo aquello lo amargó mucho, aunque su carácter ya le señalaba propensión temprana a la melancolía y al pesimismo (lo dice en su "Autobiografía", estrofa 9a.). Los estudiosos de la Caracterología, que imperaba entonces, pudieron haberlo catalogado como (un Emotivo no Activo Secundario—Enas—) un hombre extremadamente sensible a lo que lo rodeaba, poco persistente en sus proyectos, incapaz de mantener la paciencia de una disciplina continua, sutilmente rencoroso y envuelta su alma en un vago crepúsculo de tristeza, que jamás lo abandonaría.

La vida sin embargo, no fue con él absolutamente adversa. Le dio oportunidades que repetidamente desaprovechó. Parecía renunciar a la toma de decisiones que pudieran comprometer excesivamente su futuro. Por ello añoraba tanto los días lejanos de la infancia. Múltiples citas mostrarían la permanencia del recuerdo florido de antaño y el lamento por la pérdida. Vive, pues, del pasado, en el pasado, rememorando siempre la luz brillante e inocente con que las cosas y los seres estaban alumbrados en su niñez. "Ah, he visto llover después en otros tiempos y en otros países, viendo caer, presa de un tedio horrible, el llanto de las nubes, Y entonces, soñando en un tiempo feliz que no volverá nunca, porque no volverán tus veinte años ni los míos, de súbito me ha parecido escuchar la música

de un organillo callejero, que arrulló un día nuestro amor". Y en "Anhelo Nocturno", la estrofa 19a.:

"Ab, mi primera juventud! La cierta,
la única juventud, la que es divina!",

y en la última estrofa

"Para que mi mañana florezca como rosa
de mayo, exuberante de vida y de fragancia,
y la tierra contemple, jocunda y luminosa,
con los ojos tranquilos con que la vi en la infancia"

Molina es un hombre físicamente joven cuando muere aunque infinitamente viejo en espíritu. Deseaba haber nacido en los albores de la civilización. En el soneto "Para un Anciano" ofrece un tema recurrente: su vejez en juventud, su otoño en abril. En Tostal" (breve poema circunstancial), dirá a Enrique Borja, tras una rítmica combinación de octosílabos, pentasílabos y bisílabos:

"Joven, goza de tu abril
fragante; y no lo derroches,
que son muy cortas las mil
y una noches.
Este consejo de bien
te lo da—en sus desengaños—
quien al cumplir los treinta anos
ha vivido más de cien"

Quizas esa misma dualidad émula de Fausto le hacía ser, a la vez, sencillo y ceremonioso. Sencillo, un manojo de debilidad y angustia frágil en el seno íntimo de una amistad segura. Pero también, inclinado al protocolo ceremonial. No a la ceremonia como mecanismo o proceso sino en su esencia; no como regulación sino como representación, es decir, la ceremonia como rito, como arquitectura propia y perteneciente sólo a los iniciados, a quienes dominan las claves de un código exclusivo. Individualista, inquieto, inestable, únicamente en el círculo orbital de la ceremonia encontraba fijos los elementos del mundo en su orden armónico. Y una vez instalado gratamente en su engranaje, acoplado a él, lo abandonaba y procuraba con su deserción destruirlo.

Es el caso de su prosa, donde el lenguaje mesurado y el aliento poético se rompen, de pronto, con una expresión fuerte o ruda. O en el mundo majestuoso de su poesía, levantado paso a paso, a pie de verso, para ser inevitablemente aniquilado. (En "El Águila", por ejemplo, cada vez más altiva, que se engrandece ante nuestros ojos, poderosa, imperial. De pronto un rayo veloz e incendiario que inaugura nuevamente el silencio y la extensa soledad). En su vida diaria: obtenido el grado de Coronel en una revolución local, le atrae no por el título, más por el vuelo arrogante del uniforme azul y áureo, la marcialidad unánime, la perfecta sincronización formal. En síntesis: la vida en constante acto ceremonial. Cuando lo deja, ha roto un círculo de perfección (porque para él y su ambición vital nada es perfecto), e inicia otro, y otro. El último, el de su muerte, jamás podrá ser sabido si significa la apertura de un ciclo o el cierre de un estado de apetencia de futuro: "fue en verdad una de esas almas escogidas que se adelantan a su tiempo muchos años y sobresalen de su medio muchos codos".

EL OTRO MOLINA

Las páginas anteriores, destinadas a desnudar la personalidad conflictiva de Juan Ramón Molina, podrán haber originado la sensación de que el autor de Tierras, Mares y Cielos fue siempre un abandonado, un hombre permanentemente ligado al frasco de licor, huidizo por tenebrosos pasillos de vicio y miseria. Lo fue solamente en algunos períodos de su vida, lastimosamente aquellos en que debió tomar grandes decisiones. Pero también fue la suya existencia de honores, públicos en pocos casos, privados e intensamente gozosos en otros, principalmente cuando logró colocarse por uno o dos poemas a la altura de la talla de Darío, a quien había conocido en temprana edad en Guatemala, a quien admiraba profundamente y de quien recibió un poderoso influjo, esencialmente en 1905, a través de Cantos de Vida y Esperanza. Sin embargo, advierte Enrique González Martínez: "no hay en los poemas de Molina imitación verbal sino resonancia espiritual del nicaragüense; pero es imposible desconocer que el canto de Darío los ha fecundado", y Felipe Molina Larios,

Profesor universitario de Estados Unidos, señala: "aunque no es tan prolífico y universal como Darío, es, como éste, clásico y moderno, hondo y exquisito, demoledor y creador".

Confrontando observaciones ligeramente sugeridas por Chaney y por Asturias38, es posible observar la intensa similitud creativa que guardaron Molina y Darío. Así como el ser humano aspira siempre a superar aquello que admira, Molina pretendía sobrepasar a Darío. Literariamente ese fue el gran reto de su vida como escritor, llegando a satisfacerlo por lo menos una vez, públicamente. Ello no significa, en forma alguna, que el corpus poético de Molina sea mejor que el de Darío, sino que prueba cómo, de ser adecuadamente dirigidos, la inteligencia y el talento de Juan Ramón Molina pudieron haber concebido originales y extraordinarios frutos. Molina y Darío se reencuentran en las reuniones de la Conferencia Panamericana de Río de Janeiro, celebradas entre el 23 de julio y el 23 de agosto de 1906. Ambos asistían como delegados—secretarios por sus respectivos países, además de Froylán Turcios, Román Mayorga Rivas, Guillermo Valencia y otros. Eran más importantes, internacionalmente, los secretarios que los Jefes de Delegación.

Navegando de Panamá a Río de Janeiro, Rubén Darío propuso a Juan Ramón Molina y a Román Mayorga Rivas "hacer cada uno, en verso, una Salutación a los poetas brasileños", pero al leer Molina la suya "Rubén rompe el papel en que ha escrito sus versos y da un abrazo al inspirado hondureño". El hecho, relatado por varios críticos, señaló, aparentemente, una sólida amistad entre Darío y Molina, junto a Mayorga Rivas. El poema casi no fue retocado por Molina. "En esa composición están amalgamados muchos recursos de la técnica del Modernismo y no pocos elementos de su temática", afirma Max Henríquez Ureña41. Escrito en alejandrinos, muestra la sonoridad y fastuosidad del estilo de Molina, algo que Julio Cejador y Frauca reafirmaría más tarde. El poema señala, definitivamente, que Molina no es innovador pero que maneja con perfección los moldes formales del Modernismo.

Un enfrentamiento mucho más trascendental—por cuanto implicaba posición ideológica y concepción de la situación americana—ocurrió en Río de Janeiro. Darío dio a conocer entonces su famosa "Salutación al Águila", poema en 15 estrofas dedicado a los Estados Unidos. En las ediciones expurgadas, dicha composición lleva la fecha "Río de Janeiro, 1906"43. Las repercusiones críticas del poema, en el resto del continente, son ampliamente conocidas, así como la famosa e ingeniosa respuesta de Darío: "lo cortés no quita lo cóndor". Sin embargo, en Río el asunto había originado un suceso menor que se relaciona con Molina.

Este, al observar la simpatía excesiva de Darío por los norteamericanos, escribe una composición que titula, con visible intención polémica, "Águilas y Cóndores". Confrontando ambos, escritos en el mismo lugar y fecha, se percibe como el eco de un diálogo, de una discusión valiente en la que Molina—el alumno—riposta al Maestro.

Darío es pro—yanki en "Salutación al Águila". Su ave imperial es la norteamericana, y aunque menciona al cóndor, este ocupa un espacio menor. Esta águila recibe—en el poema—tratamiento de destino inevitable. Dominará sobre toda América a través de la guerra, la que es "necesaria". No es que Darío desprecie la paz, sino que la ve como un producto de la guerra, como fruto impuesto por la batalla que se avecina.

Darío, en la estrofa tercia de "Salutación al Águila" dice:

"Así tus alas abiertas la visión de la paz perpetúan, en tu pico y tus unas está la necesaria guerra".

Y en la estrofa 5a.:

"No es humana la paz con que suenan ilusos profetas; la actividad eterna hace precisa la lucha.

A lo que Molina contesta en "Águilas y Cóndores" (curiosamente también en la estrofa 5a.): América es un lugar

"donde el Pan del futuro ensayará su flauta ajustando sus sones a una divina pauta de paz".
y en la estrofa 7 a.:
"Que la discordia buya de esta fragante tierra;

cerremos las dos puertas del templo de la guerra".

Darío da la sensación de creer en el triunfo del imperialismo norteamericano como un hecho fatal e inviolable del destino americano:

"Es incidencia la Historia. Nuestro destino supremo
está más allá del rumbo que marcan fugaces las épocas"
(Estr. 6a.)

Y más adelante:

"Tráenos los secretos de las labores del Norte,
y que los hijos nuestros dejen de ser los rétores latinos,
y aprendan de los yankis la constancia, el vigor, el carácter".
(Estr. 8a.)

Molina responde no sin cierta exaltación de ofendido:

"Quién habla de conquistas fatales?
El destino
nos lleva a grandes pasos de luz por el camino
que se hunde en las abruptas gargantas de la historia"
(Estr. 3a.)
"Salutación al Águila" indica que águilas y cóndores están separados, e invita al conocimiento:

"Águila, existe el Cóndor. Es tu hermano en las
grandes alturas
(..)
Pueden ambos juntarse, en plenitud, concordia
y esfuerzo"
(Estr. 10a.)

Molina, en la estrofa 10a., de "Águilas y Cóndores" realiza, en cambio, una fusión universal, cósmica, incluso mística en la grandeza del espectáculo imaginado:

"un gran tropel de pájaros de gritos resonantes: una bandada de águilas y cóndores gigantes, unánimes, encima de los más altos montes".

Asturias, en su ensayo sobre ambos poetas, relata:

"y siguiéndole en sus temas, ante que la "Salutación al Águila" de Darío, Juan Ramón Molina comnpuso "Águilas y Cóndores", poemas que son el alerta de dos grandes visionarios, pero Molina esta vez supera a Rubén".

Más tarde, en El Canto Errante (1907) Darío ofrece un poema titulado "Metempsicosis". No se sabe si antes o después de él Molina compone uno similar. Mientras Darío circunscribe la experiencia a un espacio monotemático y reducido, refiriendo la metempsicosis de Rufo Galo, amante de Cleopatra, Molina muestra una ambición progresiva e universal, más abierta, trasladada a la experiencia del orbe a través de la evolución. Darío compone un poema breve, ligero; Molina uno más extenso, escrito en tetrástrofo monorrimo cuaderna vía.

La experiencia común en el viaje desde Río despierta en los dos escritores similares proyecciones poéticas, motivadas por la visión del mar, el cielo franco, la comunión itinerante y la observación de la raza humana. Así, "La Niña de la Patata", relato breve en que Molina describe su visión de los pasajeros del barco, registra vibraciones confluentes en una olvidada prosa de Darío: "Músicas Nocturnas". A su vez, "Los Bohemios" de Darío, presenta elementos similares con "Las Olas" de Molina. Los alemanes del barco, escribe Darío en "Músicas Nocturnas", "no se sabría decir adonde dirigen el ímpetu armonioso, si a la tierra antigua que dejaron, o a la tierra nueva en donde ven surgir una esperanza". Y Molina, en "La Niña de la Patata", luego de describir a los pasajeros de tercera (entre ellos "alemanes de barbas incultas"), retrata a "aquella amable y dulce pequeñuela (...) a bordo de aquel transatlántico que la llevaba hacia las costas de América, inconsciente de su destino, feliz con su grosera patata, bajo el bóreas hostil y sobre los vórtices del océano (...) ;Cuál sería el mañana de esa deliciosa criatura?".

Y al separarse Darío y Molina, el primero escribe un breve poema circunstancial dedicado a Román Mayorga Rivas, en el que se destaca una clara alusión al hondureño:

"Román: ya te vas al pensil
de Centro América, al edén
que yo, desde aquí, del Brasil,
contemplo cual perdido bien.
Te llevas de mi corazón
un gran pedazo. Es la verdad.
Qué baria yo sin Juan Ramón,
parte de nuestra trinidad?"

Y más adelante, en estrofa 8a.:

"Pensativo digome: ¿Acaso
A questos dos varones fieles
dormirán en su eterno ocaso
allá, bajo patrios laureles?"

Al respecto protesta un autor salvadoreño actual: "¿Por qué no figura Gavidia (Francisco) entre los portaliras ilustres de nuestro continente—segun Juan Ramón en sus "Águilas y Cóndores"—y miran al futuro con ojos de vidente'? Recuérdese la trilogía amistosa de Río de Janeiro: Darío (oropelesco según Max Aub y goticida para Salomón de la Selva) Molina y Mayorga Rivas".

Al contemplar en la distancia la presencia paralela, hasta la bifurcación que llevará uno a la gloria, otro al derrumbamiento, Asturias resalta el nítido espíritu cosmopolita de ambos: "para ellos, gemelos de la luz, era más vistoso hablar de Zeus que de Quetzalcoatl, de Marte que de Huitzilopochtli, de Venus que de Smucané. No se había iniciado en América todavía la reivindicación de los temas americanos" (aunque Gavidia, valga recordarlo, ya proponía desde entonces al quetzal como ave heráldica), "fueron gemelos de las formas verbales", y agrega al comparar "Lo Fatal" (de Cantos de Vida y Esperanza, Madrid, 1905) y "Anhelo Nocturno", de Molina (s.f.): "¿Conoció Juan Ramón Molina "Lo Fatal" antes de escribir su poema "Anhelo Nocturno", o se trata de una simple coincidencia?" No hay respuesta definitiva, aunque el efecto no parece provenir de una simple coincidencia sino de imitación o de semejante emoción espiritual:

Darío:

"Dichoso el árbol que es apenas sensitivo
y más la piedra dura porque esa ya no siente,
pues no hay mayor dolor que el dolor de ser vivo,
ni mayor pesadumbre que la vida consciente."

Molina:

"Ser del todo insensible como la dura piedra,
y no tallado en uno doliente carne viva
de nervios y de músculos. O ser como la hiedra que
extiende sus tentáculos por manera instintiva."

Inviniendo el proceso, sería posible que Darío copiara a Molina alguna vez? Esto, que sonará cual sacrilegio a los estudiosos de Darío, aparenta haber sucedido. Molina concluyó su vida y obra en 1908, al morir a las cinco en punto de la tarde el 2 de noviembre. Darío publicó en Canto a la Argentina y otros poemas (Madrid, 1914) un pequeño relato en verso ("La Rosa Niña"), que había escrito en 1910, según sus editores. Diez Canedo[51] señala, además, que Darío reprodujo el poema en Mundial Magazine (como en efecto aparece en el Vol. III, No. 13, de mayo 1912; página 28), y que en el folleto Alfonso XIII y sus primeras notas (el que no he podido comprobar por lo poco asequible del texto), Darío asegura haber escrito
"La Rosa Niña" a los 14 años, esto es, en 1881 (Molina tenía entonces 6 años de edad). Era imposible, pues, que el hondureño

hubiera leído jamás el poema, pues nunca había sido publicado antes de 1912 (y Molina, recordémoslo, había muerto cuatro años antes).

Extrañamente, ambos autores trataron un mismo tema en forma tan similar, que favorece más a la duda que a la certeza sobre la afirmación de Darío. "La Rosa Niña"(:1881?;1910?) y "Tréboles de Navidad" del hondureño, refieren el nacimiento del niño—Dios y la cabalgata de los Reyes Magos hacia Belén. En la obra de Darío surge una niña que para regalar a Jesús—niño se convierte en flor. En el de Molina es el mismo poeta quien desprende de su corazón una flor para otorgarla.

Confrontando ambos textos encontramos que "La Rosa Niña" (Darío) está escrito en 17 serventesios y 1 sexteto, predominando los dodecasílabos y tridecasílabos. "Tréboles de Navidad" prefiere, para acercarse al villancico navideño, el octosílabo armado sobre 12estrofas irregulares. Dado que ambos parten de la leyenda bíblica, la serie de elementos poéticos que estructuran las composiciones es la misma.

Darío (estrofa la.):

"flor de infancia llena de una luz divina
que humaniza y dora la mula y el buey".
Molina (estrofa 3a.):

que sonries, a la mula
o que lloras junto al buey"

Pero, posteriormente, esos mismos materiales temáticos no sólo guardan semejanza por sí mismos sino por el enfoque y utilización narrativa que se les da. Molina dirá en la estrofa 7a.:
"¿Tienes frio? Te calientas
con el vabo de ese buey",

y Darío, en la estrofa 13a.:

"La madre miraba su Nino—lucero;
las dos bestias buenas daban su calor."

De la misma manera, sorprende la igualdad de disposiciones de la estructura global de los dos poemas. El desarrollo y consecución gradual logran ubicaciones perfectamente paralelas. Darío escribe en la estrofa 3a.:

"Frio matinal refresca belfos de camellos",
y en la 4a.:

"los ágiles trotes de potros de Arabia".

Molina, también en estrofa 4a., describirá:

"del corcel de Baltazar,
del camello de Melchor
y el onagro de Gaspar".
Lo mismo en la 6a.:

purpuras, mirras, inciensos, perfumes, diamantes y oros" (Molina, "Tréboles de Navidad").

Darío, en "La Rosa Niña", estrofa 6a.:

"por tanto el incienso, la mirra y el oro".

Si antes la semejanza se da en el piano sustantival, ahora, hacia el final de ambos poemas, lo será en el verbal (Darío) y el de sustantivo verbal (Molina), en las estrofas 12a., y 11a., respectivamente:

"La Rosa Niña":

La niña "se quedó pasmada, pálido el semblante,
porque no tenía nada que ofrecer".

"Tréboles de Navidad":

"Ni una ofrenda, ni una cosa

fabulosa
te he de dar."

Molina concluye con un efecto mucho más humano y personal, subjetivo: regalará al niño una parte de sí mismo, su parte aún conservada de inocencia y pureza, en forma de flor que el dolor no ha marchitado. Darío es más imaginativo pero impersonal, más narrativo que espiritual: la niña sufre metamorfosis en flor, mientras atrás, con cierto sabor pagano, "la sonrisa lejana de Ovidio aplaudía."

Esta paralela creación ha sido vista, ocasionalmente, bajo parroquiales criterios provincianos que han servido para atacar, con poca elegancia polémica, a Juan Ramón Molina. Nadie puede negar la fecundidad poética de Rubén Darío ni disputarle su merecido sitio privilegiado en la literatura del mundo. Molina se encontró innumerables veces bajo el sano influjo estético del nicaragüense. No alcanzó más por falta de oportunidades y por indisciplina típicamente tropical. Su obra quedó dispersa en periódicos y revistas, y, fuera de un par de opúsculos, jamás editó un texto completo ni depuró su obra para darla al Público. Él mismo reconoció noblemente la superioridad del Maestro, en su "Tríptico" de sonetos dedicado a Darío, y si bien pretendía alcanzar el dominio y genialidad de este le sobraba talento y dominio... pero le faltó genio y persistencia. Careció, además, del don de la publicidad y el cultivo de la relación humana. Fue un león que nunca desarrolló toda la velocidad de sus músculos, un águila que sobrevoló en círculos.

Cierto autor nicaragüense llegó, incluso, a acusarlo de plagio, asegurando ser "Ananke", de Azul, mejor que "El Águila".

"En el Salón de Retratos", de Molina, imitación de José Asunción Silva; "Prefacio Annabel Lee", plagio de Poe (claramente una irreflexiva confusión de títulos), y "Pesca de Sirenas", excelente soneto de Molina, un remedo de la prosa de Darío titulada "Los Pescadores de Sirenas", la que—según Cabrales—comienza "Péscame una, oh egipán pescador, que tenga en sus escamas radiantes"...en tanto que el soneto de Molina, en su primer verso: "Péscame una sirena, pescador sin fortuna", sin mayor similitud posterior. Negación de la negación. Crítica más audaz que sobria.

Darío, a pesar de su escueta opinión manifestada al desaparecer Molina, pareció guardarle estima especial. Rafael Cardona asegura que "Darío tuvo para él cierta profunda admiración y casi receloso respeto". El hondureño, agrega, "como hombre fue enérgico, amargo y tierno; su melancolía es casi una acritud, la negra "bilis" de los latinos, y por eso es creadora. Pero su dulzura, su poder de maravillar, son únicos. Hay tanto sol en él que su poesía no admite noche."

Max Henríquez Ureña tuvo el feliz atisbo de la personalidad total de Molina, esto es, la del característico escritor latinoamericano de entonces, hacedor supremo, combatiendo a la vida, conquistándola palmo a palmo, reposando para cantarla en versos finos. En Breve Historia del Modernismo sintetiza: "Juan Ramón Molina fue, ante todo, poeta. Se incorporó a la corriente modernista, pero a lo largo de toda su obra perdura el recuerdo de Bécquer, y, a veces, el de Díaz Mirón en su primera época. Actuó en la vida pública, fue hombre de gobierno, estuvo preso por causas políticas y hubo un día en que se echó el fusil al hombro como revolucionario."

Fue, pues, un hombre sumamente polifacético. Hay en su vida tonos tan tristes de tragedia como oro de gloria, y en su obra gestos tan desesperados de necesidad de solidaridad humana como excelsa soberbia de una inteligencia brillante, harto segura de sí misma.

Tradicionalmente se culpa al ambiente pobre en lo intelectual, en la Centroamérica de ayer y hoy, como causa de su agotamiento y de la oscuridad en que se le ha tenido por más de sesenta años. Algo hay de cierto en ello, pero una explicación tan simple —y naturalista—no satisface plenamente. Asturias sostiene esta teoría a lo Nietzsche (que Molina proclamaría gustosamente suya) cuando afirma: murió "del corazón, decía el parte médico, debido a los excesos de alcohol y morfina. Pero cuanto más justo sería decir que el poeta moría en el desaliento, en el abandono, en el olvido que ya lo acompañaba como su sombra de exiliado, en aquella sociedad materialista en la que los seres que consagran la vida al espíritu, no valen nada, sino después de muertos".

Ante la imposibilidad de una explicación más luminosa, viendo morir hombres de numen y valor elevado, año tras año, en las condiciones misérrimas del istmo, vale preguntarse, en este sencillo colofón, si no es tiempo ya de transformar radicalmente a

Centroamérica, y que de una vez, final, estremecedora, en la conjunción de los pueblos y los hombres de luces, "saludemos la gloria futura de la América, que todas las espigas se junten en un haz. Unamos nuestras liras y nuestros corazones, que ha llegado el crepúsculo de las anunciaciones, para que baje el ángel de la celeste paz".

San José de Costa Rica,1977.

PRÓLOGO DE ANNABEL LEE

Por JUAN RAMÓN MOLINA

I

Es en París, en un cuarto de hotel, mientras la gran cosmópolis ilumina feéricamente sus calles, realzadas por los simulacros de los héroes del pensamiento y de la acción, donde trazo el prólogo de este idilio de amor. De amor y de dolor. Si comprimís el libro en vuestras manos, en una hora de meditaciones, quizás tomaría la forma de un corazón, tan enorme cantidad de ternura y de amargura hay en sus páginas. No os imaginéis que su autor tiene esos dolores ancestrales, producto de secretos atavismos; ni que ha sido atormentado por esas penas vergonzantes de las razas envejecidas y empobrecidas por una larga serie de crímenes y locuras. El libro es un desbordamiento de lágrimas sinceras: las veréis correr en algunas de sus páginas, mas a veces son tan dulces y a veces tan amargas, tan salidas de los más profundos pozos del espíritu, que no hay mujer que, en la primavera de su existir, no quiera abrevarse lentamente en ellas, como una corza sedienta en las frescas aguas de un manantial perdido en el riñón de las sierras. Llora el poeta sobre sus enfermas ilusiones; pero su llanto no os quemará como un ácido corrosivo, ni os envolverá en una atmósfera de melancólicas añoranzas.

No es su tristeza la de Leopardi, cuando, en una tarde de fiesta, día a lo lejos la canción del artesano que le recordaba las alegrías de un paganismo remoto, ni la de Byron, sentado a popa, frente al mar turbio e inquieto, sin más consuelo que los ojos vidriosos de su mastín, mientras se alejaban, en la bruma llena de gaviotas, las costas hostiles de Inglaterra, donde se quedaban su mujer y su hija, que nunca jamás volvería a ver; ni es la del Dante de la Vita Nuoca, en su fresca y sonrosada mañana poética; ni la de ninguno de esos grandes poetas malditos que, renegando de la vida, o emborrachándose de tinta o de alcohol, se entregan a una muda desesperación, que les consume como una fiebre, o se escapan de la vida por la puerta falsa del suicidio. Honda, ciertamente, es la tristeza de Turcios; mas es tan sincera, tan bien sentida y tan real, que, si tenemos un poco de imaginación y de espíritu, es imposible que no nos conmovamos profundamente al ver des arrollarse ante nuestros ojos uno de los idilios más frescos y, sobre todo, más verídicos que ha tenido por cuadro el fragante edén de la naturaleza de los trópicos. Porque tal idillo no puede suceder más que en un país de sol, de corrientes y de perfumes. Ponedlo, verbigracia, en una gran ciudad, en Nueva York, en Londres o en París, y tendréis una historia de amor como muchas, digna de una novela por entregas o de las columnas folletinescas. Es necesario, pues, para comprender ese idillo, imaginarse la naturaleza que le ha servido de marco, las circunstancias ambientes que han rodeado a la pareja de enamorados, el medio local y hasta el carácter íntimo de los protagonistas. En ninguna de esas ciudades puede verificarse lo que se narra en estas admirables páginas de amor y de ensueño.

La lucha terrible por la vida, el doloroso refinamiento de la civilización, el estado morboso de supersensibilidad del hombre y de la mujer, son óbice para concebir un poema semejante que necesita de un medio bien diferente del trabajado por los siglos y las razas. Para que Lamartine pudiese escribir Graziella, tuvo que ir a buscar una isla de coral, un caliente rincón madrepórico en el fondo del radioso Golfo de Nápoles, sembrado de islas de tabula y de leyenda, como aquellas en que se estrellaba el barco de Simbad, y donde entre unos pescadores sencillos y fanáticos, podría encontrar la casta virginidad de su amada, defendida por los frescos azures de los amaneceres y las sales de las brisas del Mediterráneo, que mecieron las naves dóricas y las galeras latinas El abate Prevost, por un momento nos logra conmover con los amores de un petardista y de Manon Lescaut, macerada y envilecida en todos los lechos de alquiler; pero para que su novela no acabe cómicamente con un desenlace de hospital, impregnado de ácido fénico, tiene que enviar a su heroína en el vil cordón de las prostitutas, después de cercenar su cabellera en la fría estancia de un jugado, a morir en los silenciosos páramos de la Luisiana, sin más sudario que las arenas del yermo. Chateaubriand colocó a Atala y René, no precisamente a orillas del Sena, sino a la ribera del Mississippi, arrullado por el gigantesco rumor de las selvas vírgenes, y donde las tribus aborígenes, empenachadas de plumas de águila, bautizaron sus hijos y abrevaron sus fauces. Bernardino de Saint-Pierre hubiese caído en ridículo cuando, queriendo entretener a la frívola corte de Versalles, harta de minués y de profecías de salón, hubiera compuesto un poema de pastores bajo las umbrías de los Trianones que cubrieron las meditaciones de Ronsard, y que, muchos años después, evocara nostálgicamente el autor de La Sagesse, el infeliz Verlaine, el más ilustre y desventurado de los anfiones de la Francia contempora nea. Sain-Pierre necesito, para refrescar los espíritus atediados de su tiempo, llevarlos a una isla lejana, de grandes árboles melodiosos, poblada de antílopes y de cabras, donde una pareja de niños se besaría bajo un cielo libre y en medio de una naturaleza libre.

Pero, ¿a qué seguir? No hay poeta en Francia, desde Víctor Hugo hasta Esteban Mallarmé, que no haya aspirado, desde el seno de esta cultura artificial, a esos países remotos de climas templados y muelles, de sangres cálidas y de pasiones violentas, donde el amor no se finge, ni los besos se ponen en almoneda. Todos ellos, desde la mitad del siglo XVIII hasta la del siglo XIX, parece que, desde el bufete de su cuarto de trabajo, aspiran con melancolía, bajo la sugestión del ensueño, a esas tierras de ultramar, penínsulas de encantamiento, islas rientes y aromadas, tierras de miel y de leche, donde el amor todavía se presenta como en los tiempos felices del mundo, cuando los refinamientos de la cultura no habían prostituido la sagrada pasión, y los códices no habían puesto un valladar entre los sexos. Recordad a Víctor Hugo hablando de Tahití, de esa dulce, tibia y muelle Tahití, cuando los europeos no la habían deshonrado con sus crímenes, sus enfermedades y sus alcoholes; a Mallarmé, harto de bibliotecas y de amores fáciles, sintiendo que le llegaba un soplo de brisa marina, sugiriéndole la visión de una isla remota, perdida en los mares del trópico, coronada de cocoteros y de árboles de pan, en cuya ribera armoniosa canta el agua azul, los mariscos semejan flores vivas y hay grutas de las que salen cascadas diáfanas y dulces. Todos los poetas, y especialmente los de las razas cansadas y viejas, tienden, en ciertos momentos nostálgicos, a esas tierras perdidas en remotas latitudes, donde los árboles crecen monstruosamente, las frutas tienen forma, olor y sabor extraños, los pájaros han salido de un cuento de

Las mil y una noches, los lagos parecen copas de lapislázuli y los ríos, claros, alegres y armoniosos, reflejan las auroras y los ortos de un cielo joyante, que no ha ennegrecido todavía el humo de las chimeneas.

II

Este libro os llevará a uno de los más paradisíacos rincones de la América, donde apenas se inicia la invasión de la horda rubia, ávida de oro y de conquista. Si lo examináis bien, este idilio no se parece en nada al que se desarrolló en el Cauca. El poema de Isaacs, oreado por un soplo de la ardiente tristeza del país de las profecías y de los testimonios, como que en las venas del autor corría sangre judaica, tiene mucho de artificio, y aún es dudoso, según he leído en los periódicos hispanoamericanos, que sea real del todo. Los amantes se quieren en una hacienda que tiene el más blanco baño de cal, entre azules montañas, floridas hondonadas y bosques sembrados por las habitaciones de los siervos. Hay cacerías de tigres, paseos por las verdes sabanas, rústicos diálogos, fuertes emanaciones de las ordeñas matinales, que ponen una nota de égloga, pero de égloga americana, en el magnífico paisaje tropical que os llena las pupilas. La heroína ama castamente, casi infantilmente. El amado parte a Londres, a seguir sus estudios de medicina. Ella, en la ausencia, muere de pesar. Recordaréis, en las páginas finales de la novela, la llegada de Efraín por el Mar Caribe, el Mar Indo, como lo llama el poeta.

Las ondas adormecidas bajo la luz de una maravillosa puesta de sol; el puerto ardiente, retostado por mediodías llameantes donde el administrador, obeso y congestionado como un pavo, convida a comer al joven viajero, entre alegre charla de recuerdos. Bogas que van cantando por el rio, bajo los árboles donde cuelgan viscosas culebras; canciones negras de una infinita tristeza, dichas al fulgor de la luna que argenta las aguas gemebundas; Cali, a los lejos, envuelta en el silencio de la noche. Todo eso veréis en el idilio del poeta colombiano; mas, con un poco de comprensión literaria, puede que os choque el lenguaje y hasta la pobreza del estilo, porque el autor de Saulo no era un prosista, en el verdadero sentido de la palabra. De ningún modo trato de discutir la legítima gloria que le corresponde; pero una parte de ella, en nuestro pensar, consiste en haberse adelantado a los demás, dándole nueva forma a un tema tan gastado, que resultaría vulgar si no tuviera por fondo una naturaleza virgen y exuberante.

III

El novelista hondureño os colocará en un rincón de nuestro país, que nada tiene que envidiar al más florido rincón del mundo, y desarrollará ante vuestros ojos un idillo, sin ningún recurso de artificio, porque es profundamente verídico. No inventa, narra. Tal vez su prosa no esté a la altura de aquella mediocridad de que se lamentaba el poeta de Las Noches, ni guste a ciertos lectores acostumbrados a la ilusión de las mentiras folletinescas. Turcios, sobre todo, es soberanamente artista, lo cual consiste en darle al símbolo su valor secreto y a la palabra su valor legal. Eso, en cuanto al rebuscador de imágenes y al paciente artífice de rimas. Respecto al poeta, es decir, respecto al hombre sentimental, de corazón rebosante de ternura, la cuestión varía. Veréis un ser delicadamente tierno, tal como se concibió en el alba de la revolución romántica. Un hombre así está admirablemente preparado para vibrar al influjo de toda clase de emociones. Imaginaos un poeta, no precisamente un poeta fabricador de jarabes y de venenos para organismos gastados, sino absolutamente natural, sin que esté destemplada una sola cuerda de la lira de sus nervios.

Este hombre, después de largos días y noches de hondo sufrir, escribe con la savia de sus venas o con el licor que brota de sus ojos, toda una serie de terribles meditaciones y sensaciones, por las cuales ha pasado su espíritu inquieto, como un siervo por la sala de tormento de un barón feudal. No narra dolores mentidos, no es engaña, ni engaña a nadie, sino que suelta, con una humildad orgullosa, su narración, vivida y ardiente, tal como un Petronio que se abriese las venas en el agua tibia de su baño. Sus lágrimas, ciertamente, no son esas que caen tranquilamente de los párpados, en la hora de las felices remembranzas, como las lágrimas dulces que derrama Tennyson, evocando melancólicos recuerdos: sus lágrimas son de sangre, y en esa sangre moja la pluma. Hondamente sincero es su llanto y nace de las más herméticas fuentes del corazón. En obras de la naturaleza de la que vais a leer, no se comprende que se escriba de otro modo. El poeta, y cuando digo poeta, me refiero al hombre superior, es decir, en su grado máximo de sensibilidad, no quiere quedar bien con sus lectores, no escribe de cara al público, porque éste, en semejantes ocasiones, es del todo indiferente a los dolores personales, que sólo atañen a una individualidad aislada en las muchedumbres.

Cuando un excelso poeta como Turcios, acostumbrado a la interrogación de esfinges y a los secretos de la mecánica del verso, muestra al público las vergüenzas de su espíritu, no lo hace precisamente para seducirlo, ni para enternecerlo, porque eso es completamente secundario para él. Imaginaos un instante a Musset escribiendo Rolla para entretener a los fumistas de los bulevares de París. Pues sería simplemente ridículo. Jamás pensó el poeta de El Sauce en que la dama tal o cual se iba a conmover leyéndolo antes de dormirse, o que iba a entretener sus ocios hojeando sus versos en un vagón de ferrocarril, o en la intimidad perfumada de su alcoba. Musset no se imaginó semejante cosa. Producto como era de una civilización decadente y sintiendo en su espíritu el enorme peso de lo infinito, en un momento único de su vida, se sacó, como dijo Hipólito Taine, el corazón del pecho, enseñándolo a las multitudes, sangriento y palpitante. Su grito, que escucharán los siglos cuando nadie se acuerde ya de los bárbaros alaridos de Aquiles en las riberas del Escamandro, repercutió y seguirá repercutiendo en los oídos de los hombres, porque fue tan grande, tan dolo roso, tan profundamente humano, que nosotros, seres de clima, de raza y de civilización distintas, pare ce como que de repente lo escucháramos, llenos de sobresalto, entre el alegre rumor del nocturno Paris.

¡Cuántas veces, vagando sin rumbo fijo por esta ciudad, nos hemos metido por una de esas obscuras callejas, recordando al poeta inmortal que ahora duerme en el Pere Lachaise, a la sombra de un sauce americano, mostrando al sol de otoño su faz triste y tediosa, cincelada en mármol, de Cristo del Arte y de la Gloria! Las baldosas están desniveladas y lavadas por las lluvias; arriba, en un tercero o cuarto piso, en un halcón carcomido y desquiciado, que injuriaron los duros inviernos parisienses, languidece una maceta de flores. Pan, en el crepúsculo indeciso, una banda de músicos haraposos y medio borrachos; siluetas de mujeres sospechosas acechan al transeúnte extraviado, le instan con voces que recuerdan la cerveza y el aguardiente de los últimos cafés, Pues bien, de ese balcón miserable, de esa sucia vía, de donde suben malos olores, sale un soplo de ardiente poesía, que recuerda al blondo poeta divino. El vio eso con sus grandes ojos pensativos, él quizás transitó por ese callejón olvidado; él, probablemente, después de pasar una noche insomne al lado de una mujer fácil, se asomó a esa ventana y cortó una flor de ese tiesto; él, de seguro, en uno de esos lívidos amaneceres en que el cielo pone toda su infinita angustia sobre los empedrados de las grandes ciudades, se asomó a la ventana, desmelenado, ojeroso y pálido, mientras la amada de una noche dormía sobre los ajados almohadones; y allí, en un momento, harto de carne de alquiler, harto de su siglo, harto de su civilización, harto de la vida y de la naturaleza, concibió, recogiendo en sus versos toda la ventura y toda la desventura de su tiempo, ese poema maravilloso de Rolla, que los hombres repetirán eternamente, mientras les quede un poco de sentimiento en el alma. Esa es la gloria, la gloria verdadera, la única gloria literaria; el ser sincero, en un momento dado, sobre todas las cosas, sobre todos los intereses y sobre todos los prejuicios.

IV

Yo creo a Turcios profundamente sincero, no sólo porque he tenido ocasión de conocerle casi fraternalmente, sino porque cosas como las que él narra no se pueden inventar de ningún modo. Él, como versificador, y que lo es magistral, tanto como los mejores poetas hispanoamericanos, podría recurrir al artificio del verso, presentándonos una deslumbrante pirotecnia de rimas. Puede darnos, en los más difíciles metros, muchos estados del espíritu, estados casi pasajeros, que apenas dejan huella en el alma de los lectores. Esta cualidad concluye por ser un defecto, porque el poeta juega con las palabras, extrae del idioma toda la esencia sinfónica, nos asombra por el arte y el refinamiento; pero no nos causará una emoción honda, algo así que nos deje meditando con el corazón herido y las entrañas palpitantes. Para que la emoción resulte de verdad, debe generalizarse. El poeta, si llora, debe hacer llorar a los demás; si ríe, debe hacer reír a las muchedumbres. O para hablar más claramente: debe ser profundamente humano.

Ahora bien. Este libro es profundamente humano, porque ha sido vivido y sentido; no es su autor un actor que recita de memoria un trozo de poesía sentimental, con el oído puesto a la voz del apunte; ni es un cómico que gesticula lloriqueos en el proscenio de un teatro. Él ha gozado y sufrido con lo que va narrando: torturas horribles le han macerado el corazón, y tiene, primero como hombre de letras, y luego como hombre, el derecho de transmitir sus emociones, de narrar sus amores, de enseñar su alma en toda su desnudez, tal como Rousseau tenía el derecho de ser franco hasta la crudeza o Amiel de mostrar los secretos resortes de su espíritu.

No es porque se crea un hombre escogido para predicar un evangelio de sentimentalidad, sino porque es una parte de la humanidad que sufre y que goza, un número de la legión de todos los que han estado enfermos de amor, de dolor y de ensueño.

Don raro es este de poder transmitir, valiéndonos de la pluma, toda la alegría o todo el pesar que llevamos adentro. Porque todos sueñan, todos han amado, aman o amarán; pero ¡cuán pocos pueden comunicar a los demás esa saudade que llena el espíritu de todos los que están bajo el influjo de la más poderosa y ardiente de las pasiones, sobre todo, cuando el obstáculo, en cualquier forma, se presenta en el camino de la dicha!

No tengo la cualidad de la adivinación y, por consiguiente, no sé cuál será el desenlace verdadero de este idilio. Tengo fe, eso sí, en el carácter de Turcios; le creo capaz de cualquier esfuerzo supremo para conseguir un fin: me parece que, por un acto de retrospección, y un anhelo de aventura, ha ido en la carabela de Gama hasta Goa y ha encendido con su hacha una de las naves de Hernando de Cortés; pero me temo que esa misma voluntad enérgica le lleve al triunfo que anhela, y que el desenlace del idilio no sea una historia de llanto, que envuelva en melancolía a las lectoras, sino que se verifique ante el altar incendiado de cirios de un templo, mientras en el aire matinal repican las campanas de oro, y vuelan las palomas, y pían las golondrinas, y se deslíe en el ambiente un aroma de azahares y de rosas blancas. Réstanos ahora hablar del medio en que se desarrolla la novela, y del autor. Los curiosos perdonarán si apenas nos ocupamos de la heroína, tanto por un secreto pudor literario, como porque el poeta se encargará de hacernos un retrato definitivo de ella. Sin embargo, haré el esfuerzo de bosquejarla en unas pocas líneas.

V

¿Habéis evocado una de esas leyendas antiguas, uno de esos romances que tienen sabor de vino añejo y que están como aromados de un perfume pretérito? Pues ella —Mignon, Ofelia o Margarita— gentil que pudiera ser una castellana, en la flor de la primavera, asomándose, envuelta en la luz perla de una noche plenilunar, sobre un abismo de fosos. La castellana tiene una magnífica cabellera de oro ahumado, unos ojos inmensos de un primitivo candor, y manos y pies finos, que denuncian un ilustre abolengo.

Esa cabellera, rica y undosa, bien pudiera flotar bajo los álamos de un castillo de ensueño; esos ojos están hechos para contemplar las estrellas o anegarse en la tranquilidad de los azures vespertinos; esas manos pudieran tejer coronas entre los cálices de los jardines feudales; y esos breves pies, dignos de posarse en un zócalo, apenas harían ruido deslizándose sobre las viejas alfombras traídas de los felices pillajes de Oriente. Toda ella respira una atmósfera de virginidad y de inocencia, evoca las expresiones extáticas de los cuadros de Fra Angélico; puede hacer florecer bajo sus ojos los lirios de David y las rosas de María; y decidme si este poeta hispanoamericano, tan sensitivo en su juventud como el Dante de la Vita Nuova, no tuvo razón de enloquecerse, de postrársele de hinojos, de entregarle todo su tesoro de rimas y de sueños, cuando, en un día de amor, en que sentía la presencia de Dios y el poder de la Naturaleza, la vio aparecerse en un claro de la Selva Obscura de su vida, cargados los ojos de promesas y los labios de ósculos vírgenes, y lo olvidó todo, lo que amaba y lo que había amado, quedando, desde entonces, como bajo el poder de un divino encantamiento, gozando de una existencia de ensueño, perdido en el jardín del más ardiente de los amores, donde el agua de las fuentes es de oro, los pájaros hablan un celeste lenguaje y los árboles susurran melodiosas músicas.

VI

El medio en que se desarrolla la novela supera a todas las imaginaciones de los poetas de los siglos XVIII y XIX. Pensad en el más bello rincón del trópico, en un país de grandes bosques y de ríos rumorosos, de álveos lentejueleados de arenas de oro.

Una primavera bien distinta de la que conocéis en Europa, reina allí. Las selvas, como salidas de un baño matinal, están eternamente frescas, como si el rocío del paraíso cayera sobre las copas de sus árboles. En las grandes pozas de los ríos, entre las grises rocas que se sepultan en sus orillas, rebullen peces iguales a vividos joyeles; las cascadas, saltando armoniosamente entre los peñascos, ruedan en despeñamientos de ópalo, mientras plantas extrañas, en forma de parásitas o de extravagantes lianas, se inclinan sobre el vértigo como queriendo seguir el curso del proceloso torrente. En los recodos de los caminos, a veces blancos bajo el sol del estío, a veces perdiéndose en las cañadas profundas, a veces trepando y ondulando por las cuestas pedregosas, hay trechos de sombra, manchas de verdura, pozos agujereados en la piedra viva, donde el caminante, mientras hace trotar sus recuas, azuzándolas con un látigo con un grito, sestea un rato, bebe agua en las palmas de las manos, y toma un poco de aliento, para seguir su marcha por las abruptas serranías, bajo los tórridos soles implacables.

Veréis, en cuadros hechos con pincel único, las haciendas patriarcales alzándose en las inmensas llanadas, donde mugen, a la hora religiosa del crepúsculo, las numerosas vacadas; lunas llenas, plenilunios en los que no ha soñado un astrónomo de Capri o de Greenwich, lunas llenas infinitamente crecidas, infinitamente tristes, infinitamente pálidas, como si fueran visionarios discos de plata o grandes manchas rielantes de azogue, iluminan paisajes extraños, aglomeraciones de montañas, colinas graciosamente agrestes, prados y sotos, en cuyos céspedes, ricos en orozuz y en briznas jugosas, triscan los ciervos monteses, que bajan maliciosamente de las espesuras a los verdes frijolares, o saltan los tímidos conejos que, a la hora matutina, o en una dulce puesta de sol, escapan rápidamente entre las altas yerbas, mientras de lejos los perros campesinos, presintiendo la presa, ladran ruidosamente al viento o tratan de saltar sobre las cercas.

Del fondo de los bosques os viene un aroma de colmenas, con un amoroso arrullo de palomas rústicas: palomas azules, de ojos de topacio, con gorgueras cenicientas; palomas que tienen alas de golondrina, para volar fugitivamente sobre los campos o buscar el amparo de las ramas frondosas, y palomas diminutas que, a lo mejor, al paso de las caballerías o del cazador furtivo, vuelan en bandadas armoniosamente de los rastrojos, ganan las inabordables espesuras o se esconden en los piñuelares, que erigen al sol sus espadas de púas. En esos bosques las víboras parecen joyas, tan encendidos y esmaltados son sus colores; las lianas se entremezclan como hebras de magníficas cabelleras; los árboles centenarios, robles y encinas, dejan colgar de sus ramas las parásitas, que semejan las barbas de un rostro homérico; barbas grises de Alcides o Agamenones; pájaros donde riman los siete colores del iris; pájaros de todas formas, de todos tamaños, azules unos como el zafiro, rojos otros como el rubí, verdes otros como la esmeralda, amarillos otros como el topacio, negros otros como el ónix, os saludan con una armoniosa algarabía, pueblan las copas de los árboles, buscan los insectos en los troncos, vuelan sobre los arbustos, saltan en las veredas y en los caminos, huyen ante los ojos del viajero fatigado.

Una atmósfera cálida, semejante a una gigantesca y fina red de oro, envuelve ese paisaje de montes, llanos y ríos. En el fondo de las selvas intrincadas, los palmirales alzan a las nubes su follaje de oriflamas y abanicos, entre los cuales resaltan racimos de nueces: nueces grandes y cabelludas que encierran una pulpa substanciosa y un licor semejante a la leche de Juno; nueces más pequeñas encerradas en una sólida y dorada corteza; nueces extrañas, recalentadas por los eternos mediodías, que producen raros aceites, propios para las cabelleras de las razas cafres. Son los cocoteros, los coyolares, los corozales, toda esa flora de tierra caliente, de que apenas se tiene idea en Europa; flora esencialmente de aquel divino rincón de América. A veces, en uno de los claros del bosque, unos cuantos árboles están tendidos en el suelo con una incisión hecha por el hacha de los campesinos. Brota de la herida un vino generoso, un champaña natural, que todavía no ha calentado las venas de los europeos.

En esa tierra de bendición todo está como salido de las manos del Creador; los caminos, de una rusticidad primitiva, concluyen a la orilla de los torrentes y de las quebradas; el agua de los manantiales de las montañas no se ha envilecido en los tubos de hierro de las cañerías; las cascadas espumantes no dan su fuerza a las máquinas de las fábricas, apenas de trecho en trecho, la tierra ha sido roturada; un ambiente patriarcal envuelve las haciendas y los predios; las llanuras apenas han sido divididas por las cercas; los rincones de idilio no han sido vedados del todo por la rapacidad y la soberbia de los terratenientes; el pobre campesino puede alzar libremente su choza en la ladera del monte, y no hay quién no tenga una piedra dónde reclinar su cabeza, ni una vaca que ir a buscar a la hora del crepúsculo. Tal es el medio en que este poeta, tan profundamente refinado y tan profundamente primitivo a la vez, desarrolla su idilio, claro y dulce como un manantial, grato como un vaso matinal de leche y refrigerante como un baño a la sombra de los copados árboles de un río. No lo concibáis fuera de allí, porque no tendría razón de ser en otra parte. Es necesario esa naturaleza, esos bosques, esos ríos, esos soles y esas lunas, esa vieja Juticalpa dormida bajo un siglo de aguaceros; todo ese medio, en fin, singular y primitivo, ingenuo y dulce, para comprender esta amable novela, tan intensamente real, tan hondamente sentida, escrita con gotas de llanto y gotas de sangre, a través de los mares procelosos y de las ciudades de la envejecida Europa.

Sólo allí, en ese lugar edénico, puede concebirse y verificarse semejante idilio. Ni Saint-Pierre, ni Chateaubriand, ni Lamartine, han tenido un fondo de naturaleza semejante, digno de la historia de amor, nacida y desarrollada en el periodo crítico de la sensibilidad y de la juventud del autor. Momento que lo ha aprovechado Turcios por manera admirable, porque ha puesto en él todo el enorme caudal de ternura que contiene su espíritu. Reconozcámosle la dicha de haber guardado, casi prístinas, es decir, casi puras, las fuentes del amor, desgraciadamente segadas y envenenadas, como por las fauces de las bestias antiguas, por las tenebrosas filosofías de este siglo.

VII

Algo tengo que decir sobre el autor. Turcios es un emotivo. Las sensaciones llegan a él del medio a su personalidad. Por eso ha de sorprender la exactitud de los paisajes y la veracidad de las escenas que pinta. No es simplemente un pintor descriptivo o un paisajista como Coró. Su imaginación demasiado potente, como que es imaginación de hombre del trópico, le llevará a presentaros una naturaleza tan visible y vigorosa, como no se sospecha en los paisajistas del simbolismo pictórico, cuyos lienzos se esfuman en una atmósfera de ensueño. La naturaleza de Turcios será para vuestros ojos, real y palpitante de veras, como que es un producto de la clara visión de sus retinas. Enormes manchas verdes, bloques de granito perdiéndose en los extraños follajes, caudalosos ríos ondulando entre murallas de basalto. Caminos que se pierden en el fondo de los follajes o se detienen a las orillas de los abrevaderos; pasos peligrosos, donde las ondas se encrespan y arremolinan sobre los copantes; vegetaciones mórbidas a la orilla de los ciénagos; rientes veredas, apenas perceptibles entre los espesos céspedes o internándose bajo el palio que forman los gigantescos árboles; laderas que va tiñendo de violeta el crepúsculo vespertino o que fingen pieles de tigre al ser heridas por el sol matinal; pinos y robles, alzándose entre grises peñascos, donde canta el viento su canción salvaje y se sestea en las interminables jornadas, alrededor del almuerzo rústico; la choza amiga, envuelta en las luces de la tarde, donde la campesina os sale a recibir, acallando el grito de los hostiles perros; cañaverales y platanares, maizales ondeando, cercas desportilladas por los toros cimarrones, potros corriendo en las llanuras; noches de largo soñar, pláticas a las estrellas, despertares para emprender otra vez las jornadas, todo oreado por un potente soplo de amor, de poesía y de juventud: tal es la naturaleza de Turcios.

Por esos caminos ha cruzado él en el alba de su querer; a la sombra de esos pinos, armoniosos y frescos como el de Heine, ha descansado junto a la mujer querida; en el blando césped, aromado por yerbas desconocidas, reposó muchas veces, siguiendo con los ojos al trashumante campesino que con su morral a cuestas, silbaba por el camino caldeado, un aire familiar. Se ha embriagado de soles y montañas, de cielos y de perfumes salvajes. Ha yantado de las meriendas campestres, galopado por las cuestas, bebido el horizonte al galope de su caballo. Hay que seguirle en esos momentos de placer puro, de expansión del espíritu de gozoso viajar en compañía de la mujer amada. Esta ciertamente, disfruta de la más bella juventud, tiene los más floridos años, y en los hoyuelos de sus mejillas sonríen las gracias. Él, en cambio, es un hombre de un siglo aparte. Refinado por la civilización, saciándose en las más amargas ondas de las literaturas y filosofías, harto de todo, y sintiéndose horriblemente triste en el momento de aquella alegría única, debe haber meditado en que vale más un sorbo del licor del amor que todas las fuentes de las sabidurías antiguas y contemporáneas, en que una rosa seca esconde más enseñanza que un libro, y en que en amar de veras está todo el secreto de ser feliz un momento en la vida.

El poeta, para terminar, es de mediana estatura, la color morena, sin tender a obscura, como la de los moros del Generalife; ágil, con cierta agilidad felina; de miembros perfectamente proporcionados; la cabeza altiva sacude una profusa cabellera castaña; la frente cóncava se hunde bajo los rizos delanteros, denunciando un alero propicio para todas las aves del pensamiento; los ojos, de color castaño, se hunden en las lejanías del ensueño o se arropan en la bruma de la meditación interior; nariz firme y pequeña, que daría la clave de un temperamento antisexual si los labios amorosos no denunciaran lo contrario; breve de cintura, inquieto en el andar, manos y pies pequeños, maneras violentas o suaves, según las circunstancias: tal es el hombre. Sus aficiones literarias son escogidas; ama los libros bien escritos, las rimas bien hechas y los lances de epilogo trágico. Como todo imaginativo, goza del esplendor de los pasados gloriosos y saborea las dichas de un porvenir más equilibrado y más noble. Quizá su existencia hubiera sido más feliz en un mundo más aromático y superior; pero, a falta de éste, él trata de hacerse uno a su manera, labrándose, poco a poco, en las azules planicies de su espíritu, un palacio de fe, de amor y de ensueño.

IX

Refiriéndonos al artista, a veces os extrañará el modo de describir ciertos paisajes, porque tiene su visión especial, como aquel que tiene una personalidad literaria propia. Tal vez los ríos que haga ondular ante vuestros ojos, os asombren con su caudal de aguas y sus crecientes rumores; tal vez sus selvas serán más vastas, sus llanos más inmensos y la cresta de sus montes más atrevida; pero él, en verdad, no os quiere engañar: es que siente más intensamente su naturaleza; que, para colocar en ella a su amada, aumenta la sublimidad del cuadro, hace más intensos los colores, le da más potentes relieves a la perspectiva. Como en el cuento antiguo, tiene en sus manos, ríos, cordilleras, prados, sotos y colinas, que va envolviendo con la magia de su estilo y el poder evocador de su palabra. En este fondo de edén su amada será un ave del paraíso, que entonará la primera canción de amor en el amanecer de su vida, posada en una rama del árbol del bien y del mal, reflejándose en el fondo de uno de los cuatro manantiales sagrados.

X

Tal libro, sentido frente a una naturaleza joven, ingenua y fragante, tiene que llevar un dulce soplo de poesía, aunque algo dolorosa, sobre todos los espíritus sedientos de ideal. En medio de esta época de guarismos, de miserias y de apetitos bestiales, este libro será como una lluvia fresca sobre un campo de estío. O como un vaso de leche alargado desde el fondo de una choza a las fauces de un mendigo hambriento. O como la vista de un campo florido, de un bosque verde y de un trozo de cielo, después de estar un año en el fondo de una ergástula. Porque él contiene mucho de esa ternura, de ese ideal y de ese amor que empiezan a desaparecer en el mundo. Escrito con sangre está, y la sangre es espíritu, según dijo Nietzsche. Escrito con sangre y con lágrimas. Merece un puesto de preferencia en la biblioteca sentimental de nuestro corazón.

París, 12 de octubre de 1906.

CONTENIDO